Die Ersatzfähigkeit von Reputationsschäden
nach den Regeln des CISG und die
Übertragbarkeit der Doktrin
auf das deutsche Schadensersatzrecht

Europäische Hochschulschriften Recht

European University Studies in Law

Publications Universitaires Européennes de Droit

Band/Volume **6233**

Behrad Lalani

Die Ersatzfähigkeit von Reputationsschäden nach den Regeln des CISG und die Übertragbarkeit der Doktrin auf das deutsche Schadensersatzrecht

PETER LANG

Bibliografische Information der Deutschen Nationalbibliothek
Die Deutsche Nationalbibliothek verzeichnet diese Publikation in der Deutschen Nationalbibliografie; detaillierte bibliografische Daten sind im Internet über http://dnb.d-nb.de abrufbar.

Zugl.: Bielefeld, Univ., Diss., 2020

D 361
ISSN 0531-7312
ISBN 978-3-631-84386-4 (Print)
E-ISBN 978-3-631-85001-5 (E-PDF)
E-ISBN 978-3-631-85002-2 (EPUB)
E-ISBN 978-3-631-85003-9 (MOBI)
DOI 10.3726/b18257

Peter Lang – Berlin · Bern · Bruxelles · New York · Oxford · Warszawa · Wien

Diese Publikation wurde begutachtet.

www.peterlang.com

Meine Elternn
Roya Yeganeh und Shafie Lalani

Vorwort

Die vorliegende Arbeit wurde im Wintersemester 2020 von der Fakultät für Rechtswissenschaft der Universität Bielefeld als Dissertation angenommen. Sie ist während meiner Zeit als wissenschaftliche Hilfskraft am Lehrstuhl von Prof. Dr. Ansgar Staudinger entstanden.

Dementsprechend möchte ich mich zunächst bei Prof. Dr. Ansgar Staudinger dafür bedanken, dass er mir die Promotion ermöglicht hat. Er stand bei Rückfragen stets mit Rat und Tat zur Seite und half damit entscheidend zum Abschluss dieser Arbeit.

Ferner möchte ich mich bei meinen Arbeitskollegen am Lehrstuhl Pano Papadopoulus, Ciya Aslan und Patrick Schröder bedanken, die mich auf diesem Weg begleitet haben. Sie sorgten für eine lockere und angenehme Arbeitsatmosphäre, in der produktiv gearbeitet werden konnte.

Abseits des Lehrstuhls sollen Jim Boßmann, Payam Madarschahian, Arne le Dandeck, Dennis Pielsticker, Benjamin Poor und insbesondere Katja Loesmann Erwähnung finden, die in verschiedensten Abschnitten dieser Arbeit fachliche und moralische Unterstützung geleistet haben.

Abschließend möchte ich noch meinem Bruder Ali Lalani danken, der trotz seines intensiven Medizinstudiums immer Zeit für mich gefunden hat.

Gewidmet ist dieses Buch meinen Eltern Roya Yeganeh und Shafie Lalani. Ihnen gebührt unendliche Anerkennung. Sie haben mich bedingungslos bei diesem Projekt unterstützt und waren stets ein starker Rückhalt.

Bielefeld, im Oktober 2020

Inhaltsübersicht

Inhaltsverzeichnis

Abkürzungsverzeichnis

a.A.	anderer Auffassung
ABGB	allgemeines bürgerliches Gesetzbuch
Abs.	Absatz
AcP	Archiv für die civilistische Praxis
a.F.	alte Fassung
Alt	Alternative
Art.	Artikel
Artt.	Artikel (Plural)
BeckRS	Beck-Rechtsprechung
BGB	Bürgerliche Gesetzbuch
BGBl	Bundesgesetzblatt
BGHZ	Entscheidungen des Bundesgerichtshofs in Zivilsachen
bzw.	beziehungsweise
C.A.	court of appeal
CIETAC	China International Economic & Trade Arbitration Commission
CISG	UN-Kaufrecht; Convention on Contracts for the International Sale of Goods
DDR	Deutsche Demokratische Republik
d.h.	das heißt
DNotZ	Deutsche Notar-Zeitschrift
DStR	Deutsches Steuerrecht (Zeitschrift)
EAG	Einheitliche Gesetz über den Abschluss von internationalen Kaufverträgen über bewegliche Sachen
EGBGB	Einführungsgesetz zum Bürgerlichen Gesetzbuche
EKG	Einheitliche Gesetz über den internationalen Kauf beweglicher Sachen
endg.	endgültig
f.	folgend
ff.	fortfolgende
ggf.	gegebenenfalls
ggü.	gegenüber
GoA	Geschäftsführung ohne Auftrag
GRUR	Gewerblicher Rechtsschutz und Urheberrecht
HGB	Handelsgesetzbuch
H.L.	House of Lords

IHR	Internationales Handelsrecht
IPRax	Praxis des internationalen Privat und Verfahrensrecht
i.S.d.	im Sinne des/der
i.V.m.	in Verbindung mit
JuS	Juristische Schulung
JoM	Journal of Management
JZ	JuristenZeitung
KOM	Kommission
LG	Landgericht
lit.	littera
MarkenG	Gesetz über den Schutz von Marken und sonstigen Kennzeichen
MIT	Massachusetts Institute of Technology
MLR	The Modern Law Review
MMR	MultiMedia und Recht
NJW	Neue Juristische Wochenschrift
No.	Number
NZA	Neue Zeitschrift für Arbeitsrecht
o.	oder
OGH	Oberster Gerichtshof (Österreich)
OR	Schweizerische Obligationenrecht
PatG	Patentgesetz
PECL	Principles of European Contract Law
PR	Public Relations
ProdHaftG	Produkthaftungsgesetz
Rn.	Randnummer
S.	Seite
SJZ	Schweizerische Juristen-Zeitung
SMJ	Strategic Management Journal
SMR	Sloan Management Review
sog.	sogenannte
u.a.	unter anderem
UGB	Unternehmensgesetzbuch
Unidroit	International Institute for the Unification of Private Law; Institut international pour l'unification du droit
UNCITRAL	United Nations Commission on International Trade Law
UPICC	Unidroit Principles of International Commercial Contracts
UhrG	Gesetz über Urheberrecht und verwandte Schutzrechte
Urt.	Urteil

US	United States
UWG	Gesetz gegen den unlauteren Wettbewerb
v.	Von (vom)/ versus
vll.	vielleicht
VO	Verordnung
Vol.	Volume
Vorbem.	Vorbemerkung
z.B.	zum Beispiel
ZGB	Griechisches Zivilgesetzbuch
ZPO	Zivilprozessordnung
z.T.	zum Teil
ZUM	Zeitschrift für Urheber- und Medienrecht

§ 1 Einleitung

A. Einführung in die Bedeutung der Reputation für ein Unternehmen

Es gibt verschiedene Faktoren, die den Wert eines Unternehmens bestimmen. Zu diesen zählen zum einen die klassischen tangiblen – materiellen – Ressourcen[1] wie die Finanzkraft, die im Eigentum befindlichen Mobilien und Immobilien sowie das unter Vertrag stehende Fachpersonal. Zum anderen die intangiblen – immateriellen – Ressourcen wie Patente, Urheberrechte oder Handelsnetzwerke.[2] Bei Letzteren hat sich in den letzten Jahrzehnten insbesondere die Reputation als entscheidendes immaterielles Gut für den Erfolg und damit auch für den Unternehmenswert herauskristallisiert.[3]

Im Wirtschaftssektor stellt das keine besondere Erkenntnis mehr dar. Dennoch wird ihr enormer Wert in anderen Fachkreisen oftmals unterschätzt und das, obwohl viele Vertragsentscheidungen von Konsumenten durch die Reputation von Unternehmen oder Personen beeinflusst werden.[4] Dieser Einfluss wirkt sich auf alltägliche Entscheidungen über den Kauf von Produkten im Supermarkt bis weitreichenden finanziellen Transaktionen aus. Das liegt daran, dass die Reputation einen immensen Einfluss auf das Vorstellungsbild von Menschen hat.[5]Im Wirtschaftsbereich assoziieren sie mit einer starken Reputation hochwertige und beständige Qualität der Leistung, als wäre sie eine Art Garantie.[6] Das Vertrauen in die – möglicherweise auch nur vermeintliche – Leistungsfähigkeit führt zu loyalen Kaufverhalten und zusätzlich zu einem Werbeeffekt, indem das Vorstellungsbild des einzelnen Kunden auf sein soziales Umfeld durch

---

1 *Schwalbach*, Reputation und Unternehmenserfolg, S. 5 ff.

2 *Hall*, The Strategic Analysis of Intangible Resources, SMJ Vol. 13 (1992), S. 138.

3 *Deephouse*, Media Reputation as a Strategic Resource, JoM Vol. 26 (2000), S. 1091; *Eberl*, Unternehmensreputation und Kaufverhalten, S. 1 ff.; *Fombrun*, Reputation, S. 5; *Seemann*, Corporate Reputation Management durch Corporate Communications, S. 29; *Weißensteiner*, Reputation als Risikofaktor in technologieorientierten Unternehmen, S. 1.

4 *Fombrun*, Reputation, S. 1ff; *Fombrun/Van Riel*, Fame&Fortune, S. 3.

5 *Fombrun/Van Riel*, Fame&Fortune, S. 89 f., 133 ff.

6 *Gostomyzyk*, NJW 2008, S. 2082, 2084.

weitergehende Kommunikation transzendiert („Mundpropaganda/Empfehlungen“).[7] Folglich ist die Reputation von entscheidender Bedeutung für den Erhalt und die Erweiterung des Kundenstammes.[8]

Der Wert dieser Einflussnahme ist schwer in Zahlen zu fassen. Allerdings bestehen bereits Vertragskonzepte, wie das „Franchising“, die versuchen es tatsächlich umzusetzen.[9] Bei einem solchen nutzt der Franchisenehmer neben dem Vertriebssystem und dem technischen Knowhow u.a. auch die Reputation des Franchisegebers für eigene Zwecke. Es kommt ihm damit – simplifiziert – insbesondere auf eine Türüberschrift mit dem Namen des Franchisegebers an. Doch dieses „kleine Detail“ bindet oftmals einen großen Kundenstamm. Aber auch der Werbebereich kann als Indiz herangezogen werden. Werbung dient insbesondere zur Förderung der Reputation. Für diesen Effekt zahlen Unternehmen hohe Summen. Allein in Deutschland wurden 2015 knapp 29.2 Milliarden € in Reklame investiert.[10]

All diese Erkenntnisse verdeutlichen die Feststellung, dass für die Kalkulation des Unternehmenswerts die Reputation als ein entscheidender Faktor zu berücksichtigen ist. Eine solche marktförderliche Reputation aufzubauen, bedarf jedoch stets eines langwierigen Prozesses, der finanzielle Ressourcen eines Unternehmens in Anspruch nimmt.[11] Und dennoch ist sie ein fragiles Gebilde, welches schnell geschädigt werden kann. Fehlverhalten, das sich negativ auf die Reputation auswirkt, wird mittlerweile nicht nur durch die Presse, sondern auch über „Social-Media“-Plattformen, publiziert.[12] Demnach wird ein Spektrum an potentiellen Leistungsempfängern erreicht, das nicht mehr überschaubar ist. Damit ist nicht impliziert, dass jegliches Fehlverhalten die Reputation

---

7 *Eisenegger*, Reputation in der Mediengesellschaft, S. 21; *Ziegelmayer*, GRUR 2012, S. 761 f.

8 *Schwalbach*, Reputation und Unternehmenserfolg, S. 3; *Seemann*, Corporate Reputation Management durch Corporate Communications, S. 3.

9 Mehr zum Franchisevertrag, siehe: *Martinek/Semler/Flohr*, Handbuch des Vertriebsrechts, Kapitel. 12, § 74, Rn. 58 ff.

10 Ergebnisse der Studie der Nielsen Holding PLC, veröffentlicht am 21.01.2016 zum Werbemarkt 2015, abrufbar unter: http://www.nielsen.com/de/de/press-room/2016/Werbemarkt-2015-verzeichnete-ein-Plus.html, zuletzt aufgerufen am: 22.08.2018.

11 *Hall*, The Strategic Analysis of Intangible Resources, SMJ Vol. 13 (1992), S. 138; *Schwalbach*, Reputation und Unternehmenserfolg, S. 3 ff; *Seemann*, Corporate Reputation Management durch Corporate Communications, S. 9.

12 Wüst/Kreutzer/*Wüst*, Corporate Reputation Management, S. 4; *Ziegelmayer*, GRUR 2012, S. 763 f.

irreparabel schädigt, wobei die Gefahren möglicher Schäden durch das Zeitalter der Massenkommunikation deutlich gestiegen sind. Das Zusammenwirken vom Wert der Reputation für den Unternehmenserfolg, der finanziellen Belastung, die zum Aufbau notwendig, und die Fragilität, welche ihr inhärent ist, kann nur zu dem Schluss führen, dass die Reputationen ein besonders schützenswertes Gut für ein Unternehmen darstellt. Daher gibt es verschiedenste Instrumente wie z.B. PR-Abteilungen oder Werbekampagnen, um sie zu wahren.

B. Problemstellung

Problematisch ist, dass kein Unternehmen isoliert wirtschaften kann, sondern meist Teil einer Distributionskette oder zumindest abhängig von anderen Vertragspartnern ist.[13] Das bedeutet, ihre Leistungsfähigkeit hängt von der Pflichterfüllung Anderer ab. Folglich bestehen Variablen für den Erhalt der Reputation, die vom Betrieb selbst nicht gesteuert werden können. Selbstredend divergiert der Wert der Reputation für den Erfolg von Unternehmen zu Unternehmen. Einerseits gibt es diejenigen, die fast ohne Öffentlichkeitsarbeit auskommen und eher eine fachzweigspezifische Binnenreputation genießen, die weniger durch öffentliche Meinungen beeinflusst wird.[14] Andererseits gibt es welche, deren Erfolg grundlegend auf ihrer Reputation beruht. Daher ist es nicht ratsam, sich fester Tabellen oder Mittelwerten zu bedienen, um den Wert für einen Betrieb zu bestimmen. Es bedarf vielmehr einer konkreten Einzelfallbetrachtung, die sowohl die Unternehmensform, ihre Strategie, den spezifischen Markt als auch die Leistungsempfänger berücksichtigt. Ausgehend von dem Fall, dass ein Betrieb, dessen Erfolg maßgeblich auf der guten Reputation beruht, einen Schaden an ihr erleidet, da ein Partner seiner Pflicht schuldhaft nicht vertragskonform nachkommt, ist es interessant zu wissen, welche Schadensersatzansprüche der geschädigten Partei zustehen. An dieser Stelle setzt die vorliegende Arbeit an. Plastischer wird das Problem anhand eines Beispielfalles.

---

13 Mehr zu Distributionsketten, siehe: *Martinek/Semler/Flohr*, Handbuch des Vertriebsrechts, Kapitel. 1, § 1, Rn. 58 ff.

14 Im Wirtschaftsbereich bekannt unter dem Begriff „Hidden Champions".
Mehr zum Unterschied zwischen Binnen- und Außenreputation, siehe: *Eisenegger*, Reputation in der Mediengesellschaft, S. 43.

C. Grundfall

(A) ist ein Unternehmen, das Unterhaltungselektronik entwickelt und vertreibt. Es wurde in den siebziger Jahren gegründet und ist mittlerweile Marktführer im Bereich der Mobiltelefone. Seine Marketingstrategie beruht auf der Qualität und einfachen Handhabung seiner Produkte. Außerdem erfreut sich (A) großer Beliebtheit bei den Kunden, da die Geräte immer pünktlich, alle zwei Jahre, am 01.01 des jeweiligen erscheinen.

Der ärgste Konkurrent von (A) auf dem Mobiltelefonmarkt ist (S). Die Produkte von (S) sind technisch auf demselben Stand, jedoch kann die Qualität ihres Gehäuses nicht mit denen von (A) konkurrieren. Außerdem verpasste es (S) oft, die Produkte zum angekündigten Erscheinungstermin im Handel anzubieten.

Am 03.03.2012 schloss (A) mit dem Metall-Lieferanten (L) einen Kaufvertrag über die Lieferung eines sehr seltenen Aluminiums ab. Jegliches Metall, das (L) im Eigentum hat, sollte für 100,000,000 € bis zum 01.09.2012 an (A) geliefert werden. (A) benötigte es für das Gehäuse seines neuen „A-7 Smartphones". Dieses sollte am 01.01.2014 auf dem Markt erscheinen. Daraufhin startete A eine Werbekampagne, in der er insbesondere auf das neue Gehäuse hinwies. (L) kannte zu jederzeit die Marketingstrategie von A und auch die Empfindlichkeit des Mobiltelefonmarktes.

Am 05.08.2012 wurde (L) von (S) kontaktiert. (S) wollte ebenfalls alle Reserven, die (L) vorrätig hatte, erwerben. (S) wusste nicht, dass (A) ebenfalls Interesse an dem Aluminium zeigt und bereits eine vertragliche Einigung erzielt hatte. (S) war bereit, für das Metall 200,000,000 € zu zahlen. Die Finanzabteilung der (L) errechnete, dass es wirtschaftlich gewinnbringender wäre, das Angebot des (S) anzunehmen und einen möglichen Schadensersatzanspruch von (A) auszugleichen, als die vertragliche Verpflichtung ggü. (A) zu erfüllen. Daher entschied (L), rein aus finanziellen Gründen, das Angebot von (S) anzunehmen. Auf den Konkurrenzkampf zwischen (S) und (A) wollte es nicht gezielt einwirken. (L) teilte (A) am 01.09.2012 mit, dass sie es nicht schaffen würden, die Ware zu liefern. A war es nicht möglich, ein qualitativ vergleichbares Metall zu kaufen, so dass es gezwungen war, das neue Model (A-7) mit einem minderwertigeren Gehäuse zu produzieren. Außerdem kam das Produkt dadurch verspätet auf den Markt.

Die Verkaufszahlen des neuen Modells von (A) lagen trotz aller Probleme nur minimal unter dem erwarteten Gewinn. Dennoch gab es eine Vielzahl von kritischen Äußerungen sowohl in der Presse als auch auf „Social-Media"-Plattformen bezüglich des verspäteten Erscheinens und des schlechteren Gehäuses. Viele Kunden kommunizierten, dass sie höchstwahrscheinlich nicht weiter auf die Produkte von (A) setzen werden. (A) fühlt sich durch das Verhalten von (L) trotz des relativ geringen entgangenen Gewinns stark in seinem Vermögen verletzt. Es glaubt, dass es einen immensen Schaden an seiner Reputation und damit einhergehend an seiner Stellung als Marktführer erlitten hat.

D. Ausgangspunkt der Überlegung

Ausgangspunkt der Überlegung der Haftungsfrage ist, wie dieser Fall nach deutschem Recht zu bewerten wäre. Zunächst sind vertragliche Ansprüche in Betracht zu ziehen. Die für die Anspruchsgrundlage relevanten Normen sind die aus §§ 280 ff. BGB. Weitestgehend unproblematisch sind die Voraussetzungen der Haftungsbegründung erfüllt. Interessant wird es auf der Rechtsfolgenseite: Der Kern des Problems liegt nämlich in der haftungsausfüllenden Kausalität. Der Ersatz gewisser Schadensposten wie der Verlust des konkreten entgangenen Gewinns, die des Verzuges und die Kosten für einen Deckungskauf wären im vorliegenden Fall unstrittig gemäß §§ 249 ff. BGB denkbar. Doch der Umgang mit dem Reputationsschaden erweist sich als problematisch. Diese Beeinträchtigung als immateriellen Schaden gemäß § 253 Abs. 1 u. Abs. 2 BGB geltend zu machen, scheidet evident aus, da die Reputationsbeeinträchtigung weder gemäß Abs. 1 gesetzlich normiert noch Teil der Enumeration aus Abs. 2 ist. Daher bliebe nur die Möglichkeit, die Ersatzfähigkeit über §§ 249 Abs. 1 i.V.m. 251 Abs. 1 BGB herzuleiten. Dafür müsste die Verletzung der Reputation als Vermögensschaden i.S.d. Paragraphen qualifiziert werden. Unabhängig von dem immer noch bestehenden Streit über den Schadensbegriff gibt es keine relevante Rechtsprechung, die eine solche Einordnung vornimmt.[15] Der Grund dafür liegt wohl insbesondere darin, dass die Reputation trotz ihres Einflusses auf den Unternehmenswert schwer als konkrete Geldsumme festgelegt werden kann.[16] Sie wird, anders als z.B. die Mehrkosten durch einen Deckungskauf, durch verschiedenste Faktoren wie z.B. den unmittelbaren und mittelbaren Verlust von Endkunden oder potentieller zukünftiger Kunden, der Schlechterstellung im Handel mit Mitbewerbern, sowie dem Attraktivitätsverlust bei der

---

15 *Weitnauer*, Nichtvoraussehbarkeit eines Schadens nach Art. 82 des Einheitlichen Gesetzes über den internationalen Kauf beweglicher Sachen, IPRax 1981, S. 84; zum Schadensbegriff: Staudinger/*Schiemann*, Vorbemerkung §§ 249-254 BGB, Rn. 35 ff.

16 *Fombrun*, Reputation, S. 85.

Akquise neuer Arbeitsnehmer etc.[17] beeinflusst und ist daher eigentlich kaum zu beziffern.[18] Diese Kategorisierung macht sie aber nicht weniger schützenswert.[19] Dementsprechend lässt es sich nur schwer vertreten, die Reputation als Vermögenswert aus dem Umfang des deutschen Schadensersatzrechts auszuschließen.

Partiell gibt es im Deliktsrecht bereits Schutzinstrumente, die Bezug auf gewisse Teilaspekte der Reputation nehmen, aber eher spezielle eigenständige Rechtspositionen schützen. Dabei könnte zunächst der Schutz des „Unternehmenspersönlichkeitsrechts" aus § 823 Abs. 1 BGB als „sonstiges Recht" genannt werden.[20] Dieses immer noch umstrittene Abwehrrecht dient aber primär dem Schutz vor Rufschädigungen durch Äußerungen in der Öffentlichkeit, vergleichbar mit der Ehrbeleidigung bei Privatpersonen. Ungeeignet ist auch der Schutz des eingerichteten und ausgeübten Gewerbebetriebs über § 823 Abs. 1 BGB, da u.a. dafür ein gezielter Eingriff (sog. Betriebsbezogenheit) in die unternehmerische Entscheidungsfreiheit von Seiten des Schädigers notwendig ist.[21] Des Weiteren gibt es Abwehrrechte aus Markenrecht (§ 14 MarkenG), aus dem Gesetz gegen unlauteren Wettbewerb (§ 9 UWG) und aus dem Urhebergesetz (§ 97 UrhG), die aber nur im weitesten Sinne Teilaspekte der Reputation schützen und wohl keine Lösung zum skizzierten Problem bieten. Da selbst bei tatbestandlicher Anwendbarkeit aufgrund der Rechtsfolge aus §§ 249 ff. BGB sich kein abweichendes Ergebnis zum Vertragsrecht ergibt.[22] Folglich bietet das Schadensersatzrecht keine zufriedenstellende Antwort auf die aufgeworfene Problematik. Daher gibt es auf weitergehende Fragen wie z.B. der Nachweisbarkeit eines Reputationsschadens auch noch keine einschlägige Literatur oder Rechtsprechung.

Interessanterweise besteht diese Haftunglücke nur im internen deutschen Zivilrecht – Verträge zwischen Vertragsparteien, die ihren Sitz in Deutschland haben oder wenn das IPR zur Anwendung des deutschen Rechts führt –. Das

---

17 *Ettenson/Knowles*, Don't Confuse Reputation With Brand, S. 19; *Fombrun/Gardberg/Barnett*, Opportunity Platforms and Safety Nets, S. 87; *Seemann*, Corporate Reputation Management durch Corporate Communications, S. 3 f.

18 Helm/Gobbers/Storck/*Helm*, An Introduction to a Complex Construct, S. 4.

19 Kritisch zu der spärlichen Auseinandersetzung mit dem Thema Reputation, siehe: *Meyer*, Korruption im Vertrag, S. 335.

20 OLG Frankfurt am Main Urt. v. 28. 01.2015 – 6 W 4/15, ZUM, 509; BGH Urt. v. 11.03.2008 – VI ZR 7/07, NJW 2008, S. 2110 ff.; *Ziegelmayer*, GRUR 2012, S. 761.

21 BGH Urt. v. 15.05.2012 – VI ZR 117/11, NJW 2012, S. 2579; BGH Urt. v. 09.12.1958 – VI ZR 199/57, GRUR 1959, S. 282 (284); Jauerning/*Teichmann*, § 823, Rn. 97 f.; Staudinger/*Hager*, § 823 BGB, Rn. D.11

22 Mit Ausnahme des UWG, vergleiche unten: S. 187 ff.

Übereinkommen der Vereinten Nationen über Verträge über den internationalen Warenkauf (UN-Kaufrecht/CISG)[23] kennt den Reputationsschadensersatz hingegen unter bestimmten Voraussetzungen. Daher stellt sich die Frage, ob das Modell des Reputationsschadens des UN-Kaufrechts auf das interne deutsche (vertragliche) Schadensersatzrecht übertragbar ist. Dies wird jedoch kein klassischer Rechtsvergleich zwischen zwei eigenständigen Rechtsystemen, da das CISG zwar für Verträge im internationalen Handel gilt, jedoch als Völkervertrag integraler Teil des nationalen Rechts ist. Dennoch ist es ein vom „einfachen" deutschen Vertragsrecht grundsätzlich isoliertes Regelwerk, das aufgrund dieser Unabhängigkeit als Vergleichsobjekt herangehzogen werden kann.

E. Grundüberlegung für den Rechtsvergleich

Einen Rechtsvergleich alleine auf der Grundlage unterschiedlicher Wertungen zweier Regelungswerke anzustoßen erscheint fraglich. Ein solcher Schluss wäre wissenschaftlich nicht standhaft und würde der Komplexität eigenständiger Rechtsysteme nicht gerecht werden. Warum in diesem Falle eine Rechtsübertragung durchaus berechtigt sein könnte, basiert u.a. auf der Überlegung, dass beide Schadensersatzsysteme auf den gleichen Prinzipien beruhen.

Beide verfolgen das Ziel der Totalreparation.[24] Das heißt, der Geschädigte soll so gestellt werden, als ob die Verletzungshandlung nie eingetreten wäre. Aufgrund dieser Kongruenz, die im Laufe der Arbeit detaillierter analysiert wird, kann die These aufgestellt werden, dass beide Systeme einen entsprechenden Umfang an Rechtsschutz bieten sollten. Des Weiteren ist das deutsche Schadensersatzrecht darauf ausgelegt, sich den ökonomischen Gegebenheiten der Zeit anzupassen. Das zeigt sich daran, dass der Gesetzgeber bewusst den Schadensbegriff („*der zum Ersatz verpflichtende Umstand*") in den §§ 249 ff. BGB nicht gesetzlich normiert, sondern seine Entwicklung und Interpretation der Literatur und Rechtsprechung überlassen hat.[25]

---

23 BGBl. II 1889, S. 588; im englischen: Convention on Contracts for the International Sale of Goods (CISG). Im Weiteren werden die Begriffe CISG, UN- Kaufrecht, Konvention und Einheitsrecht synonym verwendet.

24 BGB, siehe: *Hirsch*, Schuldrecht Allgemeiner Teil, Rn. 869; *Looschelders*, Schuldrecht Allgemeiner Teil, Rn. 957; Staudinger/*Schiemann*, § 249, Rn. 2 ff; CISG, siehe: *Brunner*, UN-Kaufrecht-CISG, Art. 74 CISG, Rn. 8; *Gotanda*, CISG Advisory Council Opinion No. 6, Rn. 1.1; Kröll/Mistelis/Viscasillas/*Djordjevic*, Art. 74 CISG, Rn. 2; *Heilmann*, Mängelgewährleistung im UN-Kaufrecht, S. 557; MüKoBGB/*Huber*, Art. 74 CISG, Rn. 17.

25 Staudinger/*Schiemann*, Vorbem. zu §§ 249-254, Rn. 2.

Unter diesen Prämissen lässt sich wissenschaftlich analysieren, ob das interne deutsche Zivilrecht möglicherweise eine Haftungslücke beinhaltet, die anhand eines Vergleiches mit einer äquivalenten Rechtsquelle deutlich wird. Zunächst sollen die Überlegungen sich nur auf die Übertragbarkeit auf den Warenverkehr beschränken, da das UN-Kaufrecht sich auf diesen Anwendungsbereich erstreckt.[26] Im Nachgang bleibt es unausweichlich, mögliche gewonnene Erkenntnisse und ihre Bedeutung für das gesamte Schadensersatzrecht einzuordnen.[27]

F. Gang der Untersuchung

Primär ist es Ziel dieser Arbeit, eine mögliche Haftungslücke im deutschen Schadensersatzrecht zu untersuchen. Dafür muss zu Beginn zumindest in Grundzügen geklärt werden, was unter dem Begriff „Reputation" zu verstehen ist und welchen Einfluss er auf den wirtschaftlichen Erfolg und damit einhergehend, welchen Wert er für ein Unternehmen hat. Anschließend wird auf das UN-Kaufrecht eingegangen. Der Schwerpunkt liegt auf dem Schadensersatzrecht und seinem Umgang mit Reputationsschäden. Vergleichend wird dann der gegenwärtige Stand des deutschen Schadensersatzrechts analysiert. Sind beide Rechtsquellen bezüglich ihrer inhärenten Prinzipien und Handhabungen eines Reputationsschadens erläutert, kann beurteilt werden, ob eine Rechtsübertragung erforderlich bzw. zwingend ist. Der letzte Untersuchungsgegenstand wird die Notwendigkeit einer Gesetzesanpassung des BGB sein.

---

26 Galston/Smit/*Winship*, § 1.02, Rn. 1-17.
27 Siehe unten: S. 206 f.

§ 2 Reputation als Begriff und die Konsequenzen für den wirtschaftlichen Erfolg [ohne juristische Bezugspunkte]

Das Hauptaugenmerk der nachfolgenden Ausführungen soll darauf liegen den Begriff „Reputation" zu erklären. Dabei ist es nicht möglich sich mit allen Problemen dieses Phänomens auseinanderzusetzen. Um im Nachgang die Entstehung und Folgen eines Reputationsschadens rechtlich beurteilen zu können, bedarf es Erklärungen zu drei wichtigen Aspekten: Ausgangspunkt ist die Begriffsdefinition. Darauffolgend wird die Reputationsentstehung analysiert, um abschließend den Wert einer Reputation für den Unternehmenserfolg zu quantifizieren.

A. Begriffsdefinition

Obschon der Begriff der „Reputation" bereits Einzug in unsere Alltagssprache erhalten hat, ist dennoch eine Erläuterung der Terminologie notwendig. Innerhalb dieser gilt es zwischen dem Wortursprung und seiner weitreichenderen Bedeutung im Rahmen der aktuellen Wissenschaft zu differenzieren.

I. Die Etymologie des Begriffes

Etymologisch stammt der romanische Begriff „Reputation" von dem lateinischen Wort „reputatio" ab, was übersetzt „Erwägung" und „Berechnung" bedeutet.[28] Der Duden beschreibt Reputation als „[guter] Ruf". Synonym verwendbar seien Begriffe wie Achtung, Ansehen, Anwert, Renommee oder Schätzung.[29] In der Alltagskommunikation werden oft die etwas „moderneren" Ausdrücke „Marke" oder „Image" in diesem Zusammenhang genutzt.[30] Von den Erstgenannten sind insbesondere die Begriffe Ruf, Ansehen und Leumund interessant. Ihre Wurzeln sind alle auf sinnliche Wahrnehmungen wie z.B. rufen und sehen zurückzuführen.[31] Daher liegt der Schluss nahe, Reputation mit Kommunikation und Wahrnehmung in Verbindung zu setzen. Wenn zusätzlich der lateinische

---

28 Siehe PONS Online-Wörterbuch 2018, abrufbar unter: https://de.pons.com/%C3%BCbersetzung/latein-deutsch/reputatio, zuletzt aufgerufen am: 22.08.2018.

29 Entnommen dem Online-Duden, abrufbar unter: http://www.duden.de/rechtschreibung/Reputation, zuletzt aufgerufen am: 22.08.2018.

30 *Seemann*, Corporate Reputation Management durch Corporate Communications, S. 29.

31 *Fleischer*, Reputation und Wahrnehmung, S. 27 ff.

Wortursprung (s.o.) der „Berechnung/Erwägung“ mit einbezogen wird, kann Reputation als ein Produkt von Wahrnehmungen, das zu einem bestimmten Gesamtbild zusammengeführt wird, bezeichnet werden.

II. Definition im wissenschaftlichen Bereich

Der Blick auf die Historie des Wortes und eine daraus abgeleitete oberflächliche Sinndeutung wird einer komplexen rechtlichen Fragestellung, die wirtschaftliche Gesichtspunkte beinhaltet, nicht gerecht. Vielmehr bedarf es einer tiefgreifenden und zeitgemäßen wissenschaftlichen Begriffsbestimmung. Eine allgemein anerkannte Definition für Unternehmensreputation („*corporate reputation*“) gibt es in der einschlägigen Literatur jedoch noch nicht.[32] Die Gründe dafür sind vielfältig. Zum einen gibt es Umstände, die jede Auslegung erschweren. Oft sind sie nämlich durch die subjektive Vorstellung des Autors und durch Gegebenheiten der Zeit geprägt. Außerdem ist das Paradoxon bei Definitionen von komplexen Vorgängen oder Ereignissen unvermeidbar, dass Worte zur Erklärung genutzt werden, die eigentlich selbst einer Erläuterung bedürfen[33]. Zum anderen liegt es an der Reputation selbst. Sie ist kein materialisierter Gegenstand, sondern eine Art soziales Phänomen. Dennoch hat sie große Auswirkungen auf den wirtschaftlichen Erfolg von Menschen und Unternehmen. Daraus resultiert ein reges Interesse verschiedener wissenschaftlicher Disziplinen sich mit dem Thema auseinanderzusetzen. Darunter fällt u.a. die Soziologie, die Psychologie, die Wirtschafts- und mittlerweile auch die Rechtswissenschaft. Daher ist es nicht verwunderlich, dass die Ergebnisse bezüglich einer einheitlichen Definition divergieren, da jede durch die fachspezifische Herangehensweise und Schwerpunktsetzung bedingt bzw. gefärbt ist.[34]

Für die vorliegende Untersuchung werden daher unterschiedliche Definitionen zusammengetragen und ihre jeweiligen gemeinsamen Aspekte zu einem möglichen Grundverständnis formuliert.[35] Dabei wird zwischen Erklärungen

32 *Gotsi*/*Wilson*, Corporate Reputation: Seeking a Definition, S. 24.

33 Sowie Eisenegger der den Begriff der Reputation mit dem Wort „Ansehen“ erklärt; siehe unten: S. 12.

34 Helm/Gobbers/Storck/*Da Camara*, Identity, Image and Reputation, S. 47 ff.; *Eberl*, Unternehmensreputation und Kaufverhalten, S. 9; Helm/Gobbers/Storck/*Helm*, An Introduction to a Complex Construct, S. 5.

35 Ein ähnlicher Ansatz auch zu finden bei: *Gotsi*/*Wilson*, Corporate Reputation: Seeking a Definition, S. 28 ff.; Helm/Gobbers/Storck/*Helm*, An Introduction to a Complex Construct, S. 5 ff.

aus federführenden Fachbereichen differenziert, damit eine Vergleichsmöglichkeit besteht. Durch das Ergebnis soll dem Leser eine akademische Vorstellung dieses Begriffes vermittelt werden, der für die juristische Analyse ausreichen soll.

1. Definitionen

Im Nachfolgenden werden Definitionen mit kommunikationswissenschaftlichen und welche mit wirtschaftswissenschaftlichem Bezug vorgestellt und der ihnen zugrundeliegende Untersuchungsweg kurz skizziert. Innerhalb der Begriffsbestimmungen wird versucht, einzelne Elemente durch Markierung in Form von eckigen Klammern [] einzuordnen, um abschließend ein Grundverständnis aus den Gemeinsamkeiten der Definitionen abzuleiten. Eine feingliedrigere Unterteilung innerhalb der Wissenschaften erzeugt für die weitergehenden Ausführungen keinen erheblichen Mehrwert, da im Kern, trotz der Unterschiede, eine ähnliche Betrachtungsweise vorliegt.[36]

a.) Definitionen mit kommunikationswissenschaftlichem Bezug

aa.) Mark Eisenegger

Eisenegger wählt in seinem Werk[37] den Ansatz, die Reputation – ohne ausschließlichen Bezug auf Unternehmensaspekte – wissenschaftlich zu definieren, indem er sie von den Begriffen „Prestige" und „Image" abgrenzt, die laut ihm, oft unreflektiert als Synonyme verwendet werden.

Dadurch gelangt er zu folgender Definition:

> *„Reputation bezeichnet demnach das öffentliche Ansehen [Wahrnehmung+Wertung], das eine Person, Institution, Organisation oder allgemeiner ein (Kollektiv-) Subjekt mittel- oder langfristig genießt [Langlebigkeit/Zeitkomponente] und das aus der Diffusion [Kommunikation] von Prestigeinformation an unbekannte Dritte über den Geltungsbereich persönlicher Sozialnetze hinaus resultiert."*[38].

bb.) Alexander Fleischer

Der Schwerpunkt der Arbeit von *Fleischer* liegt darin zu analysieren, wie Reputation entsteht. Das Ganze erfolgt unter der Prämisse, dass ein

---

36 Mehr zu einer feingliederigeren Unterscheidung innerhalb der Wirtschaftswissenschaften in: *Fombrun/Gardberg/Sever*, The Reputation Quotient, S. 241.

37 *Eisenegger*, Reputation in der Mediengesellschaft, S. 19 ff.

38 *Eisenegger*, Reputation in der Mediengesellschaft, S. 24 f.

Untersuchungsgegenstand erst definiert werden kann, wenn man weiß, wie er sich entwickelt.[39] Als Bezugspunkt der Arbeit wählt er ein Unternehmen und betrachtet die Möglichkeit, ob und inwieweit es auf seine Reputation Einfluss nehmen kann.

Anhand dieser Herangehensweise gelangt er zu folgendem Ergebnis:

> „*Reputation ist eine gesamthafte Beurteilung [Wahrnehmung+Wertung] eines Akteurs durch einen Menschen [Rezipient/Konsument], die über eine Zeitspanne [Zeitkomponente] hinweg durch einen Prozess der Aggregation von Wahrnehmungsbildern einer Vielzahl von Menschen zustande kommt. Voraussetzung für den Aggregationsprozess ist Kommunikation und Öffentlichkeit [Kommunikation][Interaktion].*“[40].

cc.) Ralph Seemann

Einen anderen Schwerpunkt setzt *Seemann*, der in seiner empirischen Studie die Korrelation von Unternehmenskommunikation und Reputation untersucht.[41] Dafür betrachtet er die Kommunikationen reputationsstarker Unternehmen, um festzustellen, welche Maßnahmen sie treffen, um Reputation zu erhalten bzw. zu gewinnen. Im Rahmen dieser Studie nimmt er auch eine Begriffserläuterung vor.

Reputation sei:

> „[...] *ein immaterieller Vermögensgegenstand des Unternehmens und repräsentiert seine aggregierte, übergreifende Bewertung durch all seine Stakeholder*[42] *[Wertung], relativ zu Wettbewerbern [Vergleich]. Diese Bewertung resultiert aus der Wahrnehmung des Unternehmens durch seine Stakeholder, basierend auf deren Wissen und Emotionen [Wahrnehmung] und kann durch Kommunikation seitens des Unternehmens beeinflusst werden [Kommunikation].*“[43].

---

39 *Fleischer*, Reputation und Wahrnehmung, S. 17 f.

40 *Fleischer*, Reputation und Wahrnehmung, S. 232 f.

41 *Seemann*, Corporate Reputation Management durch Corporate Communications, S. VII ff.

42 Stakeholder sind die Adressaten bzw. die Anspruchsgruppe der Unternehmensreputation, siehe: *Eberl*, Unternehmensreputation und Kaufverhalten, S. 8; Hier übersetzt als Interessensgruppe.

43 *Seemann*, Corporate Reputation Management durch Corporate Communications, S. 41.

b.) Definitionen mit wirtschaftswissenschaftlichem Bezug

aa.) Charles Fombrun

Einer der wohl bekanntesten Autoren im Bereich der Managementlehre und Vorreiter in Sachen Reputation ist *Fombrun*. In seinem Werk nennt er keine abschließende Definition, aber er illustriert Aspekte, die eine Reputation erklären:[44]

> „*We define a corporate reputation as the overall estimation in which a company is held by its constituents.*“[45].
> „*Wir definieren die Unternehmensreputation als Gesamteinschätzung eines Unternehmens [Wahrnehmung+Wertung] durch die Interessensgruppe [Rezipient/Konsument].*“[46].
> „*A corporate reputation is a perceptual representation of a company's past actions and future prospects that describes the firm's overall appeal to all of its key constituents when compared with other leading rivals.*“[47].
> „*Die Unternehmensreputation ist die wahrnehmbare Verkörperung (das Ergebnis) vergangenen Handlungen und Zukunftsaussichten [Interaktion], die die Anziehungskraft eines Unternehmens auf die primären Interessentengruppen [Rezipient/Konsument] im Vergleich zu Marktkonkurrenten beschreiben [Vergleich].*“.

bb.) Manto Gotsi und Alan M. Wilson

Sie zeichnen die Historie der Begriffsentwicklung im wirtschaftlichen Bereich nach.[48] Insbesondere nehmen sie Bezug auf die Beziehung zum Image. Danach sammeln sie die Charakteristika der verschiedenen Definitionen und gelangen zu der folgenden:

> „*A coporate reputation is a stakeholder's overall evaluation of a company over time. This evaluation is based on the stakeholder's direct experience with the company, any other form of communication and symbolism that provides information about the firm's actions and/ or a comparison with the actions of other leading rivals.*“[49].
> „*Unternehmensreputation ist die Gesamtbewertung eines Unternehmens [Wahrnehmung+Wertung] über einen längeren Zeitraum [Zeitkomponente] durch die Interessensgruppen [Rezipient/Konsument]. Die Bewertung beruht auf den direkten Erfahrungen der Interessensgruppen mit dem Unternehmen [Interaktion], und durch jegliche andere Art von Kommunikation oder Symbolismus die Informationen [Kommunikation] über die*

---

44 *Fombrun*, Reputation, S. 1 ff.
45 *Fombrun*, Reputation, S. 37.
46 Freie Übersetzung.
47 *Fombrun*, Reputation, S. 37.
48 *Gotsi/Wilson*, Corporate Reputation: Seeking a Definition, S. 24.
49 *Gotsi/Wilson*, Corporate Reputation: Seeking a Definition, S. 28.

Handlungen des Unternehmens im Vergleich zu Handlungen von anderen markführenden Unternehmen liefert [Vergleich]."[50].

cc.) Sabrina Helm

Helm beginnt ihre Arbeit, indem sie zunächst den Wert der Reputation für ein Unternehmen untersucht und hervorhebt. Danach vergleicht sie verschiedenste Definitionen und Voraussetzungen für eine Reputation von verschiedenen Autoren miteinander. Aus diesen extrahiert sie die Elemente, die in den meisten Definitionen Kernbausteine sind.

Die Elemente versucht sie dann zu einer Art „allgemeinen Verständnis" des Begriffs zu formen:

> „*Unternehmensreputation ist die umfassende Bewertung [Wahrnehmung+Wertung] eines Unternehmens durch die Interessengruppe [Rezipienten], anhand vergangener, gegenwärtiger und zukünftiger Handlungen [Interaktion] [Zeitkomponente] gegenüber der Interessengruppe, welche die Fähigkeit und Bereitschaft des Unternehmens zeigen die Erwartungen der Gruppen kontinuierlich zu erfüllen und es beschreibt die Anziehungskraft im Vergleich zu anderen Unternehmen, die es auf die Interessensgruppe ausstrahlt[Vergleich].*"[51].

dd.) Joachim Schwalbach

Schwalbach wählt den Weg die Reputation zu definieren, indem er sich zum Teil auf die Managementlehre stützt.[52] Nach dem ressourcenbasierenden Ansatz wird der Unternehmenswert durch wertstiftende materielle und immaterielle Ressourcen bestimmt, die nicht substituierbar sind und zu einem nachhaltigen Wettbewerbsvorteil beitragen (4-Prämissen: wertstiftend, nicht dauerhaft verfügbar, durch andere immaterielle Ressourcen nicht substituierbar und aufgrund von Unternehmensspezifität äußerst schwer imitierbar). Diese vier Prämissen erfüllt die Reputation. Sie wird von ihm als intangible (immaterielle) Ressource qualifiziert. Ihren tatsächlichen Wertbeitrag versucht er anhand von empirischen Studien zu zeigen.

Schwalbach definiert die Reputation als

> „*das von außenstehenden [Rezepienten] Stakeholdern wahrgenommene Ansehen [Wahrnehmung+Wertung] einer Person oder Institution[...]*"[53].

---

50 Freie Übersetzung.

51 Direkt übersetzt aus: Helm/Gobbers/Storck/*Helm*, An Introduction to a Complex Construct, S. 7.

52 *Schwalbach*, Reputation und Unternehmenserfolg, S. 2 ff

53 *Schwalbach*, Reputation und Unternehmenserfolg, S. 4 ff.

2. *Ergebnis*

Anhand dieser kurzen Zusammenfassung von verschiedenen Ansichten federführender Forscher bezüglich einer einheitlichen Definition des Begriffs „Reputation" wird deutlich, dass noch kein Konsens in dieser Hinsicht erzielt werden konnte. Auffällig ist aber, dass die Definitionen keine gravierenden Unterschiede aufweisen. Nichtsdestotrotz sind fachspezifische Schwerpunkte bei der wissenschaftlichen Analyse evident. Beispielweise wird in Begriffserklärungen mit Bezug zur Kommunikationswissenschaft die Bedeutung der Verständigung hervorgehoben, wohingegen im wirtschaftswissenschaftlichen Bereich der Marktvorteil gegenüber der Konkurrenz thematisiert wird. Ebenfalls augenscheinlich ist, dass es innerhalb der einzelnen Disziplinen einige Unterschiede gibt. Interessant ist z.B. die Feststellung von Eisenegger, der, anders als viele Autoren, die Zeitkomponente nicht auf den Entstehungsprozess der Reputation bezieht, sondern der Reputation selbst eine gewisse Langlebigkeit zuspricht. Dennoch bleiben trotz divergierenden Ansichten Elemente, die sich als Kernbausteine herauskristallisieren. Als allgemeines Grundverständnis könnte folgende Definition verwendet werden:

> *Reputation ist die umfassende [Wahrnehmung][54] eines Unternehmens durch die verschiedenen [Rezipienten/Stakeholder] in Form einer Evaluation (Wertung) [55] der vergangenen, gegenwärtigen und zukünftigem Handlungen, welche die Fähigkeit und Bereitschaft zeigt die Erwartungen der Gruppen kontinuierlich zu erfüllen (Zeitkomponente). Sie entsteht* ***primär*** *durch [Interaktion] mit dem Unternehmen und* ***sekundär*** *durch [Kommunikation] in Bezug* auf eben jenes. *Sie ist ein Phänomen das die Anziehungskraft eines Unternehmens im [Vergleich] zu Marktkonkurrenten beschreibt.*

Damit sind zumindest die elementaren Komponenten abgedeckt.

III. Abgrenzung zum Image, Identität und Marke

Im allgemeinen Sprachgebrauch werden Begriffe wie Image, Identität und Marke oftmals als Synonym für die Reputation verwendet. Obschon zwischen diesen auf wissenschaftlicher Basis eine enge Verknüpfung besteht, sind sie eigenständige Phänomene, die es zu trennen gilt. Zugegebenermaßen lassen sich jedoch deren Definitionen nicht gänzlich voneinander isoliert betrachten.

---

54 Sowohl kognitiv als auch affektiv.

55 Kritisch zu der Möglichkeit einer umfassenden Bewertung aufgrund der verschiedenen Interessensgruppen: *Walker/Dyck*, Shortcomings of investior based ratings of corporate reputation, S. 147 ff.

1. Reputation, Identität und Image

Die Identität kann als die Grundausrichtung bzw. das Selbstverständnis eines Unternehmens verstanden werden.[56] Sie beschreibt die inneren Werte und Prinzipien, die das gesamte Personal dauerhaft mit dem Unternehmen verbindet.[57] Darunter fallen u.a. Unternehmensziele, Binnenstrukturen, Marktstrategien, Verhaltensregeln und Kommunikationswege. Somit dient jene als eine Art Gesamtkodex, aber auch als charakteristisches Unterscheidungsmerkmal zu anderen Marktkonkurrenten.[58] Damit darf die Identität nicht auf eine interne Ausrichtung reduziert werden, sondern sie umfasst zusätzlich das homogene visuelle Auftreten eines Unternehmens nach außen.[59] Sei es durch das Firmenlogo, Werbemittel oder sonstige Erkennungsmerkmale.[60] Ziel eines jeden Unternehmens sollte sein, dass Eigenwahrnehmung (Identität) und Außenwahrnehmung (Reputation) kongruent verlaufen.

Bezüglich des Unternehmensimage und seiner Relation zur Reputation gibt es verschiedene Ansichten.[61] Auf übergeordneter Ebene wird zwischen zwei Verständnisweisen unterschieden. Ein eher rückläufiger Teil der Literatur verwendet sie synonym, da die Begriffe dasselbe Phänomen beschreiben sollen („*the analogous school of thoughts*").[62] Die überwiegende Anzahl von Meinungen differenziert zwischen jenen („*the differentiated school of thoughts*"). Innerhalb dieser Strömung ist aber der genaue Zusammenhang streitig und wird auf drei unterschiedliche Arten betrachtet. So sehen einige keine Berührungspunkte.[63] Imagebildung sei eine Form der Manipulation der wahren Reflexion eines Unternehmens nach Außen, um die Anziehungskraft gegenüber Konsumenten

---

56 *Schwalbach*, Reputation und Unternehmenserfolg, S. 3; *Stüdeli*, Identitäten in der öffentlichen Kommunikation, S. 9 f.; *Seemann*, Corporate Reputation Management durch Corporate Communications, S. 45.

57 Esch/*Kernstock*/ *Wenger-Schubiger*, Corporate Brand Management, S. 334. *Seemann*, Corporate Reputation Management durch Corporate Communications, S. 44 f.

58 *Stüdeli*, Identitäten in der öffentlichen Kommunikation, S. 9 f.

59 Helm/Gobbers/Storck/*Da Camara*, Identity, Image and Reputation, S. 48.

60 *Dalton*/*Croft*, Managing Corporate Reputation, S. 11.

61 Ausführlich dargestellt in: *Gotsi*/ *Wilson*, Corporate Reputation: Seeking a Definition, S. 24 ff.

62 *Abratt*, A New Approach to the Corporate Image Management Process, S. 63 ff.; *Dichter*, What's In An Image, S. 75 ff.; *Kennedy*, Nurturing Corporate Images, S. 120 ff.

63 *Brown*/*Dacin*, The Company and the Product, S. 68 ff.; *Grunig*, Image and Substance, S. 121 ff.

zu steigern;[64] wohingegen die Reputationsbildung der tatsächliche Versuch sei die reelle Unternehmensidentität für die Öffentlichkeit zu reproduzieren. Andere vertreten, dass Reputation nur eine Determinante bzw. ein Faktor des Unternehmensimage ist.[65] Überzeugender erscheint die dritte Denkweise, welche Reputation spiegelbildlich als Summe aller Imagebildungsprozesse der Rezipienten versteht.[66] Die vorgestellten Meinungsstränge lassen sich an folgender vereinfachter Darstellung von *Eberl* nachvollziehen.[67]

Tab. 1: Visuelle Darstellung: Meinungsstand

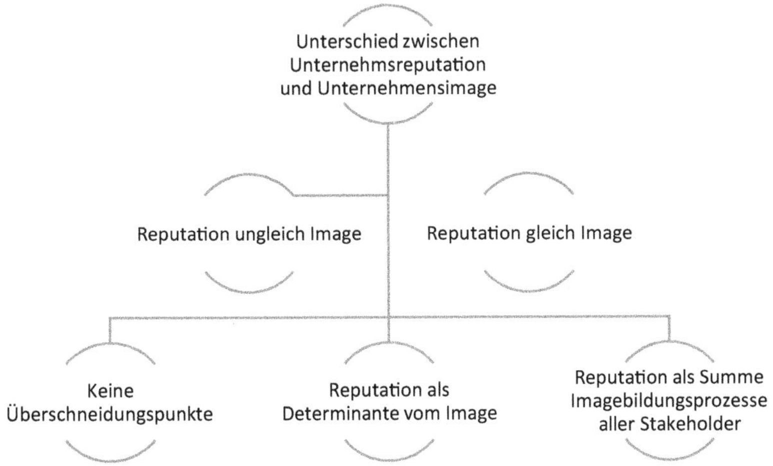

64 Auf moralischer Ebene wird der Begriff von den Autoren kritisch eingestuft, weil ein Unternehmen nicht versucht seine „wahre" Identität auf das öffentliche Meinungsbild zu übertragen, sondern eine fabrizierte.

65 *Barich/Kotler*, A Framework for Marketing Image Management, S. 94 ff.; *Mason*, What Image Do You Project?, S. 10 ff.

66 *Gotsi/Wilson*, Corporate Reputation: Seeking a Definition, S. 24 ff.; *Eisenegger*, Reputation in der Mediengesellschaft, S. 23 f.

67 Eine detailliertere Darstellung findet sich in: *Eberl*, Unternehmensreputation und Kaufverhalten, S. 11.

Das Image *per se* ist ein aggregiertes Einzelsegment der **Wahrnehmungen** eines Individuums von Unternehmen oder Personen. Die **Evaluation** dieser Teilbilder durch alle Rezipienten bildet die Reputation.

Somit können die Konzepte vereinfacht so verstanden werden, dass die Identität das Selbstbild darstellt, das Image die wahrnehmbare Reflektion davon nach außen und die Reputation das Produkt der Abwägung des Wahrgenommen durch alle Rezipienten.

2. *Reputation und Marke*

Ebenso problematisch ist die Unterscheidung zwischen der Reputation und einer Marke, da beide zu den intangiblen Ressourcen zählen und im Zusammenhang mit der öffentlichen Wahrnehmung des Unternehmens stehen.[68]

Im klassischen Sinne gelten Marken als Kennzeichnungen von Produkten oder Dienstleistungen. Sie dienen dem Zweck, einem Angebot durch Namensgebung und Symbolik, ein unverwechselbares Bild zu geben (Differenzierungsfunktion).[69] Die *Amerika Marketing Association* definiert den Begriff wie folgt:[70]

> *„Name, Begriff, Zeichen, Symbol, oder Design, oder eine Kombination von denen, mit dem Ziel, Produkte und Dienstleistungen von einem Verkäufer oder einer Gruppe von Verkäufern zu identifizieren und von anderen in Konkurrenz stehenden zu differenzieren.“.*

Damit beschränken sich die Wirkungen, anders als bei der Reputation, ausschließlich auf den Verkaufsgegenstand sowie die potentiellen Kunden. Außerdem kann die Marke nie eine Reputation bilden.[71] Dafür notwendig wären Handlungen in der Öffentlichkeit, welche Rezipienten bewerten können.[72] Die Marke als abstraktes Symbol vermag es jedoch nicht, physisch tätig zu werden. Somit ist der Reputationsträger immer das dahinterstehende Unternehmen – als Personengruppe. Dies sind die elementaren Unterscheidungsmerkmale.[73]

---

68 *Ettenson/Knowles*, Don‘t Confuse Reputation With Brand, S. 19 f.

69 *Seemann*, Corporate Reputation Management durch Corporate Communications, S. 49 f.; *Wirtz*, Reputation und Markenwert, S. 120.

70 Freie Übersetzung: Vergleich American Marketing Association, abrufbar unter: https://www.ama.org/resources/Pages/Dictionary.aspx?dLetter=B, zuletzt aufgerufen am: 22.08.2018.

71 A.A.: *Wirtz*, Reputation und Markenwert, S. 127.

72 Siehe: S. 16 f.

73 *Seemann*, Corporate Reputation Management durch Corporate Communications, S. 49 f.

Zusammenfassend kann die Marke als kunden- („*customercentric*") und die Reputation als unternehmensbezogenes („*companycentric*") Konzept qualifiziert werden.[74]

Seit geraumer Zeit wird ferner zwischen Unternehmensmarken („corporate branding") und dem klassischen Markenbegriff differenziert und deren Bezug zur Reputation analysiert.[75] Unter der Idee versteht man die Übertragung des Markenbegriffs auf das Unternehmen.[76] Ergo tritt das Unternehmen als Marke in Kontakt mit den Rezipienten.[77] Ein solches Phänomen ließe sich insbesondere bei Einzelmarkenunternehmen feststellen.[78] Dadurch seien die vorgenommenen Unterscheidungsmerkmale, die bezüglich des traditionellen Markenbegriffs entwickelt wurden, nicht übertragbar, da im Rahmen des Konzepts der Unternehmensmarke nun eine Personengruppe tätig werde, welche damit die Fähigkeit besitze eine Reputation zu bilden. Zusätzlich beschränke sich das Angebot des Unternehmens nicht auf seine Kunden, sondern im wirtschaftlichen Bereich auch auf Arbeitnehmer, Investoren und sonstige Interessensgruppen.[79]

Obgleich das soeben skizzierte Konzept durchaus die Grenzen zwischen der Unternehmensmarke und Reputation teilweise verschwimmen lässt, sind klare Unterschiede erkennbar.[80] Es ist zwar richtig, dass eine gute Reputation grundsätzlich durch starke Marken entsteht und eine Wechselbeziehung nicht von der Hand zu weisen ist. Im Kern lassen sie sich jedoch durch ihre unterschiedliche Wirkung differenzieren. Der Effekt einer Marke beschränkt sich darauf, die Arten und den Grad Wahrnehmung eines Unternehmensprodukts in der Öffentlichkeit darzustellen, wohingegen Reputation

74 *Ettenson/Knowles*, Don't Confuse Reputation With Brand, S. 19.

75 Der klassische Markenbegriff wird im englischsprachigen Raum oft als „Product Brand" bezeichnet, siehe: *Balmer/Brexendorf/Kernstock*, Corporate brand managment - A leadership perspective, S. 718; *Fombrun/Van Riel*, Fame&Fortune, S. 4 f.

76 *Dalton/Croft*, Managing Corporate Reputation, S. 88; *Davies*, Corporate Reputation and Competitiveness, S. 77 f.

77 *Bahirvani/Teixeira/Da Silva*, Measuring Corporate Identity, S. 167.

78 *Ettenson/Knowles*, Don't Confuse Reputation With Brand, S. 20.

79 *Balmer/Brexendorf/Kernstock*, Corporate brand managment – A leadership perspective, S. 719; *Dalton/Croft*, Managing Corporate Reputation, S. 70.

80 *Bahirvani/Teixeira/Da Silva*, Measuring Corporate Identity, S. 167. *Ettenson/Knowles*, Don't Confuse Reputation With Brand, S. 19 ff.; *Fombrun/Van Riel*, Fame&Fortune, S. 4 f.; *Seemann*, Corporate Reputation Management durch Corporate Communications, S. 50 f.; *Wirtz*, Reputation und Markenwert, S. 127.

die Bewertung aller Handlungen des Unternehmens durch alle Rezipienten beschreibt.[81] Dass diese Wertungen auseinanderfallen können und daher separat zu betrachten sind, lässt sich anhand verschiedenster Unternehmen festmachen. So ist Nike eine starke Unternehmensmarke („*corporate brand*"), die viele Kunden anzieht. Dennoch hat Nike als Unternehmen eine schlechte Reputation, da es weltweit bekannt dafür ist, Produktionsstätten in Entwicklungsländer zu verlegen, die oftmals in Verdacht stehen, Probleme mit Kinderarbeit und der Einhaltung von Menschenrechten zu haben.[82] Ähnlichen Problemen sieht sich Wal-Mart konfrontiert.[83] Dass der Markenwert und Reputationswert nicht immer gleich stark ausgeprägt sind, lässt sich zumindest teilweise auch an Statistiken feststellen.[84] Nach dem Forbes Magazin sind die 10 Wertvollsten Marken in US-Dollar:[85]

Tab. 2 : Forbes-Liste der 10 wertvollsten Marken der Welt

Unternehmen	**Markenwert**
Apple	170 Mrd
Google	101,8 Mrd
Microsoft	87 Mrd
Facebook	73,5 Mrd
Coca-Cola	56,4 Mrd
Amazon	54,1 Mrd
Disney	43,9 Mrd
Toyota	41,1 Mrd
McDonald's	40,3 Mrd
Samsung	38,2 Mrd

81 *Bahirvani/Teixeira/Da Silva*, Measuring Corporate Identity, S. 167.

82 *Fombrun/Van Riel*, Fame&Fortune, S. 4 f

83 Ähnlich zum Thema Nike Inc. und Wal-Mart Inc.: *Ettenson/Knowles*, Don't Confuse Reputation With Brand, S. 20.

84 Kritische Anmerkung zu solchen Rankings, siehe unten: S. 35 ff.

85 Forbes, The World's Most Valuable Brands 2017, abrufbar unter: https://www.forbes.com/powerful-brands/list/#tab:rank, zuletzt aufgerufen am: 22.08.2018.

Bezüglich der Reputation sieht es laut dem *Fortune-Magazin* wie folgt aus[86]:

Tab. 3 : Fortune-Liste der 10 angesehensten Unternehmen der Welt

Unternehmen	Markenwert
Apple	Computer
Amazon	Internet Service/Einzelhandel
Alphabet	Internet Service/Einzelhandel
Berkshire Hathaway	Versicherung
Starbucks	Essensdienstleistungen
Walt Disney	Unterhaltung
Microsoft	Computer Software
Southwest Airlines	Fluggesellschaft
FedEx	Lieferdienst
JPMorgan Chase	Bank

Deutlich wird die Divergenz insbesondere an McDonalds, die eine sehr umsatzstarke Marke ist (Platz 9), jedoch hinsichtlich ihrer Reputation noch einigen Konzernen zurücksteht (Platz 37). Damit überzeugt der Ansatz, dass Marken „nur" die Kaufentscheidung von Konsumenten beeinflussen und ein Separierungsmerkmal zwischen Unternehmen darstellen, wohingegen Reputation jedwede Interessensgruppen anspricht und folglich eine andere Form von Wettbewerbsvorteil (z.B. im Rahmen der Arbeitnehmerakquise etc.) bietet. Für die Erweiterung des Einflussradius von Marken ist kein Spielraum gegeben. Viel eher gilt es die Marke als Fragment der Reputation zu verstehen.[87] Im Ergebnis

86 Fortune-Magazin, WORLDS MOST ADMIRED COMPANIES, abrufbar unter: http://fortune.com/worlds-most-admired-companies/, zuletzt aufgerufen am: 22.08.2018.
87 *Fombrun/Van Riel*, Fame&Fortune, S. 4 f.

schließt sich der Kreis, da trotz des Konzepts der Unternehmensmarke die Unterscheidungskriterien zur Reputation im Kern vergleichbar mit denen des klassischen Markenbegriffs sind.

B. Reputationsentstehung

Durch das oben entwickelte Grundverständnis liegen einige der Parameter für die Frage vor, wie Reputation entsteht. Primär ist sie die Folge von Interaktion bzw. Kommunikation zwischen den Rezipienten und dem Unternehmen.[88] Sei es in Form von direkter Interaktion durch Verhandlungen, Investitionen, Einkauf oder durch indirekte Berührung mit der Vermarktung des Unternehmens.[89] Sekundär erwächst Reputation durch (unternehmensunabhängige/deswegen sekundär) Kommunikation, indem Erfahrungen von Rezipienten auf primärer Ebene auf Personen transzendieren z.B. durch Empfehlungen oder den alltäglichen Austausch.[90] Folglich ist Reputation im weitesten Sinne das Spiegelbild von jeglichen Handlungen, Leistungen und Verhalten eines Unternehmens.[91] Daher können Unternehmen durch die Gestaltung und konkrete Ausrichtung ihrer Kommunikation jene zielgerichtet steuern, indem sie versuchen, auf die Wahrnehmungen der Rezipienten einzuwirken.[92]

I. Primärebene

Den größtmöglichen Einfluss auf die Rezipienten hat ein Unternehmen durch Kommunikation/Interaktion auf der Primärebene.

1. Positive Emotionalisierung

Nicht zwangsläufig jede Art der Interaktion mit dem Unternehmen führt zu einer marktförderlichen Reputation. Erfolgreich könnte beispielsweise die Interaktion durch Einkauf sein, wenn die verkaufte Ware qualitativ hochwertig[93] und oder das Preisleistungsverhältnis angemessen ist. Aber auch unabhängig von der Ware kann guter Kundenservice, eine optisch ansprechende Verkaufsfläche

---

88 Siehe: S. 16 f.

89 Wie z.B. Werbung, Wohltätigkeitsaktionen etc.

90 *Fombrun*, Reputation, S. 1 f.

91 *Fombrun/Wiedmann*, Reputation Quotient, S. 3.

92 *Seemann*, Corporate Reputation Management durch Corporate Communications, S. 85.

93 *Weißensteiner*, Reputation als Risikofaktor in technologieorientierten Unternehmen, S. 49.

oder ein besonderes Geschäftsmodell wie Kundenexklusivität reputationsdienlich sein.[94] Bei Werbung sollte der Fokus auf der Emotionalisierung des Kunden liegen. Essentiell für die Kommunikation ist, dass der Rezipient positive Eindrücke vom Unternehmen gewinnt [Wertung/Wahrnehmung] und darin liegt auch die Schwierigkeit, weil die Wertung von dem jeweiligen Rezipienten abhängt, dementsprechend ist sie subjektiv geprägt. D.h. jeder Rezipient kann unterschiedliche Parameter bezüglich seines Erwartungshorizonts an ein Unternehmen festlegen.[95] Für Warenkunden werden primär die angebotenen Produkte im Vordergrund stehen, ein branchennaher Arbeitnehmer wird das Unternehmen eher nach den Arbeitsbedingungen beurteilen, wohingegen ein Aktionär wahrscheinlich sein Augenmerk auf den Jahresumsatz legen würde.[96] Demnach sollte ein Unternehmen versuchen, möglichst viele Interessengruppen durch ihre Kommunikation anzusprechen. Dies stellt aber nicht die einzige Schwierigkeit beim Entwickeln einer marktförderlichen Reputation dar und zwar muss die Interaktion zumindest noch zwei weitere Kriterien erfüllen, um von Relevanz zu sein.[97]

2. *Beständigkeit der Kommunikation*

Wie beschrieben entsteht Reputation durch die Evaluationen der vergangenen, gegenwärtigen und zukünftigen Handlungen durch die Rezipienten.[98] Folglich ist sie ein Produkt der Wahrnehmung eines langfristigen Zeitraumes. Der Grund liegt darin, dass die Eckpfeiler einer Reputation Vertrauenswürdigkeit, Glaubwürdigkeit, Verantwortungsbewusstsein und Verlässlichkeit sind.[99] Diese immateriellen Werte sind in dem schnelllebigen Zeitalter von Globalisierung und Digitalisierung besonders wichtig.[100]

---

94 Sehr ausführlicher Artikel zum Thema Wohltätigkeitkampagnen und deren Auswirkung auf die Reputation: *Fombrun/Gardberg/Barnett*, Opportunity Platforms and Safety Nets, S. 85 ff.

95 *Fombrun/Shanley*, What's in a Name? Reputation Building and Corporate Strategy, S. 234; *Walker/Dyck*, Shortcomings of investior based ratings of corporate reputation, S. 147 ff.

96 *Fombrun/Wiedmann*, Reputation Quotient, S. 5 f.

97 Die Zahl der Kriterien variiert, siehe z.B.: *Fombrun/Van Riel*, Fame&Fortune, S. 85.; *Schwalbach*, Reputation und Unternehmenserfolg, S. 3 f.

98 Siehe: S. 11 ff.

99 *Seemann*, Corporate Reputation Management durch Corporate Communications, S. 42 ff.

100 *Schwalbach*, Reputation und Unternehmenserfolg, S. 3.

Diese Attribute entstehen durch einen Zeitprozess und kontinuierlicher Interaktion. Dabei muss die Interaktion zwischen Rezipienten und Unternehmen beständig sein, das heißt, sie muss sich fortwährend auf dem als Maßstab gesetzten Niveau befinden. Ergo steht die Reputation tagtäglich beim Kontakt mit den Rezipienten auf dem Prüfstand.[101] *Buffet* äußerste dementsprechend: *„Es dauert 20 Jahre, einen guten Ruf aufzubauen, und fünf Minuten, ihn zu ruinieren. Wenn Sie darüber nachdenken, werden Sie die Dinge anders angehen.“*.[102]

3. Herausstellungsmerkmal

Zudem muss das Unternehmen sich im Zeitalter von Produktmonotonie z.B. durch Exklusivität, Service oder Marketingstrategie von den Konkurrenten abheben, damit ein positiver Reputationseffekt entsteht.[103] Denn Reputation stellt gerade den Vergleich der Anziehungskraft zwischen den Unternehmen im gleichen Leistungssegment dar. Sie kann sich nur unterscheiden, wenn die angebotene Leistung auf irgendeiner Ebene mit denen der Konkurrenz differiert. Bestenfalls kreiert ein Unternehmen durch sein Geschäftsmodell nach außen hin ein einzigartiges Bild.

II. Sekundärebene

Die Entstehung der Reputation auf Sekundärebene kann das Unternehmen nicht mehr direkt beeinflussen. Sie ist nämlich die Transzendenz der gewonnen Informationen auf der Primärebene auf außerhalb der Interaktion stehende Dritte. Anders gesagt ist sie die Verbreitung/Entstehung von Reputation durch verschiedenste Kommunikationswege auf Personen, ohne dass diese in direkten Kontakt mit dem Unternehmen gekommen sind. Diese Entwicklung kann als verselbstständigter Prozess qualifiziert werden. Das klassische Beispiel dafür ist die Weiterempfehlung. Ausgangspunkt dabei ist die Meinungsbildung auf der Primärebene. Die gewonnene Erfahrung wird daraufhin an Bekannte des Erstrezipienten weitergegeben. Die wenigsten Menschen kaufen Waren oder nehmen Dienstleistungen in Anspruch, die sie nach einer Recherche anhand objektiver

---

101 *Fombrun/Gardberg/Barnett*, Opportunity Platforms and Safety Nets, S. 87.; *Hall*, The Strategic Analysis of Intangible Resources, SMJ Vol. 13 (1992), S. 143.

102 *Schwalbach*, Reputation und Unternehmenserfolg, S. 3.

103 *Dalton/Croft*, Managing Corporate Reputation, S. 80; *Ettenson/Knowles*, Don‘t Confuse Reputation With Brand, S. 21; *Fombrun/Van Riel*, Fame&Fortune, S. 89 f., 133 ff.; *Seemann*, Corporate Reputation Management durch Corporate Communications, S. 2.

Kriterien als die Beste erachten. Meist vertrauen sie Empfehlungen von Bekannten. Global wirken insbesondere Medien auf das Vorstellungsbild der Menschen ein. Dabei gilt es zwischen objektiver Nachrichtenerstattung und gezielten Maßnahmen zur Willensbeeinflussung zu unterscheiden. Obschon erstere primär den Zweck verfolgen objektiv über aktuelle Geschehnisse der Zeit zu berichten, nehmen sie durch die Art und Wahl der Erstattung unvermeidlich auf das Vorstellungsbild der Rezipienten Einfluss. Stärkere Wirkung entfalten aber letztere Medienströmungen. Sie intendieren Unternehmen, Menschen oder Ereignisse zu bewerten, mit dem Ziel das Vorstellungsbild der Allgemeinheit zu steuern. Zu diesen klassischen Meinungsführer zählen neben Fernsehsendungen neutrale Rankings wie *Forbes-*[104] oder *„Manager Magazine“*.[105] Gerade diese waren früher Triebfedern für den Unternehmenserfolg und insbesondere im Bereich der geisteswissenschaftlichen Dienstleistungen, bei der die Qualität der Arbeit für außenstehende nicht direkt erkennbar ist, ein wesentliches Entscheidungskriterium für viele Menschen.[106] Doch die klassischen Medien wurden, als stärkstes Triebpferd der Informationstranszendenz durch die Meinungsbildung in Internetforen und „Social-Media“ Plattformen ersetzt.[107] Dies begründet sich anhand verschiedener Umstände wie u.a., dass die Bewertungen im Internet schneller und bequemer erreichbar und kostenfrei zugänglich sind. Der entscheidende Aspekt ist aber die soziale Nähe zu den Bewertenden. In Foren oder in Rankingwebsites begegnen die Nutzer sich auf einem gleichrangingen hierarchischen Level. Das führt zu einer höheren Wertschätzung der Beurteilung des Unternehmens, da die Leser eine stärkere Identifikation zu den Beurteilenden aufweisen und damit ihrer Wertung mehr vertrauen;[108] wohingegen Journalisten und Analysten, die früher die klassischen Meinungsführer waren, weniger Vertrauen entgegengebracht wird, aufgrund der sozialen Distanz und der Befürchtung der Nähe zu den bewerteten Unternehmen.

---

104 Mehr zum Forbes Magazin, abrufbar unter: https://www.forbes.com/#4a4972312254, zuletzt aufgerufen am: 26.04.2018.

105 Reputations-Studie des „Manager Magazin“ in Zusammenarbeit mit den Instituten TNS Infratest und BIK Marplan Intermedia, abrufbar unter: http://www.manager-magazin.de/unternehmen/imageprofile/a-530173.html, zuletzt aufgerufen am: 22.08.2018.

106 *Weigelt/Camerer*, Reputation and corporate strategy: A review of recent theory and applications, S. 450.

107 *Ziegelmayer*, GRUR 2012, S. 763 f.

108 Ausführlicher in: Wüst/Kreutzer/*Kreutzer*, Corporate Reputation Management, S. 254 ff.

Es bleibt festzustellen, dass die Vorgänge auf der Sekundärebene nur Produkte der Interaktion auf Primärebene sind, da die Informationen, die der individuelle Rezipient auf der Primärebene gewonnen hat weitergetragen werden. Es stellt eine Art von mittelbarer Beeinflussung dar.

III. Ergebnis und Auswirkung auf juristische Ausgangsfrage

Folglich ist die Grundlage der Reputation die Interaktion mit den Rezipienten in den unterschiedlichsten Formen. Je nach Erfolg[109] entsteht dann eine Reputation mit Marktwert. Das entscheidende Element ist aber die Beständigkeit der Kommunikation. Und dies ist eine der wichtigsten Erkenntnisse für die nachfolgenden juristischen Ausführungen, denn wie sich gezeigt hat, ist der Prozess der Reputationsentstehung ein sehr langwieriger. Im Gegensatz dazu kann der Reputationsverlust aber schnell eintreten. D.h., wird die Leistungsfähigkeit eines Unternehmens durch einen Umstand – beispielsweise Vertragsverletzung eines Zulieferanten – verletzt, kann dies direkt zu finanziellen Einbußen führen. Wie folgenreich der Verlust ist, hängt sowohl vom Grad der Verletzung als auch vom grundsätzlichen Reputationswert ab.

C. Reputationswert

Am besten lässt sich der Vorteil einer guten Reputation verdeutlichen, indem sich vor Augen geführt wird, welchen Anteil er für den wirtschaftlichen Erfolg hat. Anschließend gilt es sich zu fragen, ob dieser Wert überhaupt bezifferbar ist.

I. Auswirkung der Reputation auf den Unternehmenserfolg

Die Reputation zählt zu den bedeutendsten immateriellen Vermögensgütern eines Unternehmens. Für viele ist sie sogar der zweitwichtigste Faktor für den Markterfolg direkt nach der Qualität der Produkte und der Dienstleistungen.[110]

Inwieweit sie für den Wert von Waren eine Bedeutung haben kann, verdeutlicht *Fombrun*, indem er die Marktwertentwicklung von Kunststücken postmortaler Künstler gegenüberstellt.[111] Entsprechend seiner Ausgangsthese hängt der Preis eines Sammlerstücks von zwei Faktoren ab und zwar Angebot und Nachfrage. Grundsätzlich sei davon auszugehen, dass durch das Ableben des

---

109 Siehe dazu: S. 24.

110 Helm/Gobbers/Storck/*Gobbers*/*Storck*, How to Approach Reputation, S. 23.

111 *Fombrun*, Reputation, S. 82.

Künstlers der Wert seiner Werke steigt, da die Nachfrage zunimmt oder zumindest gleichbleibt, wohingegen das Angebot komplett stagniert. Diese Entwicklung ließe sich z.B. bei Kunststücken von Pablo Picasso feststellen. Dessen Werke verkauften sich im Zeitraum der frühen achtziger Jahre noch für 500.000 $ – 800.000 $ pro Stück. Im Jahre 1993 stieg der Preis auf 2.000.000 $ - 3.000.000 $. Wohingegen die gesammelten Werke von Andy Warhol im Jahre 1987 (*post mortem*) auf ungefähr 700.000.000 $ taxiert wurden und rund drei Jahre später nur noch auf 220.000.000 $. Neben wirtschaftlichen Gegebenheiten der Zeit macht *Fombrun* diese gegenläufige Entwicklung insbesondere an der unterschiedlichen Reputationspflege fest. Im Gegensatz zu den Verwaltern von Warhols Werken schafften es die von Picassos Bildern das Renommee ihres Künstlers durch besseren Schutz- und Werbemaßnahmen effektiver zu erhalten. Anhand dieser Diskrepanz sei die Signifikanz der Reputation bewiesen.

Um einen solchen Wert in Bezug auf Unternehmen plastischer darzustellen, unterteilen viele das Kapital eines Konzerns in drei Basisressourcen.[112] Eine Ressource fassen sie unter dem Begriff *Personal* zusammen, worunter Teambereitschaft, Kommunikation, Wissen und Motivation fallen. Dann gibt es die *tangiblen Ressourcen* zu diesen zählen jegliches Sach- und Finanzvermögen und noch die *intangiblen* wie Patente, Handelsmarken und Netzwerke.[113] Die Reputation wird letzteren zugeteilt. Diese Unterscheidung ist vergleichbar mit der zwischen materiellen und immateriellen Gütern im deutschen Zivilrecht. Das Zusammenspiel dieser drei Ressourcen bildet den Unternehmenswert und stellt ferner die Fähigkeit bzw. die Kernkompetenz dar, durch welche ein Unternehmen sich von anderen Wettbewerbern unterscheidet. Anhand dieser können die Unternehmen Strategien entwickeln, die zu einem Wettbewerbsvorteil führen.

Dass wirtschaftlich potente Unternehmen grundsätzlich eine positive Reputation zugesprochen wird, ist wissenschaftlich unstrittig.[114] Aufgrund dieser Korrelation darf aber nicht zwangsläufig der Schluss gezogen werden, dass eine hohe Reputation zu größeren finanziellen Erfolgen führt. Zunächst lässt sich nur eine Kausalbeziehung zwischen den beiden Faktoren feststellen. In welche

112 *Schwalbach*, Reputation und Unternehmenserfolg, S. 5 ff.; *Seemann*, Corporate Reputation Management durch Corporate Communications, S. 30.

113 Mehr zum Thema intangible Ressourcen: *Hall*, The Strategic Analysis of Intangible Resources, SMJ Vol. 13 (1992), S. 135.

114 *Schwalbach*, Reputation und Unternehmenserfolg, S. 22; *Seemann*, Corporate Reputation Management durch Corporate Communications, S. 32 f.

Richtung die Kausalität wirkt, gilt es noch zu bestimmen.[115] Die Wirkung von Reputation und Erfolg könnte auch invers betrachtet werden. Das heißt, dass Menschen einem erfolgreichen Unternehmen eine hohe Reputation zuschreiben. Damit bestehe zwar ein Zusammenhang zwischen Unternehmenserfolg und Reputation, jedoch würde der Erfolg sich nicht auf der Reputation begründen, sondern die hohe Reputation durch den Erfolg. Ließe sich nur eine einseitige Wirkung verifizieren, wäre die Reputation kein wertbildender Faktor. Um einen möglichen Zirkelschluss zu vermeiden, müsste die Frage der Kausalität (Ursache und Wirkung) beantwortet werden: Führt eine starke Reputation zu einem höheren Unternehmenserfolg oder steigt die Reputation unausweichlich durch den Erfolg eines Unternehmens?

Eine plausible Antwort geben u.a. *Dunbar/Schwalbach*[116], *Roberts/Dowling*[117] und *Seemann*[118], die Reputation und Erfolg als eine Art wechselwirkenden Kreislauf beschreiben, der sich selbst verstärkt.[119] Nur weil eine Kausalrichtung vom Erfolg zur Reputation führt, ist eine zusätzliche Kausalwirkung von der Reputation zum Erfolg nicht zwangsläufig ausgeschlossen.[120] Vielmehr entfaltet Reputation eine Magnetwirkung bei Konsumenten und steigert damit die operative Leistungsfähigkeit und Rentabilität. Letztere wiederum beeinflusst die Wahrnehmung des Unternehmens und führt zu einer größeren Nachfrage. Somit verbleibt zwar die Frage der genauen Kausalitätsbestimmung, jedoch lässt sich eine gewisse gegenseitige Beeinflussung nicht von der Hand weisen. Dies wiederum beweist, dass Reputation Auswirkung auf den wirtschaftlichen Erfolg hat, indem es Unternehmen Vorteile gegenüber Marktkonkurrenten verschafft.[121]

---

115 Kritisch zu den Studien: Helm/Gobbers/Storck/*Puente/Sabaté*, Financial Impacts of Corporate Reputation, S. 176; *Schütz*, Die Relevanz von Unternehmensreputation für Anlegerentscheidungen, S. 24.

116 *Dunbar/Schwalbach*, Corporate Reputation and Peformance in Germany, S. 115 ff.; *Schwalbach*, Reputation und Unternehmenserfolg, S. 22.

117 *Roberts/Dowling*, Corporate Reputation and Sustained Superior Financial Performance, S. 1077 ff.

118 *Seemann*, Corporate Reputation Management durch Corporate Communications, S. 33 ff.

119 Kritisch dazu: *Schütz*, Die Relevanz von Unternehmensreputation für Anlegerentscheidungen, S. 24.

120 *Schütz*, Die Relevanz von Unternehmensreputation für Anlegerentscheidungen, S. 24.

121 *Piriyakul/Wingwon*, Effect of corporate ability and reputation on organizations performance and CSR, S. 742.

1. Auswahl der Ware/Dienstleistung

Einer der größten Vorzüge einer guten Reputation ist der Einfluss, welchen sie auf die Kaufentscheidung von Kunden hat.[122] Die wenigsten Menschen kaufen Waren oder nehmen Dienstleistungen in Anspruch, ohne dass sie in irgendeiner Form die Reputation der Unternehmen evaluieren bzw. sie in ihre Entscheidung mit einfließen lassen.[123] Dies wird besonders evident, wenn die Qualität der Ware sich erst nach Erwerb feststellen lässt wie z.B. bei verpackten Lebensmitteln.[124] In solchen Fällen kann ein Neukunde die Wahl seines Produktes nur vom Preis, der Verpackung und insbesondere der Reputation des Verkäufers abhängig machen. Der gleiche Effekt lässt sich auch im Dienstleistungssektor feststellen, der noch weniger objektive Anknüpfungspunkte für die Vertragspartnerwahl bietet. Aufgrund dieser Situation vertrauen Konsumenten überwiegend auf Empfehlungen von Menschen innerhalb ihres sozialen Kreises[125] oder wählen direkt Produkte von Unternehmen mit einer stark ausgeprägten Reputation, weil sie mit einem hohen Bekanntheitsgrad zwangsläufig mehr Leistungsfähigkeit verbinden.[126] Folglich besteht größeres Vertrauen dahingehend, dass die vertragliche Verpflichtung ordnungsgemäß erbracht wird. Ob diese These sich verifizieren lässt oder tatsächlich bessere Evaluationsmethoden bestehen, kann für den Entscheidungsträger dahinstehen. Dieser ist in seinen geistigen und zeitlichen Mitteln begrenzt, sodass er sich den Kriterien bedienen muss, die ihm schnell zugänglich sind.[127] Und die Reputation als ein entscheidendes Indiz heranzuziehen, ist durchaus plausibel, da sie entweder unserer positiven Erfahrung oder der unserer Vertrauenspersonen mit einem Unternehmen entspringt.

Der beschriebene Effekt einer Reputation kann aber auch die Kaufentscheidung negativ beeinflussen. So führen Produkt-, Umwelt- oder Finanzskandale dazu, dass viele potentielle Kunden sich von Unternehmen distanzieren. Und das unabhängig davon, ob das zur Disposition stehende Produkt im Zusammenhang mit den Vorwürfen steht oder nicht.

---

122 *Ziegelmayer*, GRUR 2012, S. 762; Sehr ausführlich zu Thema Kundenkaufverhalten: *Eberl*, Unternehmensreputation und Kaufverhalten, S. 24 ff.

123 *Fombrun*, Reputation, S. 1.

124 *Weigelt/Camerer*, Reputation and corporate strategy: A review of recent theory and applications, S. 448.

125 *Fombrun*, Reputation, S. 1.

126 *Fombrun*, Reputation, S. 3.

127 *Schütz*, Die Relevanz von Unternehmensreputation für Anlegerentscheidungen, S. 3.

2. *Preisniveau*

Ferner ermöglicht die Reputation Unternehmen, höhere Preise für ihre Leistung zu veranschlagen.[128] Dies liegt zum einen an dem weiter oben beschriebenen Effekt, dass eine gute Reputation hohe Qualität der Ware bzw. Dienstleistung verspricht und daher der hohe Preis von Konsumenten akzeptiert wird.[129] Zum anderen aber auch daran, dass der Kunde sich oftmals die Reputation des Unternehmens aneignen will. Dies wird insbesondere anhand der Textilbranche deutlich, wo oftmals die Qualitätsunterschiede die bestehende Preisdivergenz nicht rechtfertigen.

Außerdem ermöglicht es Unternehmen, den Konkurrenzkampf mit anderen Anbietern besser zu steuern. So können sie durch den Preispuffer ohne wirtschaftliche Bedenken zeitweise ihre Preise senken. Insbesondere die Kombination aus vorübergehend tiefen Preisen trotz starker Reputation ist eines der geeignetsten Werkzeuge, um die Nachfrage am Markt zu erhöhen und somit Konkurrenten zu verdrängen.[130]

3. *Reduzierte Ausgaben*

Das Vertrauen in die Leistungsfähigkeit von Unternehmen mit einer guten Reputation verschafft abseits der Kundeninterkation zusätzlich Vorteile in Verhandlungen mit Konkurrenten, Zulieferern und potentiellen Kreditgebern.[131] Sogar innerhalb von B2B Transaktionen, bei denen die Wahl des Vertragspartners noch weitreichendere Konsequenzen hat und daher gründlicher geprüft wird, ist die Reputation der größte Einflussfaktor.[132]

4. *Stabilität und Auffangbecken in Krisenzeiten*

Durch die genannten Effekte konsolidiert die Reputation die erzielten Erfolge eines Unternehmens. Damit wird es weniger von den Fluktuationen des Marktes beeinflusst. Dennoch sind selbst höchstdekorierte Unternehmen wie

---

128 *Roberts/Dowling*, Corporate Reputation and Sustained Superior Financial Performance, S. 1079 ff.; *Fombrun*, Reputation, S. 73.

129 Siehe: S. 31.

130 *Fombrun*, Reputation, S. 75.

131 Sehr detailliert zum Thema Anlageentscheidung: *Schütz*, Die Relevanz von Unternehmensreputation für Anlegerentscheidungen, S. 25 ff.; grundsätzlicher: *Fombrun*, Reputation, S. 76.

132 *Hannington*, How to Measure and Manage Your Corporate Reputation, S. 4 f.

Volkswagen[133] oder Shell[134] nicht vor Krisen geschützt. Nichtsdestotrotz wird eine gute Reputation von vielen für eines der effektivsten Präventionsmittel in Krisenzeiten gehalten.[135]

5. *Bessere Chancen auf dem Arbeitsmarkt*

Außerdem fällt es solchen Unternehmen einfacher, Personal auf dem Arbeitsmarkt zu akquirieren. Gerade junge Menschen tendieren dazu, bei vergleichbaren Offerten ihren Arbeitgeber anhand seines in der Gesellschaft anerkannten Rufes zu wählen.[136] Und diese Tendenz steigt durch Internetbewertungsportale. Gemäß einer Studie des Bitkom-Verbands informiert sich jeder vierte Arbeitnehmer (26%) über die Bewertung eines Unternehmens im Internet.[137] Fast zwei Drittel (70%) bestätigten, dass ihre Recherche direkten Einfluss auf ihre endgültige Entscheidung hatte.

Zum Teil werden sogar finanziell nachteilige Arbeitsstellen angenommen, nur um die Arbeitsstelle im Unternehmen in den Lebenslauf aufzunehmen zu können, weil darin ein immaterieller Mehrwert gesehen wird. So ist es durchaus plausibel anzunehmen, dass ein langjähriger Arbeitnehmer von Microsoft bessere Chancen auf dem Arbeitsmarkt haben wird als jemand, der möglicherweise eine profitablere Einstellung bei einem weniger renommierten IT-Unternehmen innehatte. Diese allgemeine zeitliche Nachwirkung der positiven Reputation wird als Halo-Effekt bezeichnet.[138]

---

133 Bei Volkswagen trat aufgrund der Abgasaffäre innerhalb von wenigen Tagen nach Bekanntgabe ein Kursverlust von mehr als 20 % am Aktienmarkt ein. Informationen abrufbar unter: https://www.wiwo.de/finanzen/boerse/vw-aktie-stuerzt-ab-volkswagen-verliert-15-milliarden-an-boersenwert/12347044.html, zuletzt aufgerufen am: 22.08.2018.

134 Shell hatte deutschlandweit aufgrund eines Umweltskandal (versuchte Versenkung eines ihrer schwimmenden Öltanks im Meer) 2015 teilweise Einnahmerückgänge von rund 50 %. Mehr dazu abrufbar unter: http://www.spiegel.de/spiegel/print/d-9198944.html, zuletzt aufgerufen am: 22.08.2018.

135 *Fombrun*, Reputation, S. 79.

136 *Eberl*, Unternehmensreputation und Kaufverhalten, S. 23; *Fombrun*, Reputation, S. 76.

137 Informationen zur Studie abrufbar unter: https://www.bitkom.org/Presse/Presseinformation/Bewerber-informieren-sich-im-Internet-ueber-Unternehmen.html, zuletzt aufgerufen am: 22.08.2018.

138 So z.B. in: *Herrmann*, Kommunikation bei Krisenausbruch, S. 86 f.

6. *Halo-Effekt bei Markteintritt*

Der Halo-Effekt hilft aber nicht nur Arbeitnehmern, sondern auch dem Unternehmen; insbesondere dann, wenn es in neue Märkte eintreten will.[139] Es zeigt sich, dass in den letzten Jahren immer mehr Großkonzerne wie Apple, Google LLC und Amazon ihren Wirkungsbereich erweitert haben. So startete beispielweise Amazon zunächst als ausschließliche Online-Versandhandel Plattform und ist mittlerweile zusätzlich u.a. Streaming-Dienst (Amazon Prime), Liefergeschäft (Amazon Logistics) und Verlag (Amazon Publishing). Ein ähnlicher Verlauf kann auch bei Apple festgestellt werden. Es begann als reines IT-Unternehmen, bis es durch iTunes und den iPad ferner den Musikmarkt und durch das iPhone den Mobilfunkmarkt für sich aufschloss. Unbestreitbar wurde der Markteinstieg der genannten Unternehmen durch das bestehende Renommee deutlich vereinfacht. Aus diesem Grund verknüpfen Unternehmen neue Markennamen in irgendeiner Form mit dem des Mutterkonzerns. Auffälligerweise sah Google bei der Übernahme von YouTube davon ab, da aufgrund des bereits bestehenden positiven Markenbilds nicht die Notwendigkeit einer Anpassung bestand.[140] Somit kann das Vertrauen der Kunden in ein Unternehmen als gutes Mittel genutzt werden, um bestehende Marktbarrieren aufzubrechen.

II. Ermittlung/Festsetzung

Im Rahmen der wissenschaftlichen Auseinandersetzung mit der Reputation ist neben der Begriffsdefinition die Möglichkeit der empirischen Ermittlung ein kontrovers diskutiertes Thema. Dabei sind die Quantifizierungsmethoden in zwei Kategorien einzuteilen.

1. *Ermittlung eines Reputationsquotienten*

Der Großteil der Forschungsgruppen beschäftigten sich damit, die Reputation von Unternehmen zu vergleichen und durch fiktive Messzahlen in Tabellen – sogenannte „Rankings" – hierarchisch darzustellen.[141]

---

139 *Dalton/Croft*, Managing Corporate Reputation, S. 14; *Piriyakul/Wingwon*, Effect of corporate ability and reputation on organizations performance and CSR, S. 742.

140 Esch/*Kernstock/Esch/Tomczak/Redler/Lagner*, Corporate Brand Managment, S. 4.

141 Dazu zählen international u.a.: Fortune Magazine; Manager Magazine; Management Today; Asian Business; Financial Times, Industry Week.

Der Mehrwert einer solchen Herangehensweise ist, dass Unternehmen ihre Marktposition im Branchensegment einschätzen können.[142] Außerdem vermag man solche Ergebnisse für die wissenschaftliche Forschung zu nutzen, um beispielsweise die Korrelation von wirtschaftlichem Erfolg und Reputation zu analysieren. Dennoch stehen die Berechnungsmodelle aufgrund zweier Faktoren in der Kritik.

a.) Validität der Messungsmethoden

Erstens sind die erzielten Ergebnisse aufgrund teilweiser ungenauer bzw. falscher Messungsmethoden in Frage zu stellen. So beispielsweise beim Fortune Magazin, das jedes Jahr ein Ranking der reputationsstärksten Unternehmen veröffentlicht („The World's Most Admired Companies").[143] Das Ergebnis beruht zwar auf einer weitreichenden Umfrage, in der die Teilnehmer Unternehmen anhand von 9 (bei „Americas Most Admired Companies" sind es 8) Parameter[144] bewerten müssen. Jedoch sind die Beurteilungskriterien von zu komplexer Natur für die Probanden – zum Teil sogar vielschichtiger als die Reputation selbst[145] – und führen aufgrund des Fehlinterpretationspotenzials zu verfälschten Ergebnissen.[146] Nicht nur wird das Resultat durch die Wahl von Parametern, die zu komplex sind und vornehmlich eindimensional auf ökonomischen Überlegung beruhen, verzerrt, sondern auch durch die Bestimmung der Probanden, welche ausschließlich aus fachinternen Managern bestehen und eben nicht aus der Bandbreite aller Rezipienten.[147] Diese berechtige Kritik kann auch auf ähnliche andere finanzorientierte Forschungsgruppen wie z.B. Asian Business oder

---

142 *Seemann*, Corporate Reputation Management durch Corporate Communications, S. 60.

143 Fortunes Magazin („*The World's Most Admired Companies 2018*"), abrufbar unter: http://fortune.com/worlds-most-admired-companies/, zuletzt aufgerufen am: 22.08.2018.

144 Die Bewertungsfaktoren lauten: Innovationskraft; Allgemeine Managementqualität; Werthaltigkeit als Langfristiges-Investment; Verantwortung im Umgang mit Gesellschaft und Natur; Fähigkeit, talentierte Nachwuchskräfte zu akquirieren und zu halten; Produkt- und Servicequalität; Finanzielle Lage; Verantwortungsvoller Umgang mit Unternehmenswerten; globale Wettbewerbsfähigkeit.

145 Beispielweise das Kriterium: Werthaltigkeit als Langfristiges-Investment.

146 *Kirstein*, Unternehmensreputation, S. 64.; *Schütz*, Die Relevanz von Unternehmensreputation für Anlegerentscheidungen, S. 10.

147 *Eberl*, Unternehmensreputation und Kaufverhalten, S. 13; *Seemann*, Corporate Reputation Management durch Corporate Communications, S. 57 f.; *Weißensteiner*, Reputation als Risikofaktor in technologieorientierten Unternehmen, S. 49.

das deutsche Manager Magazin übertragen werden, die alle mit vergleichbaren Methoden arbeiten.[148] Jedoch kann diesen Fachmagazinen zugutehalten gehalten werden, dass sie nicht propagieren, eine exakte Methode zur Bestimmung von Reputation gefunden zu haben.[149]

Aber auch rein wissenschaftliche Modelle bieten zwar bessere, aber immer noch keine validen Lösungen. Das wohl bekannteste ist der Reputationsquotient-RQ.[150] Dieses Zweistufen System wird ebenfalls bezüglich seiner Parameterwahl kritisiert.[151] Auf erster Stufe werden die Probanden lediglich aufgefordert die drei Unternehmen mit dem besten und schlechtesten Ruf zu nennen. Dadurch wird vorausgesetzt, dass der Teilnehmende die kognitive Fähigkeit besitzt, sich mit dem komplexen Konstrukt Reputation ohne Hilfestellung durch Unterkategorien auseinander zu setzen.[152] So könnten Probanden den Begriff Reputation mit Bekanntheit oder Finanzstärke verwechseln. Zusätzlich ist durch die Simplifizierung der Fragestellung die Wahrscheinlichkeit sehr hoch, dass die Befragten Unternehmen nennen, mit denen sie kürzlich in Kontakt („*Top of the Mind Answer*") waren.[153] Außerdem werden ohne Berücksichtigung der Konzepte von Marken, Unternehmensmarken und Unternehmensreputation die Nennung von Einzelmarken oder Tochterkonzernen einheitlich zum Mutterkonzern gezählt, ohne zu prüfen, ob dem Proband die Verbindung von Marke und Unternehmen bewusst ist.[154] Dieses Problem könne auch nicht durch die zweite Stufe geheilt werden, in der die 20 meist genannten Unternehmen anhand spezifischerer Parameter untersucht werden. Trotz der berechtigten Kritikpunkte ist die RQ-Studie insgesamt ein positives Instrument zur Reputationsbestimmung, das

---

148 *Fombrun/Gardberg/Sever*, The Reputation Quotient, S. 245 ff.

149 *Seemann*, Corporate Reputation Management durch Corporate Communications, S. 58.

150 *Fombrun/Gardberg/Sever*, The Reputation Quotient, S. 241 ff.; *Fombrun/Wiedmann*, Reputation Quotient, S. 1 ff.;

151 *Eberl*, Unternehmensreputation und Kaufverhalten, S. 14.

152 *Schütz*, Die Relevanz von Unternehmensreputation für Anlegerentscheidungen, S. 12 ff.

153 *Kirstein*, Unternehmensreputation, S. 69; *Schütz*, Die Relevanz von Unternehmensreputation für Anlegerentscheidungen, S. 13; *Seemann*, Corporate Reputation Management durch Corporate Communications, S. 66.

154 *Seemann*, Corporate Reputation Management durch Corporate Communications, S. 66.; *Schütz*, Die Relevanz von Unternehmensreputation für Anlegerentscheidungen, S. 14.

unter Berücksichtigung vieler elementarer Aspekte, einen zumindest weitestgehend wissenschaftlichen Ansatz bietet.[155]

Die wohl anerkannteste – wenn auch nicht bekannteste – Methode hat *Schwaiger* entwickelt.[156] Trotz kleiner Kritikpunkte wird sein Modell in der Wissenschaft weitläufig als differenziert und nachvollziehbar qualifiziert, da es neben rational geprägten Ansatzpunkten auch emotionale Komponenten berücksichtigt.[157]

b.) Verwertbarkeit der Ergebnisse

Der zweite Kritikpunkt richtet sich nicht an die Messmethoden, sondern an die erzielten Ergebnisse. Die erlangten fiktiven Wertungszahlen entfalten nämlich nur eine Art Innenwirkung im Rahmen ihres Systems. Jegliche Erkenntnisse beschränken sich auf das Verhältnis der zur Bewertung stehenden Unternehmen. Weder bieten sie einen Mehrwert hinsichtlich der finanziellen Bezifferbarkeit der Reputation für Unternehmen, noch helfen sie dabei, unmittelbare Aussagen über außerhalb der Umfrage stehenden Firmen zu treffen.

2. Ermittlung des Finanzwerts

Andere Forschungsgruppen verfolgen das Ziel, Reputation monetär zu beziffern. Diese Frage ist aus rechtlicher Sicht im Hinblick auf potentielle Schadensersatzansprüche von großer Bedeutung, da die Ersatzsumme immer von der finanziellen Einbuße abhängt. Obschon die Reputation einen Wert hat, ist die wohl schwierigste Aufgabe rund um dieses Phänomen eine Methode zu finden, diesen konkret zu beziffern.[158]

Eine diskutierte Möglichkeit ist ihn anhand des „Good-Will“ eines Unternehmens festzusetzen.[159] Dieser ist feststellbar, wenn ein Unternehmen am Markt gekauft bzw. verkauft wurde. Dann wird der Wert der tangiblen Ressourcen

---

155 Ausführlichere Bewertung zu finden bei: *Kirstein*, Unternehmensreputation, S. 69 f.; *Seemann*, Corporate Reputation Management durch Corporate Communications, S. 61 ff.

156 *Schwaiger*, Components and Parameters of Corporate Reputation, S. 57 ff.

157 *Kirstein*, Unternehmensreputation, S. 71; *Schütz*, Die Relevanz von Unternehmensreputation für Anlegerentscheidungen, S. 16 ff.

158 *Fombrun/Van Riel*, Fame&Fortune, S. 25.

159 Alan Greenspan in seiner Rede an der Harvard University (1999), abrufbar unter: https://www.federalreserve.gov/boarddocs/speeches/1999/199906102.htm, zuletzt aufgerufen am: 22.08.2018; Vergleichbar auch: *Fombrun*, Reputation, S. 92.

vom Verkaufspreis subtrahiert und der „Restwert“ stellt den Good-Will dar.[160] Problematisch ist aber, dass er alle intagiblen Ressourcen beinhaltet und nicht nur die Reputation.[161] Daher wäre zudem immer noch eine Abgrenzung innerhalb der immateriellen Ressourcen notwendig. Überdies wäre der Wert nur zu bestimmen, wenn das Unternehmen bereits einmal veräußert wurde. Außerdem erscheint es fraglich, den Wert anhand des Angebots eines potentiellen Käufers zu bestimmen. Im Ergebnis wäre viel interessanter zu wissen, wie eben jener zu dieser Summe gekommen ist. Unberücksichtigt bleiben zudem die Verhandlungspositionen der Parteien, die das Kaufangebot erheblich beeinflussen können.

Probater erscheint es, die Ermittlung auf Grundlage von Lizenzgebühren durchzuführen.[162] Mit einem Lizenzvertrag überlässt ein Inhaber eines immateriellen gewerblichen Schutzrechts (wie Namen, Patent, Marken) dieses vollständig oder teilweise einem Dritten gegen Zahlung einer Lizenzgebühr.[163] Ansatzpunkt wäre: je mehr ein Unternehmen auf dem Markt für die Nutzung seinen Namen verlangen kann, umso stärker íst die Reputation einzuschätzen. Als Lizenzgebühr veranschlagen die meisten Firmen eine laufende Gebühr („Royalty percentage“) aller Einnahmen. Die liegt meist zwischen von 5-15 %.[164] So nimmt McDonalds in Deutschland beispielsweise 5 % der Einnahmen, wohingegen Subway bereits 8 % verlangt.[165] Die Tragweite einer solchen Vereinbarung wird deutlich, wenn man sie auf 10 Jahre hochrechnet. Dann zahlt der Lizenznehmer bei einer 10 % Vereinbarung ein gesamtes Jahreseinkommen an den Lizenzgeber.[166]

Anhand der Übertragung der laufenden Gebühr auf den Lizenzgeber selbst („Was müsste das Unternehmen fiktiv für die Nutzung ihres eigenen Namens zahlen“) und einer hypothetischen Vertragslaufzeit von 20 Jahren sowie Faktoren wie u.a. Wachstumsraten berechnen Fombrun/Van Riel einen Reputationswert.[167]

---

160 *Seemann*, Corporate Reputation Management durch Corporate Communications, S. 52.

161 *Seemann*, Corporate Reputation Management durch Corporate Communications, S. 52 f.

162 *Fombrun*, Reputation, S. 91 ff.; *Fombrun/Van Riel*, Fame&Fortune, S. 33 f.

163 Vergleiche: *Creifelds*, Rechtswörterbuch, S. 857 f.

164 *Davies*, Corporate Reputation and Competitiveness, S. 66; *Fombrun/Van Riel*, Fame&Fortune, S. 33 f

165 Siehe: Deutscher Franchiseverband, abrufbar unter: https://www.franchiseverband.com/systeme-finden/, zuletzt aufgerufen am: 22.08.2018.

166 *Davies*, Corporate Reputation and Competitiveness, S. 66

167 *Fombrun/Van Riel*, Fame&Fortune, S. 33 f.

Doch auch diese Methode gilt es an einigen Stellen zu hinterfragen. Zum einen hängt der ermittelte Wert stark von dem veranschlagten Prozentsatz ab, dessen Höhe nicht immer ein Zeichen von Reputationsstärke ist, sondern das Ergebnis einer individuellen Unternehmensentscheidung sein kann. Wie gezeigt nimmt McDonalds einen tieferen Prozentsatz (5 %) an laufenden Gebühren als Subway (8 %), obwohl sie laut Fortune-Ranking (McDonalds ist auf Platz 37 und Subway nicht unter den ersten 50) eine deutlich stärkere Reputation besitzen.[168] Zum anderen ist der maßgebliche Faktor für den Wert der Reputation die Höhe des Unternehmensumsatzes. Entscheidende Parameter wie die Bewertung durch verschiedenen Rezipienten-Gruppen bleiben gänzlich außer Acht.[169] Lediglich bei börsennotierten Unternehmen gibt es eine zumindest teilweise anerkannte Möglichkeit, indem der Börsenkurs – unter Berücksichtigung und Subtraktion externer Faktoren – vor und nach dem schädigenden Ereignis verglichen wird. Ob und inwieweit eine solche Trennung der Einflussfaktoren möglich ist, erscheint fraglich. Folglich vermag auch dieses Modell nicht vollends zu überzeugen.[170]

Ähnliches gilt für andere Messkonzepte wie z.B. den Wert anhand der Kosten von reputationswiederherstellenden Maßnahmen zu bemessen. Sie alle wählen verständliche Ansatzpunkte und die Ergebnisse entfalten gewiss eine Indizwirkung, aber sie werden nicht dem Anspruch gerecht, ein genaues Ergebnis zu erzielen. Daher schlagen einige Autoren vor, solche Versuche einzustellen, da die Bewertung eines objektiven Finanzwerts bei einem solch subjektiven Thema nicht möglich sei.[171]

3. *Ergebnis*

Die Reputation monetär zu beziffern, erscheint aufgrund ihrer Natur als immaterielles Gut nicht möglich. Zwar gibt es Modelle, die diesen inkludieren bzw. berücksichtigen, jedoch nie isoliert seinen Wert darstellen. Daher verbleibt nur die Möglichkeit, jenen grob zu kalkulieren. Eine Hilfestellung bieten dabei Messkonzepte, die zumindest die Reputation von Unternehmen durch Rankings oder Punkte im Vergleich darstellen. Obgleich es auch in diesem Kontext noch kein

---

168 Fortune-Magazin, WORLDS MOST ADMIRED COMPANIES, abrufbar unter: http://fortune.com/worlds-most-admired-companies/list, zuletzt aufgerufen am: 22.08.2018.

169 *Seemann*, Corporate Reputation Management durch Corporate Communications, S. 54.

170 *Klöhn/Schmolke*, NZG 2015, S. 689 (692).

171 *Hautzinger*, Der Ruf von Branchen, S.50.

uneingeschränkt anerkanntes Modell gibt, sind die Forschungsergebnisse deutlich repräsentativer.

D. Reputationsschaden

Ein Reputationsschaden ist jeder Vertrauensverlust der Rezipienten in die Leistungsfähigkeit des Unternehmens. Der Ansehensverlust umfasst wirtschaftlich alle Mehrkosten und Mindereinnahmen, die auf der neuen Wahrnehmung beruhen, sowie den generellen Wertverlust des Unternehmens am Markt.[172] Und obgleich sich viele negativen Folgen erst mittelbar zeigen, verursacht er im Zeitpunkt der Reputationsbeeinträchtigung bereits einen Vermögensverlust. Die Schädigung selber ist immer die mittelbare Folge eines selbst- oder fremdversuchten Umstandes, der den Startpunkt des Transzendenzprozess auf die Rezipienten einleitet.

E. Fazit

Nun ist das grundlegende dargestellt, um sich weitergehend der juristischen Auseinandersetzung mit dem Phänomen Reputation widmen zu können. Zusammenfassend ist Unternehmensreputation die umfassende Wahrnehmung eines Unternehmens durch die verschiedenen Rezipienten/Interessengruppen/Stakeholder in Form einer Evaluation der vergangenen, gegenwärtigen und zukünftigem Handlungen, welche die Fähigkeit und Bereitschaft zeigt, die Erwartungen der Gruppen kontinuierlich zu erfüllen. Sie entsteht primär durch Interaktion mit dem Unternehmen und sekundär durch Kommunikation in Bezug über eben jenes. Sie ist ein Phänomen, das die Anziehungskraft eines Unternehmens im Vergleich zu Marktkonkurrenten beschreibt.[173] Jedoch beschränkt sie ihre Wirkung nicht auf den deskriptiven Effekt, sondern sie kann faktisch Firmen einen Branchenvorteil verschaffen. Die Vorzüge zeigen sich auf verschiedenen Ebene angefangen von der Möglichkeit, höhere Preise für Produkte oder Dienstleistungen zu veranschlagen bis hin dazu Marktbarrieren aufzubrechen.[174] Obschon Jahre des kompetenten Handelns notwendig sind, eine Reputation aufzubauen, ist sie ein fragiles Gebilde.[175] Ihren Wert gilt es dennoch nicht zu unterschätzen,

---

172 Ähnlich: *Klöhn/Schmolke*, NZG 2015, S. 689 (692).

173 Siehe: S. 10 ff.

174 Siehe: S. 28 ff.

175 Siehe: S. 25.

da in Zeiten der Produktangleichung die Reputation ein Unterscheidungsmerkmal darstellt, welches nicht kopierbar ist.[176]

Dieser dem Unternehmen anhaftender immaterieller Vorteil wird von verschiedensten Forschungsgruppen versucht zu quantifizieren.[177] Bislang konnte noch keine valide Methode gefunden werden.[178] Summa Summarum kommt man an dieser Stelle zu einem wenig zufriedenstellenden Ergebnis und zwar gibt es Reputation und sie hat definitiv einen finanziellen Wert, jedoch fehlt es an einer Möglichkeit, diesen zu beziffern.

176 *Roberts/Dowling*, Corporate Reputation and Sustained Superior Financial Performance, S. 1079.

177 Siehe: S. 35 ff.

178 Siehe: S. 40.

§ 3 Reputationsschäden im UN-Kaufrecht

Im weiteren Verlauf werden die Historie und Grundzüge des UN-Kaufrechts skizziert. Das Hauptaugenmerk soll dann aber auf dem Art. 74 CISG liegen. Dieser bemisst die Höhe und den Umfang des Schadensersatzes.[179] Nach einer generellen Vorstellung des Artikels wird sich detailliert mit der Frage auseinandergesetzt, ob und inwieweit er Reputationsschäden umfasst.

A. Das UN-Kaufrecht

Das Übereinkommen der Vereinten Nationen über Verträge über den internationalen Warenkauf (UN-Kaufrecht) vom 11.04.1980 regelt maßgeblich den Abschluss und die wesentlichen Rechtfolgen im internationalen Warenkauf. Es haben mittlerweile 89 Länder diesen völkerrechtlichen Vertrag ratifiziert[180], der am 01.01.1988 in Kraft trat. Neben der etwas ungenauen Bezeichnung UN-Kaufrecht werden im deutschsprachigen Raum auch oft synonym die Namen CISG oder Wiener Kaufrecht verwendet; weniger geläufig ist der Begriff UNCITRAL-Kaufrecht.

I. Entstehungsgeschichte

Die Idee einer Kaufrechtsvereinheitlichung bestand bereits in den Anfängen des 19. Jahrhunderts. Konkret in die Wege geleitet wurde sie aber im Jahre 1928 von Ernst Rabel, dem Leiter des Kaiser-Wilhelm-Instituts für ausländisches und Internationales Privatrecht.[181] Rabel kontaktierte diesbezüglich Vittorio Scialoja, den Präsidenten des römischen Instituts für Privatrechtsvereinheitlichung (Unidroit)[182]. Ihm legte Rabel, den unter seiner Leitung entstandenen, „Blaue Bericht" am 17.12.1929 vor, der auf rechtsvergleichender Basis die Grundlagen eines gemeinsamen Rechts beschrieb.[183] Daraufhin wurde von der Unidroit am 29.04.1930 ein Komitee berufen, das einen ersten Entwurf für ein gemeinsames Kaufrecht erarbeiten sollte. Wegen inhaltlicher Dissonanzen und dem Ausbruch

---

179 BeckOK BGB/*Saenger*, Art. 74 CISG, Rn. 1.

180 Stand: 26.02.2018.

181 Dölle/*Dölle*, Einleitung S. XXXI; Witz/Salger/Lorenz/*Lorenz*, Einleitung, Rn. 2.

182 International Institute for the Unification of Private Law.

183 *Schlechtriem*, Bemerkung zur Geschichte des Einheitskaufrechts, S. 28.

des zweiten Weltkriegs verzögerte sich die Fortführung der Arbeit um mehrere Jahre.[184]

Das Kaufrechtskomitee von Unidroit trat dann erst wieder nach dem Krieg 1950 zusammen.[185] Bis dahin hatte sich bereits die Haager Konferenz der Rechtsvereinheitlichung gewidmet.[186] Sie berief eine eigene Kommission, zu der u.a. auch Ernst Rabel gehörte, um auf der Grundlage der vorhergehenden Entwürfe, ein gemeinsames Kaufrecht zu schaffen.[187] 1958 legte dieses Komitee den interessierten Regierungen den Entwurf zum Einheitlichen Gesetz über den internationalen Kauf beweglicher Sachen (EKG) vor. Ergänzend bzw. zeitgleich hat das Unidroit Komitee den Entwurf des Einheitlichen Gesetzes über den Abschluss von internationalen Kaufverträgen über bewegliche Sachen entworfen (EAG).[188] Nach den Verbesserungsvorschlägen der interessierten Länder kam es 1964 bei der Haager Konferenz zum Abschluss dieser zwei Instrumente mit zwei Einführungskonventionen. Damit bestand das „Haager Kaufrecht" aus dem EKG[189], das am 18.08.1972 in Kraft trat und dem EAG[190], welches am 28.08.1972 in Kraft trat.[191]

An der Haager Konferenz nahmen 28 Staaten teil.[192] Es wurde jedoch nur von 9 Ländern, die hauptsächlich in Westeuropa lagen, ratifiziert.[193] Neben inhaltlichen Bedenken bezüglich des unübersichtlichen Anwendungsbereiches[194]

---

184 *Schlechtriem*, Bemerkung zur Geschichte des Einheitskaufrechts, S. 28.

185 Staudinger/*Magnus*, Einleitung zum CISG, Rn. 21.

186 Ein Institut der Kaufrechtsvereinheitlichung, dessen Vorgeschichte weit in die Mitte des 19. Jahrhunderts zurück reicht; siehe: *Kropholler*, Internationales Einheitsrecht § 4, S. 59.

187 *Mertens/Rehbinder*, Internationales Kaufrecht, Einleitung Rn. 3.

188 Staudinger/*Magnus*, Einleitung zum CISG, Rn. 21.

189 BGBl. 1973 II S. 885 ff; BGBl. I S. 856.

190 BGBl. 1973 II S. 925 ff; BGBl. I S. 868.

191 In Deutschland galten beide ab dem 16.04.1972; siehe: BGBl. 1974 II S. 146, 148.

192 *Dölle*, Kommentar zum Einheitlichen Kaufrecht, Einleitung S.XXXI; *Mertens/Rehbinder*, Internationales Kaufrecht, Einleitung, Rn. 7.

193 Belgien am 18.08.1972, s. BGBl. 1974 II 146; Gambia am 05.09.1974, s. BGBl. 1974 II 1122; Israel am 18.08.1972(EKG), s. BGBl. 1094 II 147, und am 30.11.1980 (EAG), s. BGBl. 1980 II 1174; Italien am 23.08.1972, s. BGBl. 1974 II 147; Luxemburg am 06.08.1979, s. BGBl. 1979 II 646; Niederlande am 18.08.1972, s. BGBl. 1979 II 147; San Marino am 18.08.1972, s. BGBl. 1974 II 147; England am 18.08.1972, s. BGBl. 1974 II 147; Bundesrepublik am 16.04.1974, s. BGBl. 1974 I 358.

194 Genauer nachzulesen: *Ferrari*, Contracts for the International Sale of Goods, S.38f.; *Kropholler*, Internationales Einheitsrecht, § 14, S. 194 ff.; Schlechtriem/Schwenzer/*Ferrari*, Art. 1 CISG, Rn. 1.

wehrten sich insbesondere Entwicklungsländer und sozialistische Staaten gegen das „Haager Kaufrecht", da sie nicht ausreichend an der Ausarbeitung beteiligt wurden.[195] Sie wollten nicht an einem Recht partizipieren, welches hauptsächlich durch Industrieländer und ehemalige Kolonialmächte bestimmt wurde, so dass es nur praktische Relevanz im Rechtsverkehr zwischen Deutschland, Italien und den Benelux-Ländern entfaltete.[196]

Rückschauend gilt es festzuhalten, dass die ursprünglich vorgenommenen Ziele nicht erreicht werden konnte, aber die Kaufrechtsordnung sich in den wenigen Ländern als funktionstüchtig erwiesen hat und daher der Versuch als „Pilotprojekt" durchaus sinnvoll war.[197] In vielen Gesichtspunkten diente das Haager Kaufrecht nämlich als Vorbild des CISG und auch einiger nationaler Reformen.[198]

Ab dem Jahre 1966 berief die UN einen ständigen Ausschuss für internationales Handelsrecht mit dem Namen „United Nations Commission on International Trade Law" (UNCITRAL).[199] Der Ausschuss sollte sich u.a. mit der Kaufrechtsvereinheitlichung befassen. Das UNCITRAL setzte 1969 eine Arbeitsgruppe mit Mitgliedern aus zunächst 14 Staaten zusammen, um auf Grundlage des EKG einen neuen Entwurf für ein gemeinsames Kaufrecht zu erarbeiten.[200] Die Gruppe stellte in der 8. Sitzung den sogenannten „Genfer Entwurf" vor, der nach der Überarbeitung auf der 10. UNCITRAL-Sitzung 1977 als „Wiener Entwurf" verabschiedet wurde.[201] In der Zwischenzeit überarbeitete man bereits in der 9. UNCITRAL-Sitzung das EAG.[202] Diese beiden Entwürfe, sprich der „Wiener Entwurf" (ehemalig EKG) und die überarbeitete Fassung zum Kaufabschlussgesetz (ehemalig EAG), wurden dann in der 11. UNCITRAL-Sitzung zum „New Yorker Entwurf" verschmolzen. Damit führten sie die Regeln zum Abschluss

---

195 *Czerwenka*, Rechtsanwendungsprobleme im internationalen Kaufrecht, § 7, S. 121 f.; Witz/Salger/Lorenz/*Lorenz*, Einleitung, Rn. 2; Staudinger/*Magnus*, Einleitung zum CISG, Rn. 24.

196 Staudinger/*Magnus*, Einleitung zum CISG, Rn. 23.

197 Staudinger/*Magnus*, Einleitung zum CISG, Rn. 23.

198 Schlechtriem/Schwenzer/*Schwenzer*, Einleitung, Abs. 1.

199 *Kropholler*, Internationales Einheitsrecht, § 4, S. 46.

200 UNCITRAL, Report of second session, U.N. Doc. A/7618, S. 12. Dazu gehörten: Brasilien, Frankreich, Ghana, Indien, Iran, Japan, Kenia, Mexiko, Norwegen, Tunesien, die UdSSR, Ungarn, die USA und das Vereinigte Königreich.

201 UNCITRAL, Report of tenth session, U.N. Doc. A/32/17 S. 15 ff.

202 Staudinger/*Magnus*, Einleitung zum CISG, Rn. 24.

des Vertrags mit dem materiellen Recht zusammen in einen Gesetzestext.[203] Diese Zusammenfassung war ein entscheidendes Element für die Akzeptanz des neuen Kodexes.[204]

Besonders zu erwähnen war an der Arbeit von UNCITRAL, dass sie bei der Entwicklung des einheitlichen Kaufrechts es geschafft haben, bereits bewährte Aspekte[205] des „Haager Kaufrechts“ zu erhalten, indem die Kommission zum Teil mit Experten besetzt wurde, die damals schon an der Ausarbeitung beteiligt waren, wie z.B. Professor Honnold aus den USA oder Professor Loewe aus Österreich. Dabei schafften sie es auch, eine größere Bandbreite von Ländern an der Entwicklung teilhabenzulassen, so dass neben den Interessen der Industrieländer auch die von dritte oder vierte Welt Ländern Beachtung fanden.[206]

Natürlich führte die große Anzahl an Interessen und rechtlichen Meinungen zu gewissen Kompromissen, die in der Fachliteratur durchaus negativ wahrgenommen wurden, wie z.B. Art. 12 der den Handel fördernden Grundsatz der Formfreiheit aus Art. 11 für gewisse Vertragsstaaten, die einen Vorbehalt gemäß Art. 96 erklärt haben, einschränkt.[207]

Auf der Basis dieser Arbeit, fand vom 10.03. –11.04.1980 die UN-Konferenz in Wien statt, an der 62 Staaten teilnahmen.[208] In der Abstimmung votierten 42 Staaten für das CISG. Trotz anfänglicher Startschwierigkeiten trat es am 01.01.1988 in Kraft, als die Grenze der benötigten zehn Ratifikationen aus Art. 99 Abs. 1 CISG überschritten war.[209]

Der Beitritt Deutschland in das Übereinkommen warf zunächst rechtliche Probleme auf. Das vereinte Deutschland ist seit dem 01.01.1991 aktiver Mitgliedsstaat des CISG[210], vorher war das Gesetz aber am 01.03.1990 in der

---

203 UNCITRAL YB IX [1978], S. 14 ff.; *Schlechtriem*, Bemerkung zur Geschichte des Einheitskaufrecht, S. 32.

204 *Ferrari*, Contracts for the International Sale of Goods, S. 32; MüKoBGB/*Westermann*, Vorbemerkung zum CISG, Rn. 8.

205 *Czerwenka*, Rechtsanwendungsprobleme im internationalen Kaufrecht, § 7, S. 122.

206 *Kropholler*, Internationales Einheitsrecht, § 4, S. 47; Schlechtriem/Schwenzer/*Schwenzer*, Einleitung, Abs. 1; Beteiligt waren 36 Staaten (Afrika 9, Asien 7, Lateinamerika 6, Osteuropa 5, Westeuropa 9).

207 Genauer nachzulesen: MüKoBGB/*Westermann*, Art. 12 CISG, Rn. 1.

208 Bericht festgehalten in Dokument A/CONF.97/9, abrufbar unter: http://www.cisg.law.pace.edu/cisg/Fdraft.html, zuletzt aufgerufen am: 22.08.2018.

209 *Schlechtriem*, Bemerkung zur Geschichte des Einheitskaufrecht, S. 32.

210 Das dem CISG zugehörige Vertragsgesetz (Zustimmungsgesetz) wurde vom Budesrat durch Beschlüsse am 23.09.1988 und am 12.05.1989 gebilligt und die Ratifikation wurde am 21.12.1989 hinterlegt.

autonomen DDR in Kraft getreten. Daher galt gemäß Art. 28 Abs. 2 EGBGB für Verträge, die in diese Übergangszeit fielen, die zwischen Parteien in Westdeutschland und Ostdeutschland geschlossen wurden das CISG, wenn die Ostdeutsche Seite Verkäufer war und keine anderweitige Prorogation stattfand.[211] Im Rahmen des UN-Verjährungsübereinkommen ist es sehr umstritten, ob für das damalige Ostdeutschland das CISG ab den 01.03.1990 bis zum 01.01.1991 galt und dann außer Kraft und neu in Kraft getreten ist oder, ob ihre eigene ursprüngliche Ratifikation weiterhin Bestand hat und fort gilt. Für das Einheitsrecht hat dieser Streit keine Auswirkung.[212]

II. Ziele des UN-Kaufrechts

Das Ziel des CISG ist es einheitliche Bestimmungen für Verträge über den internationalen Warenkauf zu finden, die dazu beitragen, die rechtlichen Hindernisse im internationalen Handelsverkehr zu beseitigen und seine Entwicklung fördern.[213] Im weitesten Sinne war die Idee, ein „Weltkaufrecht" für internationale Transaktionen im gewerblichen Bereich zu schaffen, wobei dies relativ schnell als Utopie beiseitegelegt wurde. Im Nachhinein soll es zumindest ein optionales Werkzeug[214] darstellen, das möglichst unabhängig von nationalen Rechtsordnungen funktioniert, die primär für inländischen Handel konzipiert und daher oftmals nicht mehr zeitgemäß und praxisnah sind.[215] Das Einheitsrecht dient ausschließlich dem internationalen Handelsverkehr, obwohl es Teil des deutschen Zivilrechts ist und damit zwangsläufig bedacht werden muss, wenn deutsches Recht auf einen Vertrag Anwendung findet.[216]

III. Aufbau und Gliederung

Das CISG als Gesetzestext stellt kein detailliertes und abschließendes Regelwerk dar, wie gewisse nationale Rechtsordnungen. Es ist eher als eine Art Gründgerüst

211 Staudinger/*Magnus*, Einleitung zum CISG, Rn. 13.
212 Staudinger/*Magnus*, Einleitung zum CISG, Rn. 17.
213 *Vogel*, Verbrauchervertragsrecht und allgemeines Vertragsrecht, S. 205.
214 Trotz der Bezeichnung als „optionales Werkzeug" beruft sich das CISG selbstständig, sobald der Anwendungsbereich vorliegt.
215 MüKoBGB/*Westermann*, Vorbemerkung zum CISG, Rn. 11.
216 Siehe: S. 5 ff.

für den internationalen Handel zu verstehen.[217] Nachteilhaft daran ist, dass es auf viele Rechtsfragen keine abschließende Antwort gibt.[218] Aufgrund seiner offenen Regelungen bietet es aber wiederum den Vorteil, durch Interpretation auf Probleme und Entwicklungen der Zeit reagieren zu können.

Das UN-Kaufrecht ist in vier Abschnitte aufgeteilt. In Teil I (Artt. 1-13 CISG) werden der Anwendungsbereich und die allgemeinen Bestimmungen geregelt. Teil II (Artt. 14-24 CISG) erfasst den Abschluss des Vertrages. Teil III (Artt. 25-88 CISG) behandelt den Warenkauf und Teil IV (Artt. 89-101 CISG) die Schlussbestimmungen. Für die aufgeworfene Fragestellung wird insbesondere der dritte Teil interessant sein, da er die Rechtsbehelfe des Käufers und Verkäufers regelt.

IV. Anwendungsbereich

Das Einheitsrecht gilt für internationale Verträge ohne ausdrückliche Willensäußerung, sobald der Anwendungsbereich betroffen ist.[219] Es bedarf also keinem zusätzlichen „*Opting-in*".[220] Dennoch ist es von dispositiver Natur. Das heißt, es steht den Parteien gemäß Art. 6 CISG frei, das Einheitsrecht für ihre Transaktion ausdrücklich oder stillschweigend auszuschließen – „*Opting-out*".

1. Räumlicher Anwendungsbereich

Konkret gilt das CISG *räumlich* nur bei grenzüberschreitenden Transaktionen. Gemäß Art. 1 Abs. 1 CISG müssen die Vertragsparteien bei Vertragsschluss entweder ihre Niederlassung in verschiedenen Staaten haben, die Vertragsstaaten des CISG sind oder die Regeln des Internationalen Privatrechts führen zu der Anwendung eines Rechts eines Vertragsstaates. Interessanterweise verlangt Art. 1 Abs. 2 CISG auch ein subjektives Element beim *räumlichen* Anwendungsbereichsbereich. Und zwar muss den Vertragsparteien die Internationalität ihres Vertrages bewusst sein. Folglich ist es notwendig, dass die Parteien beispielsweise durch Auskunft oder aus früheren Geschäftsbeziehungen wissen, dass ihr

217 *Felemagas*, An International Approach to the Interpretation of the United Nations Convention on Contracts for the International Sale of Goods (1980) as Uniform Sales Law, S. 30 f.

218 Galston/Smit/*Ziegel*, § 9.02, Rn. 9-6.

219 *Piltz*, Internationales Kaufrecht, Rn. 1-5.

220 MüKoHGB/*Benicke*, Art. 1 CISG, Rn. 5.

Vertragspartner seinen Sitz in einem anderen Vertragsstaat hat, ansonsten ist das Kriterium aus Art. 1 CISG nicht erfüllt.[221]

2. *Personal-sachlicher Anwendungsbereich*

Im *personal-sachlichen* Anwendungsbereich gilt das CISG grundsätzlich nur im reinen Handelsverkehr mit Waren (Kauf-bzw. Herstellungsvertrag[222]). Aus Art. 2 lit. a CISG ergibt sich, dass es *personal* keine Anwendung findet, wenn der Kauf für den privaten Bereich getätigt wurde und der Verkäufer dies bei Vertragsschluss erkennen konnte.[223] Wenn Letzterer dies nicht erkennen konnte, dann fällt der Vertrag, trotz Vorliegens aller Voraussetzungen eines Verbrauchsgüterkauf, unter das Regime des CISG.[224] In den meisten Fällen scheidet die Anwendung für Verbraucherverträge jedoch aus. Der Verbrauchsgüterkauf wird primär vom europäischen Gesetzgeber durch Richtlinien reguliert.[225] Auf *sachlicher* Ebene sind Dienstleistungen gemäß Art. 3 Abs. 2 CISG nicht erfasst. Weitere Ausnahmen vom *sachlichen* Anwendungsbereich werden in Art. 2 CISG genannt. Somit ist festzuhalten, dass es hauptsächlich („B2B“) im reinen Handelskauf von bewegliche Sachen Anwendung findet.

3. *Zeitlicher Anwendungsbereich*

Zeitlich maßgeblich ist der Stichtag des Inkrafttretens des CISG im jeweiligen Vertragsstaat. Verträge und Angebote, die danach geschlossen bzw. abgegeben werden, unterfallen bei Vorliegen des räumlich- personalem und sachlichen Anwendungsbereichs dem CISG.[226]

Damit erfasst das CISG grundsätzlich eine Vielzahl von Verträgen. In der Praxis wurde das CISG aber häufig derogiert, so dass es lange Zeit wenig praktische Bedeutung hatte. Mittlerweile gewinnt es immer mehr an Relevanz.[227]

---

221 Man spricht auch von dem Kriterium der Offensichtlichkeit der Internationalität; siehe: Schlechtriem/Schwenzer/*Ferrari*, Art. 1 CISG, Rn. 4; MüKoBGB/*Westermann*, Art. 1 CISG, Rn. 5.

222 Herstellungsverträge sind gemäß Art. 3 Abs. 1 CISG nur erfasst, solange der Besteller nicht einen wesentlichen Teil der für die Herstellung oder Erzeugung notwendigen Stoffe selbst zu Verfügung stellt.

223 *Vogel*, Verbrauchervertragsrecht und allgemeines Vertragsrecht, S. 205.

224 Schlechtriem/Schwenzer/*Ferrari*, Art. 2 CISG, Rn. 15.

225 Wie z.B. durch die Verbraucherrechterichtlinie (2011/83/ EU).

226 Siehe Art. 100 CISG.

227 Staudinger/*Magnus*, Einleitung zum CISG, Rn. 23; MüKoBGB/*Westermann*, Vorbemerkung zum CISG, Rn. 1.

Insbesondere in Deutschland wird, seit der Schuldrechtsmodernisierung von 2002, in der das Schuldrecht dem Einheitsrecht angepasst wurde, immer häufiger auf das CISG zurückgegriffen.[228] Alleine diese Entwicklung zeigt, dass eine Annährung dieser beiden Systeme durchaus erstrebenswert sein kann, um Binnenmarktbarrieren aufzulösen und internationalen Handel zu fördern. Das kann zum einen erreicht werden, indem das CISG entsprechend nationaler Entwicklungen ausgelegt wird oder zum anderen, indem nationale Gerichte bei der Auslegung ihrer Normen internationalen Entwicklungen Rechnung tragen.

B. Das Schadensersatzrecht des UN-Kaufrechts

Der Schadensersatz im CISG richtet sich für den Käufer nach Art. 45 Abs. 1 lit. b CISG und für den Verkäufer nach Art. 61 Abs. 1 lit. b CISG. Leistet eine der Vertragspartner nicht vertragsgemäß, darf die geschädigte Partei Schadensersatz gemäß den Artt. 74-77 CISG verlangen. Dabei stellt Art. 74 CISG die Grundnorm des Ersatzanspruchs dar.[229]

Ergänzt wird er durch die besonderen Bestimmungen in den Artt. 75-77 CISG, wobei Artt. 75 u. 76 CISG nur in Fällen der Vertragsauflösung maßgeblich sind.[230] Art. 75 CISG regelt den Ersatz der Kosten für einen Deckungskauf (Deckungsgeschäft) bei Vertragsaufhebung. Der Art. 76 behandelt den Fall, dass nach der Vertragsaufhebung kein Deckungskauf getätigt wurde. Dann kann der Geschädigte die Differenz zwischen dem verhandelten Preis und dem Marktpreis zur Zeit der Aufhebung des Vertrags verlangen. Art. 77 CISG beschreibt die Schadensminderungspflicht des Ersatzberechtigten, die sich auf jede Variante des Schadensersatzes bezieht.[231] Entscheidend für den Schadensersatzumfang

---

228 *Piltz*, NJW 2012, S. 3061; *Vogel*, Verbrauchervertragsrecht und allgemeines Vertragsrecht, S. 205.

229 *Brunner*, UN-Kaufrecht-CISG, Art. 74 CISG Rn. 1; *Ernst*, Das Wiener Übereinkommen von 1980 über Verträge über den internationalen Warenkauf im Recht der Produkthaftung, S. 39; Honsell/*Schönle/Th.Koller*, Art. 74 CISG, Rn. 1; Schlechtriem/Schwenzer/*Schwenzer*, Art. 74 CISG, Rn. 9.

230 *Brunner*, UN-Kaufrecht-CISG, Art. 74 CISG, Rn. 1; Kröll/Mistelis/Viscasillas/ *Djordjevic*, Art. 74 CISG, Rn. 3; BeckOK BGB/*Saenger*, Art. 74 CISG, Rn. 3; Witz/Salger/Lorenz/ *Witz*, Art. 74 CISG, Rn. 8.

231 Der Geschädigte hat alle angemessenen Maßnahmen zu treffen, um den Schadenseintritt zu verhindern bzw. die Verluste so gering wie möglich ausfallen zu lassen; siehe: MüKoBGB/*Huber*, Art. 74 CISG, Rn. 2; Schlechtriem/Schwenzer/*Schwenzer*, Art. 77 CISG, Rn. 1.

ist aber Art. 74 CISG. Er ist die grundlegende Norm für die Bemessung des allgemeinen Schadenersatzes.[232] Er, zusammen mit den Ergänzungen bis einschließlich Artt. 75-79 CISG, ist daher mit den §§ 249ff. BGB zu vergleichen, aber da er eigene Tatbestandvoraussetzungen festlegt, beinhaltet er auch Elemente, die in unserem Rechtskreis den der §§ 280 ff. BGB entsprechen.[233]

Bei den Artt. 74-79 CISG handelt es sich im Rahmen des vertraglichen Schadensersatzes um ein abgeschlossenes System, daher ist ein Rückgriff auf anwendbare nationale Regelungen nicht zulässig.[234] Für weitergehende oder andere Ansprüche, die sich nicht auf der Vertragsverletzung beruhen, ist die Anwendung nationalen Rechts durchaus denkbar.[235] Ein Rückgriff zugunsten des Geschädigten erscheint in den meisten Fällen nicht notwendig, da Art. 74 CISG aufgrund der Totalreparation bereits ausreichend Rechtsschutz bietet.[236]

I. Voraussetzungen für einen Schadensersatz nach UN-Kaufrecht

Um weitergehend auf den intensiven Rechtsschutz, den Art. 74 CISG bietet, eingehen zu können, sind vorher die Anspruchsvoraussetzungen zu erläutern. Dies geschieht nachfolgend anhand eines Beispielsvertrags aus Käufersicht gemäß Artt. 45 Abs. 1 lit. b, 74 CISG.

1. Verletzung einer vertraglichen Pflicht

Zunächst erfordert Art. 45 Abs. 1 CISG für einen Rechtsbehelf „nur" irgendeine Nichterfüllung einer Pflicht aus dem Vertrag oder diesem Übereinkommen durch den Schuldner.[237] Alle weiteren Voraussetzungen ergeben sich aus dem

---

232 Kröll/Mistelis/Viscasillas/*Djordjevic*, Art. 74 CISG, Rn. 2; BeckOK BGB/*Saenger*, Art. 74 CISG, Rn. 1.

233 *Heilmann*, Mängelgewährleistung im UN-Kaufrecht, S. 549; a.A: MüKoHGB/*Mankowski*, Art. 74 CISG, Rn. 5; Bianca/Bonell/*Will*, Art. 45 CISG, Rn. 2.1.1.; Die Nichterfüllung sei die einzige Voraussetzung für einen Schadensersatz. Alle zusätzlichen Kriterien aus Art. 74 CISG regeln nur die Höhe des Schadensersatzes.

234 MüKoBGB/*Huber*, Art. 74 CISG, Rn. 1.

235 Z.B. bei wegen unerlaubter Verfügung über Eigentum; MüKoBGB/*Huber*, Art. 74 CISG, Rn. 16.

236 *Honnold/Flechtner*, Uniform Law for International Sales under the 1980 United Nations Convention, Art. 74 CISG, Rn. § 403; Staudinger/*Magnus*, Art. 74 CISG, Rn. 15.

237 Aus Art. 49 lit. a CISG wird deutlich, dass der Gesetzgeber den Begriff „Vertragsverletzung" mit derselben Zielrichtung nutzt wie den Begriff der „Nichterfüllung von

jeweiligen Rechtsbehelf.[238] Dies ähnelt dem deutschen Kaufrecht (§ 437 BGB), in dem die Pflichtverletzung – der Sachmangel bei Gefahrenübergang[239] – ebenfalls die „Tür" für die jeweiligen Rechtsbehelfe öffnet und diese dann ggf. an weitere eigene Voraussetzungen geknüpft sind.

Die Pflichten einer Partei können ausdrücklich oder durch Auslegung (Art. 8 CISG) aus dem konkreten Rechtsgeschäft entstehen. Ergänzt werden sie durch die zusätzlichen Bestimmungen des Übereinkommens, sowie gemäß Art. 9 CISG durch maßgebliche Handelsbräuche und/oder Gepflogenheiten der Parteien.[240] Die grundlegenden Pflichten des Verkäufers sind in den Artt. 30 ff. CISG geregelt. Dazu zählen insbesondere: Die Pflicht zur Lieferung der Ware (Artt. 30, 31 CISG)[241], in dem vereinbarten Zustand (Artt. 30, 35 CISG). Die Übertragung des Eigentums an der Ware (Art. 30 CISG), sowie die Übergabe der mit der Ware in Beziehung stehenden Dokumente (Art. 34 CISG). Abzugrenzen sind die Pflichten von den reinen Obliegenheiten wie z.B. der Schadensminderungsobliegenheit[242] aus Art. 77 CISG.[243] Die Verletzung einer Obliegenheit ist keine Pflichtverletzung und führt nicht zu einer Haftung aus § 45 Abs. 1 CISG, sondern kann, wie an Art. 77 CISG zu sehen, eine Minderung des Schadensersatzanspruches des Gläubigers in Höhe seines Versäumnisses herbeiführen.[244]

Für eine Nichterfüllung i.S.d. § 45 Abs. 1 CISG reicht aber grundsätzlich jedwede Verletzung einer objektiven Vertragspflicht, unabhängig davon, ob es eine Haupt- oder Nebenpflicht ist.[245] Das CISG unterscheidet auch nicht zwischen der Art der Verletzung, sei es Nichtlieferung, Schlechtlieferung oder eine

---

Pflichten", so dass die Begriffe im Einheitsrecht als synonym genutzt werden können, siehe: Honsell/*Schnyder*/*Straub*, Art. 45, CISG Rn. 14.

238 Der Schadensersatzanspruch hat keine weiteren Voraussetzungen, siehe: MüKoHGB/*Mankowski*, Art. 74 CISG, Rn.8; Bianca/Bonell/*Will*, Art. 45 CISG Rn. 2.1.1.; Die Nichterfüllung sei die einzige Voraussetzung für einen Schadensersatz. Alle zusätzlichen Kriterien aus Art. 74 CISG regeln nur die Höhe des Schadensersatzes.

239 Unter der Prämisse, dass ein Kaufvertrag vorliegt, ansonsten wäre der *sachliche* Anwendungsbereich des CISG gar nicht berührt; siehe: S. 48.

240 *Enderlein*/*Maskow*, International Sales Law, S. 174.

241 *Schwenzer*/*Hachem*/*Kee*, Global Sales and Contract Law, Rn. 28.02.

242 In der deutschen Übersetzung hat Art. 77 CISG missverständlich den Titel „Schadensminderungspflicht des Ersatzberechtigten", obwohl es eindeutig eine Obliegenheit darstellt.

243 Schlechtriem/Schwenzer/*Müller-Chen*, Art. 45 CISG, Rn. 4.

244 *Karrolus*, UN- Kaufrecht, S. 124.

245 Kröll/Mistelis/Viscasillas/*Huber*, Art. 45 CISG, Rn. 7; Witz/Salger/Lorenz/*Witz*, Art. 74 CISG, Rn. 4.

Teillieferung.[246] Dennoch kann eine Unterscheidung notwendig sein, da alleine bei einer Nichtlieferung, die Vertragsaufhebung gemäß Art. 49 Abs. 1 lit. b CISG möglich ist, wenn der Gläubiger erfolglos eine Nachfrist gesetzt hat, obwohl eine unwesentliche Vertragsverletzung vorliegt.[247] Ansonsten geht das CISG von einem Einheitlichen Begriff der Vertragsverletzung aus.[248] Die Nichterfüllung einer vertraglichen Pflicht liegt z.B. vor, wenn die Ware des Verkäufers bei Lieferung nicht den vereinbarten Zustand aufweist. Sie liegt aber auch vor, wenn eine zusätzlich vereinbarte Montage fehlerhaft begangen wurde.

Entscheidend und für viele deutsche Juristen mittlerweile[249] befremdlich, ist, dass im CISG kein Verschulden bzw. vertreten müssen von Seiten des Schuldners vorausgesetzt wird.[250] Die Vertragsparteien trifft eine generelle Einstandspflicht.[251] Solch ein Haftungsmodell ist insbesondere im Common-Law üblich.[252]

2. *Kausaler Schaden*

Ferner zu der Vertragsverletzung wird ein Schaden bzw. Verlust vorausgesetzt.[253] Der Verlust muss gemäß Art. 74 CISG kausal auf der Pflichtverletzung des Schädigers beruhen („*[...] as a consequence of the breach.*“), da er ansonsten nicht ersatzfähig.[254] D.h. die Vertragsverletzung muss eine Bedingung für den Eintritt des schädlichen Erfolgs darstellen (*conditio sine qua non*-Formel).[255] Liegt die

246 *Enderlein/Maskow*, International Sales Law, S. 204.

247 Ansonsten ist ein Rücktritt bei einer unwesentlichen Vertragsverletzung nicht möglich zum Schutze des Erfüllungsprinzips/Vorrang des Vertrags.

248 *Brunner*, UN-Kaufrecht-CISG, Art. 45 CISG Rn. 5; MüKoBGB/*Huber*, Art. 45 CISG, Rn. 4.

249 Vor der Schuldrechtsmodernisierung war für den Anspruch auf Schadensersatz aus § 463 BGB a.F. kein Verschulden von Seiten des Schuldners notwendig.

250 OLG München Urt. vom 05.03.2008 – 7 U 4969/06, IHR 2008, 252; Kröll/Mistelis/Viscasillas/*Djordjevic*, Art. 74 CISG, Rn. 11; Schlechtriem/Schwenzer/*Müller-Chen*, Art. 45 CISG, Rn. 8; Honsell/*Schnyder/Straub*, Kommentar zum UN-Kaufrecht, Art. 45 CISG Rn. 23.

251 Honsell/*Schnyder/Straub*, Kommentar zum UN-Kaufrecht, Art. 45 CISG Rn. 23; Brunner wählt den Begriff der Garantiehaftung: *Brunner*, UN-Kaufrecht-CISG, Art. 45 CISG Rn. 5.

252 Kröll/Mistelis/Viscasillas/*Djordjevic*, Art. 74 CISG, Rn. 11.

253 Honsell/*Schönle/Th.Koller*, Art. 74 CISG, Rn. 11.

254 OLG München Urt. vom 05.03.2008 – 7 U 4969/06, IHR 2008, 253.

255 *Brunner*, UN-Kaufrecht-CISG, Art. 74 CISG Rn. 10; MüKoBGB/*Huber*, Art. 74 CISG, Rn. 25; MüKoHGB/*Mankowski*, Art. 74 CISG, Rn. 18; Honsell/*Schönle/Th.Koller*, Art. 74 CISG, Rn. 22.

vorwerfbare Pflichtverletzung in einem Unterlassen, genügt es aus, dass der Schaden bei pflichtgemäßen Verhalten mit großer Wahrscheinlichkeit vermieden worden wäre.[256]

3. *Vorhersehbarkeitsregel*

Das Schadensersatzrecht im CISG hat einen weitreichenden Umfang und ist an wenige Voraussetzungen genknüpft. [257] Es bedarf, wie weiter oben bereits erwähnt, nur eines kausalen Verursachungsbeitrags von Seiten des Schädigers, der nicht einmal an ein Verschulden[258] gebunden ist. Daher besteht die Gefahr eines unüberschaubaren Haftungsrisikos für die Vertragsparteien (insbesondere für den Verkäufer). Um dieses Risiko zu beschränken, wurde die Vorhersehbarkeitsregel in Art. 74 CISG implementiert.[259] Nach ihr, sind Verluste nur dann ersatzfähig, wenn bei Vertragsschluss der eigetretene Schaden für den Schädiger vorhersehbar war. Es ist nicht zwingend positive Kenntnis der möglichen Folgen vom Schädiger notwendig, es reicht aus, dass er Umstände kennt, aufgrund derer er hätte die Folge vorhersehen müssen. Diese Regel ist grundsätzlich losgelöst vom Verschulden zu betrachten und gilt, laut einigen Autoren, sogar dann, wenn der Schuldner vorsätzlich die Pflichtverletzung begeht.[260]

Vorhersehbarkeitsregel ist nicht erst durch diesen Artikel in ein Rechtsystem kodifiziert worden. Die Idee einer solchen Limitierung hat ihren Ursprung bereits im französischen code civil in Art. 1150, später fand sie auch Einzug im Angloamerikanischen („*contemplation-rule*")[261] Bereich und mittlerweile auch in europäischen Rechtsquellen wie den UPICC.[262] Dessen ungeachtet muss Art. 74 S. 2 CISG gemäß Art. 7 Abs. 1 CISG trotz des gemeinsamen Ursprungs autonom ausgelegt werden.[263]

---

256 *Brunner*, UN-Kaufrecht-CISG, Art. 74 CISG Rn. 10; Honsell/*Schönle/Th.Koller*, Kommentar zum UN-Kaufrecht, Art. 74 CISG Rn. 22.

257 Siehe unten: S. 57.

258 Siehe: S. 51 f.

259 *Piltz*, Internationales Kaufrecht, Rn. 5-544.

260 Bianca/Bonell/*Knapp*, Art. 74 CISG, Rn. 2.15.; Schlechtriem/Schwenzer/*Schwenzer*, Art. 74 CISG, Rn. 45.

261 *Hadley v. Baxendale* [1854] 9 Ex.341: „contemplation rule" oder auch „foreseeability test".

262 Schlechtriem/Schwenzer/*Schwenzer*, Art. 74 CISG, Rn. 2; Honsell/*Schönle/Th.Koller*, Kommentar zum UN-Kaufrecht, Art. 74 CISG Rn. 25; Witz/Salger/Lorenz/*Witz*, Art. 74 CISG, Rn. 27.

263 Dazu mehr: Schlechtriem/Schwenzer/*Ferrari*, Art. 7 CISG, Rn. 8 ff.

a.) Maßstab der Vorhersehbarkeit

In Bezug auf die Vorhersehbarkeit ist im Einheitsrecht allein auf die Sicht der schädigenden Partei abzustellen.[264] Diese muss den Schaden als mögliche Folge in Betracht ziehen bzw. hätte ihn in Betracht ziehen müssen.[265] Der maßgebliche Zeitpunkt für die Kenntnis bzw. das Kennenmüssen ist nach dem Wortlaut eindeutig der Vertragsschluss. Die Bewertung umfasst sowohl objektive als auch subjektive Kriterien. Es gilt zu fragen was ein vernünftiger Kaufmann[266] in gleicher Stellung und bei gleichen Gegebenheiten vorausgesehen hätte.[267] Ergänzt wird die objektive Betrachtung durch die konkreten subjektiven Wissenselemente der vertragsbrüchigen Partei. Folglich wirkt Zusatzwissen, welches über das eines vernünftigen Kaufmannes hinausgeht, zu Lasten des Schädigers.[268] Ferner wird die Haftung erweitert, wenn die Parteien ausdrücklich bei Vertragsschluss auf mögliche Schäden hinweisen oder als wahrscheinlich erachten. Hinweise nach Vertragsschluss wirken selbstredend nicht auf die Einstandsverpflichtung ein.

b.) Gegenstand der Vorhersehbarkeit

Bezugspunkt der Vorhersehbarkeit sind nicht die Vertragsverletzungen, sondern die möglichen Schäden, welche aus solchen resultieren können.[269] Sie müssen zum Zeitpunkt des Vertragsschlusses in ihrem Wesen und vom ihrem ungefähren Umfang für den Schädiger erkennbar sein.[270] Jedoch muss eine vertragsverletzende Partei nicht alle Einzelheiten und die genaue Summe des Schadens voraussehen, solange der Betrag die Erwartung nicht wesentlich übersteigt, da er dann vom zu erwartenden Wissen nicht mehr gedeckt ist.[271] Folglich werden die

---

264 MüKoBGB/*Huber*, Art. 74 CISG, Rn. 29; Schlechtriem/Schwenzer/*Schwenzer*, Art. 74 CISG, Rn. 47: Wohingegen bei der „contemplation rule" auf die Sicht beider Parteien abgestellt wird.

265 Schlechtriem/Schwenzer/*Schwenzer*, Art. 74 CISG, Rn. 48.

266 Bianca/Bonell/*Knapp*, Art. 74, CISG Rn. 2.11: „[…] of a merchant […]": In der deutschen Literatur wird oft der Begriff einer „verständigen Person" genutzt.

267 OGH Österreich Urt. v. 13.01.2002 – 7 Ob 301/01t, IHR 2002, 76, 80; *Herber/Czerwenka*, Internationales Kaufrecht Kommentar, Art. 74 CISG, Rn. 10; Kröll/Mistelis/Viscasillas/*Djordjevic*, Art. 74 CISG, Rn. 28.

268 Honsell/*Schönle/Th.Koller*, Art. 74 CISG, Rn. 26.

269 *Faust*, Die Vorhersehbarkeit des Schadens gemäß Art. 74 Satz 2 UN-Kaufrecht (CISG), S. 15.

270 OGH Österreich Urt. v. 13.01.2002 – 7 Ob 301/01t, IHR 2002, 76, 80; Staudinger/*Magnus*, Art. 74 CISG, Rn. 34.

271 MüKoBGB/*Huber*, Art. 74 CISG, Rn. 31

Grenzen der Vorhersehbarkeit bestimmt durch die Umstände des Einzelfalles und dem konkreten Wissen der Vertragsparteien. Interessanterweise interpretieren viele Autoren diese Regel nicht als wissenschaftliche Feststellung, sondern als ein normatives Konzept.[272] Dies beruht auf dem Gedanken, dass praktisch alles Erdenkliche vorstellbar ist und somit der Haftungsrahmen zu weit wäre. Daher soll bei der Vorhersehbarkeit nicht streng auf die Wissenslage abgestellt werden, sondern es müsse zudem eine vernünftige Risikoverteilung passend zum Vertragszweck vorgenommen werden.

Vorhersehbar sollen nur Schäden sein, auf die sich der Schutzzweck des Vertrags bezieht, der selber wiederum unmittelbar oder mittelbar durch den Parteienwillen festgelegt wird. Relevant sind damit die Vertragsrisiken, auf die sich die Parteien einlassen wollten. Dieser praxisorientierte Ansatz hat zwar den Vorteil, dass er dem Richter eine gewisse Entscheidungsgewalt überlässt, die Risikoverteilung passend zum Vertragszweck und der wirtschaftlichen[273] Situation anzupassen, jedoch ist er dogmatisch bedenklich. Der Wortlaut von Art. 74 CISG spricht eindeutig davon, dass der Schuldner bis zu der Grenze haftet, bis zu der er die Schäden vorhersehen konnte („*Such damages may not exceed the loss […] foresaw*"). Für eine normative Anpassung bietet er keinen Spielraum, da kein Bezug auf die vom Schuldner gewollte Haftung genommen wird.[274] Des Weiteren scheidet die von einigen Autoren angeführte Vergleichbarkeit mit der angloamerikanischen „contemplation-rule", die eine normative Betrachtungsweise einbezieht, aus zwei Gründen aus. Nicht nur ist die Vorhersehbarkeitsregel des Einheitsrechts autonom auszulegen. Sondern auch der Wortlaut der Regelungen divergiert, da die klassische Formulierung der „contemplation-rule" („*damages […] in the contemplation of parties*")[275] im Gegensatz zu der im CISG durchaus die Risikoübernahme der Parteien einbezieht.[276] Auch der BGH folgt der

272 MüKoBGB/*Huber*, Art. 74 CISG, Rn. 32; *Karrolus*, UN- Kaufrecht, S. 216 ff.; *Köhler*, Die Haftung nach UN-Kaufrecht im Spannungsverhältnis zwischen Vertrag und Delikt, S. 128 f.; *Piltz*, Internationales Kaufrecht, Rn. 5-548; Schlechtriem/Schwenzer/*Schwenzer*, Art. 74 CISG, Rn. 49; Genauer nachzulesen insbesondere in: Schlechtriem/*Stoll*, Art. 74 CISG, Rn. 37; Schlechtriem/*Stoll*, Einheitliches Kaufrecht und nationales Obligationenrecht, S. 260 ff.

273 So zumindest: *Kranz*, Die Schadensersatzpflicht nach den Haager Einheitlichen Kaufgesetzen und dem Wiener UN-Kaufrecht, S. 180 Rn. 1.2.3.1.2.1.4.

274 *Weitnauer*, Nichtvoraussehbarkeit eines Schadens nach Art. 82 des Einheitlichen Gesetzes über den internationalen Kauf beweglicher Sachen, IPRax 1981, S. 83 (84).

275 Freie Übersetzung: „Schäden […] welche die Partien in Betracht gezogen haben".

276 *Faust*, Die Vorhersehbarkeit des Schadens gemäß Art. 74 Satz 2 UN-Kaufrecht (CISG), S. 15; *Ferrari*, Hadley v Baxendale v Foreseeability under Article 74 CISG, S. 324 ff.

empirischen Konzeption.[277] In einer wegweisenden Entscheidung griff er bei der Feststellung der Vorhersehbarkeit eines Reputationsschadens auf die empirische Einschätzung der Handelskammer zurück anstatt sich mit dem gewollten Haftungsumfang des Schädigers auseinanderzusetzen. Schlussendlich ist der empirische Ansatz der überzeugendere, da er mit dem Wortlaut und den Prinzipien des Einheitsrecht im Einklang steht.

4. *Ausschlussgründe*

Ausschließlich können die Rechte des Gläubigers aus Art. 45 CISG nur durch Art. 80 CISG sowie Art. 39 CISG eingeschränkt werden. Nach ersterem verliert der Anspruchsteller seine Rechtsbehelfe, wenn er die Nichterfüllung durch ein Handeln oder Unterlassen verursacht hat. Letzteres tritt ein, wenn die Mangelanzeige nicht fristgemäß durchgeführt wurde.

Ein weiterer Ausschlussgrund, der aber nur die Erfüllungs- und Schadensersatzpflicht beschränkt, aber nicht die Rechte des Gläubigers aus Artt. 46-52 CISG[278], liegt gemäß Art. 79 Abs. 1 CISG vor, wenn die Pflichtverletzung aufgrund eines Umstandes eintritt, der außerhalb des Einflussbereichs des Schuldners liegt und er vernünftigerweise diesen bei Vertragsschluss nicht in Betracht ziehen oder später den Hinderungsgrund vermeiden konnte.

II. Grundsätze der Schadensbemessung gemäß Artikel. 74 CISG

Liegen die Voraussetzungen eines Schadensersatzes vor, bemisst sich die Höhe nach Art. 74 CISG. Wie *Honnold* und *Flechtner* in ihrem Kommentar richtigerweise feststellen, ist dieser Artikel zwar kurz formuliert, nichtsdestotrotz stellt er ein starkes Rechtsschutzinstrument dar („*brief but powerfull*").[279] Das liegt an den grundlegenden Prinzipien, die er beinhaltet, und zwar die Ausgleichs- bzw. Kompensationsfunktion, die Totalreparation und der Grundsatz des Geldersatzes.[280]

---

277 Diese Entscheidung wurde zum alten Art. 82 S. 2 EKG getroffen, der ebenfalls eine Voraussehbarkeitsregel beinhaltete: BGH Urt. v. 24.10.1979 - VIII ZR 210/78, IPRAX 1981, S. 96.

278 Ausdrücklich in Art. 79 Abs. 5 CISG normiert.

279 *Honnold/Flechtner*, Uniform Law for International Sales under the 1980 United Nations Convention, Art. 74 CISG, Rn. § 403.

280 Wichtig: Dies sind die grundlegenden Prinzipien, die aber durch die allgemeinen Grundsätze des Abkommens, wie z.B. u.a. Art. 7 CISG bestimmt werden.

1. *Ausgleichsfunktion*

Der Schadenersatz im CISG hat eine Ausgleichs- bzw. Kompensationsfunktion. Der Gläubiger soll alle erlittenen Schäden ersetzt bekommen. Er ist in die Lage zu versetzen, in der er sich befinden würde, wenn der Schuldner seine Pflicht ordnungsgemäß erfüllt hätte.[281] Dieser Grundsatz ist weniger als feste Regel sondern viel mehr als Ziel des Schadensersatzes zu verstehen.[282] Pönale Elemente sind dem CISG fremd, da die Grenze des Umfangs der Ersatzpflicht der Ausgleich der Schäden[283] ist, wohingegen eine Strafe ein Mehr als den reinen Ausgleich darstellen würde. [284] Zusammengefasst soll und darf der Gläubiger nach Gewährung des Schadensersatzes weder ärmer noch reicher sein als er bei reiner Vertragserfüllung wäre.[285]

2. *Totalreparation*

Das Schadensersatzrecht des CISG richtet sich nach dem Prinzip der Totalreparation („*principle of full compensation*"; „*principe de la réparation integral*").[286] Eigentlich ist sie nur ein Ausfluss der Kompensationsfunktion, der verdeutlicht,

281 OGH Österreich Urt. v. 13.01.2002 – 7 Ob 301/01t, IHR 2002, 76, 80; Robinson v. Harman [1848] 1 Ex Rep 850; MüKoBGB/*Huber*, Art. 74 CISG, Rn. 16; Bianca/Bonell/*Knapp*, Art. 74 CISG Rn. 3.1.; Staudinger/*Magnus*, Art. 74 CISG, Rn. 16; MüKoHGB/*Mankowski*, Art. 74 CISG, Rn. 8.

282 *Friedmann*, Economic Aspects of Damages and Specific Performance Compared, S. 66.

283 Auf Englisch: Art. 74 CISG „Damages […] a sum equal to the loss […]".

284 *Gotanda*, CISG Advisory Council Opinion No. 6, Rn. 9.5; SJZ/*Honsell*, Die Vertragsverletzung des Verkäufers nach dem Wiener Kaufrecht, 1992 S. 361; Honsell/*Schönle/Th.Koller*, Kommentar zum UN-Kaufrecht, Art. 74 CISG, Rn. 8; Staudinger/*Magnus*, Art. 74 CISG, Rn. 16; *Piltz*, Internationales Kaufrecht, Rn. 5-515.

285 *Honsell*, SJZ 1992, S. 361.

286 Auf Englisch: „principle of full compensation"; *Brunner*, UN-Kaufrecht-CISG, Art. 74 CISG Rn. 8; Kröll/Mistelis/Viscasillas/*Djordjevic*, Art. 74 CISG, Rn. 2; *Gotanda*, CISG Advisory Council Opinion No. 6, Rn. 1.1; *Heilmann*, Mängelgewährleistung im UN-Kaufrecht, S. 557; MüKoBGB/*Huber*, Art. 74 CISG, Rn.17; Bianca/Bonell/*Knapp*, Art. 74 CISG, Rn. 3.2.; *Kranz*, Die Schadensersatzpflicht nach den Haager Einheitlichen Kaufgesetzen und dem Wiener UN-Kaufrecht, S. 210 Rn. 2.2.1.2; Staudinger/*Magnus*, Wiener UN-Kaufrecht, Art. 74 CISG Rn. 19; MüKoHGB/*Mankowski*, Art. 74 CISG Rn. 9; BeckOK BGB/*Saenger*, Art. 74 CISG, Rn. 1; Honsell/*Schönle/Th.Koller*, Vorbem. Artt. 74-77 CISG, Rn. 1.

dass dem Geschädigten der volle Ausgleich für jeglichen Schadensposten zu gewähren ist, welcher aus der Vertragsverletzung entspringt.[287]

Geschützt ist sowohl das Integritäts- als auch das Erfüllungsinteresse des Gläubigers.[288] Das Integritätsinteresse schützt das bestehende Vermögen, wohingegen das Erfüllungsinteresse alle Vorteile umfasst, die bei einer ordnungsgemäßen Vertragserfüllung entstanden wären.[289] Darunter fällt neben dem real eingetretenen Verlust auch ein möglicher entgangener Gewinn.[290] Diese Posten stehen nebeneinander. Dass der entgangene Gewinn explizit im Gesetzestext genannt wird, hat eine Klarstellungsfunktion, um in Ländern, in denen er nicht ersatzfähig ist, Fehlinterpretationen zu vermeiden.[291] Des Weiteren umfasst ist das Vertrauensinteresse, das den Gläubiger davor schützt auf den Kosten seiner frustrierten Aufwendungen sitzen zu bleiben.[292]

Zu ersetzen ist dem Gläubiger nur der tatsächlich entstandene Schaden, d.h. er muss sich möglicherweise Vorteile anrechnen lassen, die er durch das Schadensereignis, erhalten hat, da ansonsten die Gefahr einer Überkompensation zu seinen Gunsten besteht.[293] Eine Vorteilsanrechnung entfällt, wenn die entstandenen Vorteile durch die eigene Leistung des Gläubigers (z.B. zusätzlichen Versicherungsschutz), die über seine Schadensminderungsobliegenheit aus Art. 77 CISG hinausgeht, bewirkt wurden.[294] Dem Schuldner soll es nicht

287 OGH, Österreich Urt. v. 09.03.2000 6 Ob 311/99z, IHR 2001, 39, 40; Herber/Czerwenka, Internationales Kaufrecht Kommentar, Art. 74 CISG, Rn. 4; MüKoBGB/*Huber*, Art. 74 CISG, Rn. 17; *Loewe*, Internationales Kaufrecht, Art. 74 CISG, S. 92; Staudinger/*Magnus*, Art. 74 CISG, Rn. 19; Schlechtriem/Schwenzer/*Schwenzer*, Art. 74 CISG, Rn. 3.

288 *Brunner*, UN-Kaufrecht-CISG, Art. 74 CISG Rn. 5, 7; Ferrari/Kieninger/Mankowski/*Saenger*, Art. 74 CISG, Rn. 2; Staudinger/*Magnus*, Wiener UN- Kaufrecht, Art. 74 CISG Rn. 20; *Piltz*, Internationales Kaufrecht, Rn. 5-515

289 OGH Österreich Urt. v. 13.01.2002 – 7 Ob 301/01t, IHR 2002, 76, 80.

290 MüKoHGB/*Mankowski*, Art. 74 CISG, Rn. 10.

291 Sekretariatskommentar zu Art. 74 CISG (damals noch Art. 70 CISG), Rn. 3, abrufbar unter: http://www.cisg.law.pace.edu/cisg/text/secomm/secomm-74.html, zuletzt aufgerufen am: 22.08.2018; Staudinger/*Magnus*, Art. 74 CISG, Rn. 19.

292 MüKoHGB/*Mankowski*, Art. 74 CISG, Rn. 10.

293 Staudinger/*Magnus*, Art. 74 CISG, Rn. 19; Ferrari/Kieninger/Mankowski/*Saenger*, Art. 74 CISG, Rn. 4.

294 *Heilmann*, Mängelgewährleistung im UN-Kaufrecht, S. 561; Staudinger/*Magnus*, Art.74 CISG, Rn. 22; *Piltz*, Internationales Kaufrecht, Rn. 5-515.

zugutekommen, dass der Gläubiger aus seinem eigenen Vermögen Versicherungsprämien zahlt.[295]

Wichtig zu bedenken ist, dass nicht alle Schäden vom Anwendungsbereich gedeckt sind.[296] Darunter fallen z.B. Personenschäden, die ausdrücklich gemäß Art. 5 CISG ausgeschlossen sind. Das heißt, die Totalreparation erfasst nicht alle kausalen Schäden, die mit der Vertragsverletzung einhergehen.

Direkt beschränkt wird die Totalreparation, wenn sie Anwendung findet, beispielsweise durch die Vorhersehbarkeitsregel aus S. 2.[297] Zusätzlich steht es den Parteien frei, im Lichte des Art. 6 CISG und der Vertragsautonomie bestimmte weitere Beschränkungen zu vereinbaren.[298]

3. *Geldersatz*

Jeglicher Ersatz ist in Geld geschuldet.[299] Damit folgt Art. 74 CISG in dieser Hinsicht eher den anglo-amerikanischen Rechtssystemen. Bezüglich der Währung und des Wechselkurses wird keine Reglung getroffen.

---

295 MüKoHGB/*Mankowski*, Art.74 CISG, Rn. 12.

296 Ferrari/Kieninger/Mankowski/*Saenger*, Art. 74 CISG, Rn. 2; Honsell/*Schönle/Th.Koller*, Art. 74 CISG, Rn. 2.

297 Art.74 S. 2 CISG „Dieser Schadenersatz darf jedoch den Verlust nicht übersteigen, den die vertragsbrüchige Partei bei Vertragsabschluß als mögliche Folge der Vertragsverletzung vorausgesehen hat oder unter Berücksichtigung der Umstände, die sie kannte oder kennen mußte, hätte voraussehen müssen.“. Hinzu kommen weitere externe Ausschluss- Herabsetzungsgründe z.B. u.a. Artt. 77, 79 CISG; siehe: Brunner, UN-Kaufrecht-CISG, Art. 74 CISG Rn. 11; Ferrari/Kieninger/Mankowski/Saenger, Art. 74 CISG, Rn. 1; Honsell/Schönle/Th.Koller, Kommentar zum UN-Kaufrecht, Vorbem. Artt. 74-77 CISG, Rn. 3.

298 *Gotanda*, CISG Advisory Council Opinion No. 6, Rn. 1.3; Honsell/*Schönle/Th.Koller*, Art. 74 CISG, Rn. 42.

299 Kröll/Mistelis/Viscasillas/*Djordjevic*, Art. 74 CISG, Rn. 21; *Enderlein/Maskow*, International Sales Law, S. 299; *Honsell*, SJZ 1992, S. 361, 362; Bianca/Bonell/*Knapp*, Art. 74 CISG, Rn. 2.3.; Staudinger/*Magnus*, Art. 74 CISG, Rn. 25; Staudinger/*Magnus*, Art. 74 CISG, Rn. 13; Ferrari/Kieninger/Mankowski/*Saenger*, Art. 74 CISG, Rn. 2; Honsell/*Schönle/Th.Koller*, Art. 74 CISG, Rn. 41; Schlechtriem/Schwenzer/*Schwenzer*, Art. 74 CISG, Rn. 17.

C. Reputationsschäden im UN-Kaufrecht - De lege lata

Die Ersatzfähigkeit von Reputationsschäden gemäß Art. 74 CISG wird mittlerweile einhellig angenommen.[300] Es gibt in Rechtsprechung[301] und Literatur[302] nur vereinzelt Stimmen, die eine Kompensation per se ablehnen. Es ist auffällig, dass zwar ein Konsens in dieser Hinsicht besteht, aber die Begründung sich oftmals auf den Verweis auf die Totalreparation beschränkt.[303] Daher gilt es zunächst festzustellen, wie der Reputationsschadensersatz dogmatisch herzuleiten ist.

I. Rechtliche Herleitung

Um dieser Frage nachzugehen, bedarf es einer Auslegung von Art. 74 CISG. Das CISG als Völkervertrag ist grundsätzlich nach den Regeln des Wiener Übereinkommens über das Recht der Verträge (WVK) zu interpretieren.[304] Nach Art. 31 WVK ist ein solcher Vertrag nach Treu und Glauben mit der gewöhnlichen, seinen Bestimmungen in ihrem Zusammenhang zukommenden Bedeutung und im Lichte seines Zieles und Zweckes auszulegen. In den nachfolgenden Absätzen des Artikels werden als weitere Interpretationshilfen insbesondere die zwischen den Ratifizierungsländern getroffene Vereinbarungen und erstellten Urkunden

---

300 Tampere Court of First Instance Finland, v. 17.01. 1997, 95/11193, abrufbar unter: http://cisgw3.law.pace.edu/cases/970117f5.html, zuletzt aufgerufen am: 22.08.2018; Handelsgericht des Kantons Zürich, v. 10.02. 1999, HG 970238.1, abrufbar unter: http://cisgw3.law.pace.edu/cases/990210s1.html, zuletzt aufgerufen am: 22.08.2018; Schweizer Bundesgericht, v. 28.10.1998, 4 C. 197/1998/odi, abrufbar unter: http://www.globalsaleslaw.org/content/api/cisg/urteile/413.htm, zuletzt aufgerufen am: 22.08.2018; *Brölsch*, Schadensersatz und CISG, S. 63; *Brunner*, UN-Kaufrecht-CISG, Art. 74 CISG Rn. 20; *Gotanda*, CISG Advisory Council Opinion No. 6, Rn. 7.1; Kröll/Mistelis/Viscasillas/*Djordjevic*, Art. 74 CISG, Rn. 63; *Herber/Czerwenka*, Internationales Kaufrecht Kommentar, Art. 74 CISG, Rn. 81; MüKoBGB/*Huber*, Art. 74 CISG, Rn. 39; *Liebster*, in: FS Schwenzer, S. 1031; Staudinger/*Magnus*, Art. 74 CISG, Rn. 27; *Piltz*, Internationales Kaufrecht, Rn. 5-533; Honsell/*Schönle/Th.Koller*, Kommentar zum UN-Kaufrecht, Art. 74 CISG, Rn. 7; Schlechtriem/Schwenzer/*Schwenzer*, Art. 74 CISG Rn. 34; Witz/Salger/Lorenz/*Witz*, Art. 74 Rn. 14.

301 LG München Urt. v. 30.08.2001 – 12 HKO 5593/01, abrufbar unter: http://www.globalsaleslaw.org/content/api/cisg/display.cfm?test=668, zuletzt aufgerufen am: 22.08.2018.

302 SJZ/*Honsell*, Die Vertragsverletzung des Verkäufers nach dem Wiener Kaufrecht, 1992 S. 361.

303 Dazu kritisch: *Saidov*, Damage to business Reputation and Goodwill under the Vienna Sales Convention, S. 392.

304 DBA/Vogel/Lehner/*Lehner*, Rn. 105.

hervorgehoben. Diese eher weitgefassten Grundsätze spezifiert das Einheitsrecht in Art. 7 CISG. Jener Artikel verweist ausdrücklich auf den internationalen Charakter dieser Konvention. Daher wird sich primär den im Civil und Common Law gängigen Auslegungsmethoden, deren Nutzung zur Interpretation von internationalen Rechtsquellen weltweit anerkannt sind, bedient, um Regelungslücken zu schließen.[305] Nachfolgend ist Art. 74 CISG dementsprechend anhand des Wortlauts, der Teleologie und der Historie zu analysieren. Rechtsvergleichend werden internationale Rechtsquellen sowie ferner das Common Law als Vergleichsobjekte herangezogen. Schlussendlich ist das Auslegungsergebnis hinsichtlich der Vereinbarkeit mit den Zielen des Einheitsrechts zu überprüfen.

1. *Grammatikalische Auslegung von Art. 74 CISG*

Ausgangspunkt einer jeden Auslegung sollte immer der Wortlaut sein, da er die Manifestation des Gesetzgeberwillens darstellt. Eines dem ihm widersprechendes Verständnis lässt sich nur in den seltensten Fällen vertreten.[306] Für die Wortlauslegung des UN-Kaufrechts verbietet sich im Regelfall der Rückgriff auf die deutsche Fassung, da der Wortlaut gemäß Art. 101 Abs. 2 CISG nur in den Sprachen Arabisch, Chinesisch, Englisch, Französisch, Russisch und Spanisch verbindlich ist. Bei Art. 74 CISG gibt es jedoch keine rechtlich relevanten Unterschiede zwischen der deutschen und englischen Niederschrift. Der Gesetzestext erwähnt die Ersatzfähigkeit von Reputationsschäden nicht explizit, jedoch hat der Schädiger für „*[...] entstandenen Verlust, einschließlich des entgangenen Gewinns [...]*“ einzustehen.

Versteht man – richtigerweise – die Reputation als Vermögenswert, so wäre sie als „Verlust“ („*loss*“) zu qualifizieren und damit vom Regelungsgehalt umfasst. Allerdings kann so ziemlich jede Beeinträchtigung unter diesen vagen Begriff subsumiert werden. Jedoch gibt es unstrittig Posten, welche nicht unter den Anwendungsbereich von Art. 74 CISG fallen wie z.B. seelischen Unbill über die Nichtlieferung von Ware.[307] Folglich widerspricht der Wortlaut dem Einbezug von Reputationsschäden nicht, dessen ungeachtet hat er aufgrund seines weiten Interpretationsspielraums wenig Aussagekraft, da der Begriff Verluste („*loss*“) noch spezifiziert werden muss.

---

305 *Brunner*, UN-Kaufrecht-CISG, Art. 7 CISG Rn. 5; Staudinger/*Magnus*, Art. 7 CISG, Rn. 30 f.; *Sundermann*, Probleme der autonomen Auslegung des UN-Kaufrechts, S. 87.

306 Schlechtriem/Schwenzer/*Ferrari*, Art. 7 CISG Rn. 30.

307 *Schwenzer/Hachem*, The Scope of the CISG Provisions on Damages, S. 100.

2. *Teleologische Auslegung*

Ausgehend von dem Sinn einer Norm lassen sich viele Rechtsprobleme lösen, indem die Vereinbarkeit der Auslegung mit dem Zweck und den Zielen der Norm verglichen wird. Das fundamentale Prinzip von Art. 74 CISG ist die Ausgleichsfunktion in Form der Totalreparation.[308]

a.) Das Prinzip der Totalreparation

Die Totalreparation ist ein Modell zur Bemessung des Umfangs der Schadensersatzpflicht. Dieses Modell kann als eine Art Grundprinzip verstanden werden, das in alle europäischen Kodifikationen Einzug erhalten hat.[309]

Es stellt eine simple Maxime auf: Der Gläubiger hat Anspruch auf vollen Ausgleich aller Nachteile, die durch den zum Ersatz verpflichtenden Umstand eingetretenen sind oder anders ausgedrückt der Schädiger hat soweit es möglich ist, den Zustand herzustellen, der bestehen würde, wenn der zum Ersatz verpflichtende Umstand nicht eingetreten wäre.[310] Im Deliktsrecht wäre der *„zum Ersatz verpflichtende Umstand"* die unerlaubte Handlung und im Vertragsrecht die nicht vertragskonforme Leistung. Dabei spielt es keine Rolle, ob der Verlust mittelbar oder unmittelbar eingetreten ist.[311] Es reicht aus, dass er kausal und zurechenbar auf das haftungsbegründende Ereignis zurückführt. Außerdem werden jegliche moralischen, sozialen und ethischen Wertungen sowohl hinsichtlich der Situation des Schädigers als auch der des Geschädigten unberücksichtigt gelassen. Liegt der haftungsbegründe Tatbestand vor, dann hat der Schädiger nach einem

---

308 Siehe: S. 58; *Brunner*, UN-Kaufrecht-CISG, Art. 74 CISG Rn. 8; *Gotanda*, CISG Advisory Council Opinion No. 6, Rn. 1.1; Kröll/Mistelis/Viscasillas/*Djordjevic*, Art. 74 CISG, Rn. 2; *Heilmann*, Mängelgewährleistung im UN-Kaufrecht, S. 557; MüKoBGB/*Huber*, Art. 74 CISG, Rn.16; Bianca/Bonell/*Knapp*, Art. 74 CISG, Rn. 3.2.; *Kranz*, Die Schadensersatzpflicht nach den Haager Einheitlichen Kaufgesetzen und dem Wiener UN-Kaufrecht, S. 210 Rn. 2.2.1.2; Staudinger/*Magnus*, Wiener UN-Kaufrecht, Art. 74 CISG, Rn. 19; MüKoHGB/*Mankowski*, Art. 74 CISG, Rn. 9; BeckOK BGB/*Saenger*, Art. 74 CISG, Rn. 1; Honsell/*Schönle*/*Th.Koller*, Vorbem. Artt. 74-77 CISG, Rn. 1.

309 So zum Beispiel in das UPICC oder PECL, siehe: *Finke*, Die Minderung der Schadensersatzpflicht in Europa, Rn. 24; *von Bar*, Gemeineuropäisches Deliktsrecht Band II, Rn. 136.

310 Zu beachten ist, dass die Totalreparation selber keine Aussage darüber trifft wie der Schaden zu ersetzen ist; *von Bar*, Gemeineuropäisches Deliktsrecht Band II, Rn. 136; *Gisawi*, Der Grundsatz der Totalreparation, S. 1; Schlechtriem/Schwenzer/*Schwenzer*, Art. 74 CISG, Rn. 3.

311 *Gisawi*, Der Grundsatz der Totalreparation, S. 1.

„Alles oder Nichts"-Prinzip einzustehen, d.h. er hat immer vollen Schadensausgleich zu leisten.[312] Auf Grundlage dessen verweisen viele Autoren bei der Frage der Ersatzfähigkeit von Reputationsschäden im Einheitsrecht unbesehen auf die Totalreparation.[313] Es zeigt sich aber, dass die Totalreparation in ihrer Reinform große Schwächen aufweist, welche auf nationaler Ebene durch die Kodifizierung von Durchbrechungsmechanismen z.T. korrigiert werden. Diese Probleme und die Lösungswege werden nachfolgend dargestellt, um dann letztendlich zu prüfen, wie das Schadensrecht im CISG ausgestaltet ist und ob der von den Autoren aufgeworfene Verweis sich verifizieren lässt.

aa.) Schwäche der Totalreparation

Die Totalreparation in ihrer Reinform qualifiziert zunächst jeden Schaden als ersatzfähig. Darunter sind alle materiellen Verluste sowie immateriellen Güter zu fassen, unabhängig davon, ob sie einen Finanzwert innehaben oder nicht. Die Ersatzpflicht des Schädigers umfasst also vom Sachschaden hin zum entgangenen Gewinn bis zu emotionalen Einbußen alle entstandenen Nachteile.[314] Damit stellt die bisherige Feststellung keinen Mehrwert zum Wortlaut dar.

Eine uneingeschränkte Anwendung ist jedoch mit dem allgemeinen Gerechtigkeitsgedanken nur schwer vereinbar. Die Totalreparation als solches ist ein starres und absolutes System, das jegliche Interessen des Schädigers außer Acht lässt. Es ignoriert alle tatsächlichen, wirtschaftlichen und sozialen Faktoren und berücksichtigt lediglich den Verlust und damit die Belange des Geschädigten. Eine uneingeschränkte Schadensersatzpflicht kann aus diesen Gründen zu erheblichen Härtefällen führen. Denkbar sind beispielsweise Fälle der fahrlässigen Körperverletzung, die eine Ersatzpflicht für eine lebenslange Berufsunfähigkeit begründen und dadurch den Schädiger in seiner wirtschaftlichen Existenz gefährden. Noch schwerer mit dem Gerechtigkeitsgedanken vereinbar sind Konstellationen, bei denen ein krasses ökonomisches Missverhältnis zwischen den Schädiger und Geschädigten besteht.[315] So kann es sein, dass der Schädiger durch die Zahlung in die Insolvenz getrieben wird, wohingegen der

---

312 *Gisawi*, Der Grundsatz der Totalreparation, S. 1.

313 Dazu kritisch: *Saidov*, Damage to business Reputation and Goodwill under the Vienna Sales Convention, S. 392.

314 *Liebster*, in: FS Schwenzer, S. 1031.

315 Aus Klarstellungsgründen ist zu erwähnen, dass die Haftung für Körperverletzung im Rahmen des Einheitsrechts wegen des Ausschlusses aus Art. 5 CISG keine Relevanz besitzt.

Geschädigte aufgrund seiner finanziellen Situation nicht einmal auf die Tilgung angewiesen ist.

Aber auch andere Faktoren bleiben unbeachtet. So spielt der Grad des Verschuldens keine Rolle. Wer den zum Ersatz verpflichtenden Umstand vorsätzlich herbeiführt, haftet vollumfänglich. Eine solche Pflicht trifft aber auch denjenigen, der nur leicht fahrlässig gehandelt hat. Ebenso unberücksichtigt bleibt, ob der Schaden für den Schuldner vorhersehbar war. Diese Einschränkung kann gerade im Vertragsrecht von zentraler Bedeutung sein, da die Haftung sich aus dem Schuldverhältnis begründet. Die Parteien wollen gerade nur für die Pflichten aus dem Vertrag und die dadurch entstehenden Haftungsrisiken einstehen.[316] Daher lässt sich berechtigterweise ins Feld führen, dass Schäden, die außerhalb des Vertragsverhältnisses liegen und für den Schuldner nicht vorhersehbar waren, nicht ersatzfähig sein sollten.

bb.) Internationale Lösung

Trotz dieser Probleme ist die Totalreparation das leitende Motiv in Europa.[317] Der Hauptgrund dafür liegt darin, dass sie eine definierbare Methode zur Schadensberechnung vorgibt und somit für den Geschädigten ein starkes Rechtsinstrument schafft, da er weiß, dass all seine Interessen geschützt sind. Außerdem darf nicht verkannt werden, dass jedwede Einschränkung der Totalreparation sich einzig zu Lasten der Geschädigten und damit des Opferschutzes auswirkt. Diese weitreichende Ersatzpflicht fördert unweigerlich die Präventionsfunktion des Schadensersatzrechts. All dies mündet wiederum in Rechtssicherheit. Um ein Gleichgewicht zwischen den verschiedenen Interessen zu schaffen und damit zumindest partiell den dargelegten Problemen entgegenzuwirken, wird in vielen nationalen Rechtsordnungen der Grundsatz der Totalreparation unterschiedlich ausgestaltet. Dies geschieht dadurch, dass das „Alles oder Nichts"-Prinzip durch sogenannte „Durchbrechungen" eingeschränkt und damit eine uferlose Haftungspflicht des Schädigers vermieden wird.[318]

---

316 *Faust*, Die Vorhersehbarkeit des Schadens gemäß Art. 74 Satz 2 UN-Kaufrecht (CISG), S. 15.

317 *Stoll*, Die Reduktionsklausel im Schadensrecht aus rechtsvergleichender Sicht, S. 486.

318 *von Bar*, Gemeineuropäisches Deliktsrecht Band II, Rn. 136; *Finke*, Die Minderung der Schadensersatzpflicht in Europa, Rn. 2; *Gotanda*, Recovering Lost Profits in International Disputes, S. 65 f.; *Stoll*, Die Reduktionsklausel im Schadensrecht aus rechtsvergleichender Sicht, S. 486.

(1) Direkte Durchbrechung der Totalreparation

Die Durchbrechungsmechanismen sind in unechte und echte zu unterscheiden.[319] Unechte sind solche, die den Anspruch des Geschädigten *a priori* vollständig verhindern oder bestimmte Posten gänzlich aus dem Schadensumfang ausschließen. Sie stellen keine wirkliche Durchbrechung des „Alles oder Nichts“-Prinzip dar, weil sie quasi nur im Vorhinein festlegen bzw. definieren, welche Schadensposten zu dem „Alles“ zählen. Alle Schäden („Alles“), die von ihnen nicht betroffen sind, bleiben weiterhin im Sinne der Totalreparation voll ersatzfähig. Unechte Durchbrechungen stellen eine vorverlagerte Begrenzung der Totalreparation dar.

Demgegenüber sind echte Durchbrechungen, auch unter dem Begriff Reduktionsklauseln bekannt, Regelungen, die nicht im Vorhinein den Schadensersatz als solchen begrenzen, sondern den Schaden auf die Parteien verteilen, nachdem der Schadensersatzumfang (das „Alles“) rechtlich festgestellt wurde. Durch die Umverteilung hat der Schädiger nicht „Alles oder Nichts“ sondern möglicherweise nur einen Teil von allem zu ersetzen.

Es lässt sich feststellen, dass unechte Durchbrechungen den Schaden bestimmen bzw. den Schadensersatzpool festlegen, wohingegen echte den Schadenspool zwischen den Parteien aufteilen. Beides führt im Ergebnis dazu, dass der Schädiger nicht wirklich vollen Ausgleich zu zahlen hat.

Zur Analyse eines Schadensrechts sollten alle Arten der Durchbrechungen betrachtet werden. Echte und unechte stehen nämlich immer in einem Zusammenhang, da zwischen ihnen kein Ausschlussverhältnis besteht.[320] Unechte regulieren gewisse Lebenssachverhalte auf einer vorverlagerten Ebene, während auf der nachgelagerten Ebene eine Reduktion des Anspruchs durch eine echte Klausel noch möglich ist.

(aa) Unechte Durchbrechung

Unechte Durchbrechungen können ihre beschränkende Wirkung in der Haftungsausfüllung aber auch schon in der Haftungsbegründung entfalten; so z.B. durch die Festlegung des Schadensbegriffes bzw. der Ermittlung. Zunächst könnte angenommen werden, dass die Definition des Schadens keinen Limitierungsmechanismus darstellt, sondern eher als Grundpfeiler der Ausgestaltung der Totalreparation zu verstehen ist, eine Art Grundsatzentscheidung, die jede

319 *Finke*, Die Minderung der Schadensersatzpflicht in Europa, Rn. 25 ff.
320 *Finke*, Die Minderung der Schadensersatzpflicht in Europa, Rn. 28.

Rechtsordnung für sich treffen muss. Bei genauerer Betrachtung ist durch die Entscheidung der Frage, was als Schaden zu qualifizieren ist, bereits ein zentraler Aspekt des Schadensumfangs festgelegt worden. Alle Posten, die nicht darunter zu subsumieren sind, fallen per se bereits aus jeglicher weitergehenden Prüfung heraus. Interessanterweise gibt es kaum eine Rechtsordnung, die den Schadensbegriff legal definiert.[321] Oft ist er Gegenstand kontroverser Diskussionen.[322]

Ähnlich zu kategorisieren sind die Grundsätze der Schadenszurechnung, Vorteilsausgleichung und der Kompensationsform. Gerade Letzteres wird anschließend gesondert zu untersuchen sein.[323]

Aber es gibt auch auf Tatbestandsebene Durchbrechungen, die offensichtliche Limitierungen darstellen. Eine häufig genutzte ist die Vorhersehbarkeitsregel.[324] Im UN-Kaufrecht werden beispielsweise alle Schäden aus dem Ersatzumfang herausgenommen, die der Schädiger bei Vertragsschluss nicht vorhergesehen hat bzw. nicht vorhersehen konnte;[325] Ähnlich auch im französischem[326] Recht, im Common Law[327], in der japanischen[328] Rechtsordnung oder im spanischen Código civil (Cc)[329]. Eine vergleichbare für den Schädiger nützliche

321 Ausnahme Österreich in Art. 1293 ABGB: „Schade heißt jeder Nachtheil, welcher jemanden an Vermögen, Rechten oder seiner Person zugefüget worden ist. Davon unterscheidet sich der Entgang des Gewinnes, den jemand nach dem gewöhnlichen Laufe der Dinge zu erwarten hat.".

322 Vergleich dazu im deutschen Recht: *Magnus*, Schaden und Ersatz, S. 9 ff.; Zum UN-Kaufrecht: Schlechtriem/Schwenzer/*Schwenzer*, Art. 74 CISG, Rn. 5.

323 Siehe unten: S. 72 ff.

324 Wobei aufgrund der Stellung der Regel in Art. 74 CISG die Vorhersehbarkeit eher als haftungsausfüllender Voraussetzung zu sehen ist.

325 Siehe: S. 53.

326 Art. 1150 Code Civil: „A debtor is liable only for damages which were foreseen or which could have been foreseen at the time of the contract, where it is not through his own intentional breach that the obligation is not fulfilled.".

327 Im englischen: contemplation rule; Eingeführt ins Common Law durch: *Hadley v. Baxendale* [1854] 9 Ex.341.

328 Art. 416 Abs. 2 des japanischen bürgerlichen Gesetzbuches: „The obligee may also demand the compensation for damages which arise from any special circumstances if the party did foresee, or should have foreseen, such circumstances"; Übersetzung ins Englische zu finden unter: http://www.japaneselawtranslation.go.jp/law/detail/?id=2057&vm=04&re=02; zuletzt aufgerufen am: 29.08.2017.

329 Art. 1105 Cc: „Außerhalb der Fälle, die im Gesetz ausdrücklich erwähnt sind, sowie derer, bei denen die Verbindlichkeit es so bestimmt, haftet niemand für solche Ereignisse, die nicht vorhergesehen werden konnten oder die zwar vorhergesehen wurden,

Einschränkung gibt es im BGB nicht, dafür wird seine Ersatzpflicht grundsätzlich an ein Verschulden geknüpft.[330] So setzen die § 280 Abs. 1 S. 2 BGB und § 823 Abs. 1 BGB eine vorsätzliche oder zumindest fahrlässige Tat voraus. Alle Schadensposten, bei denen der Schädiger sich exkulpieren kann, sind nicht ersatzfähig.[331] Eine andere Auswirkung hat die Frage des Verschuldens in Österreich. Im Allgemeinen Bürgerlichen Gesetzbuch (ABGBG)[332] ist eine Form der Proportionalitätshaftung verankert.[333] Das bedeutet, dass der Haftungsumfang des Schädigers an seinem Verschuldensgrad bemessen wird. So kann bei einer leicht fahrlässigen Handlung des Schädigers der Geschädigte gemäß §§ 1323 S. 2, 1324 ABGB nur seine Schadloshaltung verlangen, ergo keinen Ersatz für entgangenen Gewinn oder ideeller Werte, wobei bei grober Fahrlässigkeit und Vorsatz diese Schäden ebenfalls gedeckt werden.[334] Die Proportionalitätshaftung gilt jedoch nicht im Handelsverkehr.[335]

(bb) Echte Durchbrechungen – Reduktionklauseln

Innerhalb der Reduktionklauseln kann zwischen besonderen und allgemeinen differenziert werden. Besondere Reduktionsklauseln legen genau fest, wann eine Minderung in Betracht kommt. Die Beschränkung ist an ein Faktum bzw. eine Voraussetzung gebunden. Dem Richter wird kein Ermessen über die Verteilung des Schadens gelassen. Beispielhaft für solche Reduktionsklauseln sind Haftungshöchstgrenzen. Sobald diese überschritten (Faktum) ist, tritt eine Begrenzung des Schadensersatzes ein, die nicht in der Hand der Richter liegt. Demgegenüber zeichnen sich allgemeine Reduktionsklauseln gerade dadurch aus, dass sie dem Richter einen Ermessensspielraum gewähren, indem ihm die

---

jedoch unvermeidlich waren“; Übersetzung entnommen aus: Peuster, Código Civil, S. 583.

330 Von der Funktion vergleichbar wäre die Adäquanztheorie, die jedoch deutlich gläubigerfreundlicher zu verstehen ist.

331 Siehe zu § 280 BGB: BeckOK BGB/*Poseck*, § 280 BGB, Rn. 31 ff.

332 Langer Titel: Allgemeines bürgerliches Gesetzbuch für die gesammten deutschen Erbländer der Oesterreichischen Monarchie.

333 Mehr zur Proportionalitätshaftung: *Stoll*, Die Reduktionsklausel im Schadensrecht aus rechtsvergleichender Sicht, S.488 ff.

334 § 1324 ABGB: „In dem Falle eines aus böser Absicht oder aus einer auffallenden Sorglosigkeit verursachten Schadens ist der Beschädigte volle Genugthung; in den übrigen Fällen aber nur die eigentliche Schadloshaltung zu fordern berechtigt. (…)“; Koziol/Bydlinski/Karner, § 1293, Rn. 3.

335 Siehe: § 349 UGB; Koziol/Bydlinski/*Karner*, § 1293, Rn. 3.

Möglichkeit gegeben wird, aus Billigkeitsgründen den Schaden zu beschränken. Allgemeine Klauseln können als eine Art Eingriff in bestehendes Recht[336] oder als letztinstanzliche richterliche Ermäßigung des Schadensersatzes als Ausdruck einer unmittelbar kraft Gesetzes eintretenden Beschränkung der Ersatzleistung verstanden werden.[337] Daneben gibt es noch einige wenige Reduktionsklauseln, die nicht klar unterteilbar sind.[338]

Ein rechtsvergleichender Blick zeigt, dass mittlerweile immer mehr Reduktionsklauseln den Weg in die europäischen Kodifikationen gefunden haben und damit nicht eine strikte Anwendung, sondern eher die Auflockerung der Totalreparation als Leitmotiv des europäischen Schadensrecht auszumachen ist.[339] Nach § 43 Obligationsrechts (OR)[340] der Schweiz kann der Richter die Schadenshöhe nach seinem Ermessen festlegen.[341] Er hat - auf keinen Fall ausschließlich, aber auch - den Grad des Verschuldens sowie die weiteren Umstände des Falles zu berücksichtigen.[342] Anders als das Pendant in Österreich wird der Anspruch aber nicht bereits auf Tatbestandsebene gekürzt, sondern dem Richter eine flexible Einzelfallentscheidung ermöglicht.

Ferner gibt es Klauseln, die den Schadensumfang nicht durch Ermessen festlegen, sondern die Möglichkeit bieten, die festgestellte Summe herabzusetzen. Dabei differieren die Anknüpfungspunkte der Reduktionsklauseln.

---

336 Siehe Anmerkung von *Larenz*: Bundesministerium der Justiz, Referentenentwurf eines Gesetzes zur Änderung und Ergänzung schadensrechtlicher Vorschriften, I: Wortlaut, II: Begründung (Januar 1967); nachzulesen in: *Stoll*, Die Reduktionsklausel im Schadensrecht aus rechtsvergleichender Sicht, S. 484.

337 So: *Stoll*, Die Reduktionsklausel im Schadensrecht aus rechtsvergleichender Sicht, S. 484.

338 So z.B. Regelungen bezüglich des Mitverschuldens. Sie lassen dem Richter zwar ein Ermessen bezüglich des Mitverschuldensgrades und auf dieser Grundlage kann er eine Schadensregulierung vornehmen. Die Reduktion tritt jedoch nur in einer gesetzlich geregelten Situation ein; und zwar bei Vorliegen eines Schadens, der nicht allein ursächlich durch den Schädiger, sondern unter Mitwirkung des Geschädigten entstanden ist. Somit ist der Eintritt an ein Faktum gebunden und nicht ein reines Werturteil. Dies ist ein klassisches Element der besonderen Reduktionsklauseln.

339 *Stoll*, Die Reduktionsklausel im Schadensrecht aus rechtsvergleichender Sicht, S. 493 ff.

340 Langtitel: Bundesgesetz betreffend die Ergänzung des Schweizerischen Zivilgesetzbuches (Fünfter Teil: Obligationenrecht).

341 Art. 43 OR: „Art und Grösse des Ersatzes für den eingetretenen Schaden bestimmt der Richter, der hierbei sowohl die Umstände als die Grösse des Verschuldens zu würdigen hat.".

342 *Stoll*, Die Reduktionsklausel im Schadensrecht aus rechtsvergleichender Sicht, S. 494.

Manche berücksichtigen nur den Verschuldensgrad des Schuldners wie Art. 1103 Cc[343]. Andere wie Art. 6:109 BW[344] des niederländischen Gesetzbuches („Burgerlijk Wetboek") wiederrum knüpfen zusätzlich an das Leistungsvermögen und die Schadenshöhe an, damit die wirtschaftliche Existenz des Schädigers gesichert wird.

Im deutschen Recht hat man sich für eine sehr strikte Anwendung der Totalreparation entschieden. Diese Umsetzung stieß z.T. auf heftige Kritik;[345] wobei auch im Zivilrecht einige echte Durchbrechungen verankert sind, so insbesondere bei Gefährdungshaftungstatbeständen wie § 10 Abs. 1 ProdHaftG[346] oder § 12 Abs. 1 StVG. Die genaue Ausgestaltung der Totalreparation in den §§ 249 ff. BGB wird im Verlauf noch Untersuchungsgegenstand werden.[347]

(cc) Konsequenz

Die genannten Auflockerungen sind weit davon entfernt, eine abschließende Aufzählung darzustellen. Daran zeigt sich, wie variantenreich das Schadensrecht in Europa ist. Je nach Kodifikation kann sowohl die Haftungsbegründung als auch die Haftungsausfüllung immense Unterschiede aufweisen. Die erste Konsequenz, die sich daher ableiten lässt, ist, dass die Reichweite des Schadensrechts von Rechtsordnung zu Rechtsordnung divergieren kann, wenngleich beide auf dem Grundsatz der Totalreparation beruhen. So kann das Schadensrecht in Österreich für dieselbe Handlung einen anderen Umfang an Rechtsschutz bieten als in Deutschland, obwohl beide auf denselben Grundprinzipien beruhen. Sollte beispielsweise ein wichtiges Gemälde in einem Museum von einem Besucher leicht fahrlässig beschädigt werden, so hätte jener nach deutschen Recht

---

343 Art. 1103 Cc: „Die Haftung für Fahrlässigkeit kann gleichermaßen bei der Erfüllung jeder Art von Verbindlichkeiten geltend gemacht werden; doch kann sie von den Gerichten nach Sachlage gemindert werden.".

344 Art. 6:109 Abs. 1 BW: „Das Gericht kann den Umfang der Schadensersatzpflicht mindern, wenn der voller Schadensersatzanspruch zu einem offensichtlich unangemessenen Ergebnis führen würde in Hinblick auf die Umstände der vorliegenden Situation, zu welchen der Verschuldensgrad, die rechtliche Beziehung der Partien und ihre finanziellen Ressourcen zählen.". Selbständig übersetzt aus der englischen Fassung, abrufbar unter, http://www.dutchcivillaw.com/legislation/dcctitle6611bb.htm, zuletzt aufgerufen am: 22.08.2018.

345 *Gisawi*, Der Grundsatz der Totalreparation, S. 4 ff; *Stoll*, Die Reduktionsklausel im Schadensrecht aus rechtsvergleichender Sicht, S. 481 ff.

346 BGBl I 1989, S. 2198 und Reformierung BGBl I, 2000, S. 1478.

347 Siehe unten: S. **Fehler! Textmarke nicht definiert.** ff.

gemäß §§ 280 Abs. 1, 241 Abs. 2, 249 Abs. 1 u. Abs. 2, 252 BGB grundsätzlich vollen Ersatz für die Reparatur sowie etwaigen entgangenen Gewinn zu leisten. In Österreich würde er auf Grundlage von Art. 1324 ABGB wegen der leichten Fahrlässigkeit nur die Schadloshaltung schulden und daher keinen entgangenen Gewinn ersetzen müssen. Nach schweizerischem Recht würde der Schädiger zunächst entsprechend dem deutschen Recht haften, jedoch könnte der Richter nach seinem Ermessen den Schaden gemäß § 43 OR begrenzen, indem er den leichten Verschuldensvorwurf an den Schädiger und die Höhe des Schadens in seine Berechnung miteinbezieht und den vollen Schadensausgleich als unbillig erachtet.

(2) Indirekter Einfluss auf die Totalreparation durch Kompensationsform

Jedoch kann bei der Anwendung einer anderen Rechtsordnung nicht nur die Schadenshöhe differieren, sondern auch die Kompensationsart. Zunächst ist nur festgestellt worden, welche Posten ersatzfähig sein können und nicht, wie der Schaden zu ersetzen ist. Europaweit werden zwei Modelle genutzt;[348] zum einen die Naturalrestitution und zum anderen der Wertersatz. Auf den ersten Blick sind beides „nur" Werkzeuge, welche die konkrete Form der Ersatzpflicht für den Schädiger bestimmen. Daher treten viele Autoren dafür ein, diese als eigenständige Prinzipien neben der Totalreparation zu verstehen.[349] Auf den zweiten Blick wird deutlich, dass die Wahl der Ausgleichsform weitreichende Konsequenzen für die Höhe des Ersatzanspruchs haben kann und deshalb als eine Form der Ausgestaltung der Totalreparation verstanden werden muss.[350] Sie konkretisiert nämlich den Ersatzgegenstand und damit zwangsläufig auch die Höhe des Geschädigtenanspruchs.

Ist die Totalreparation auf Geldersatz gerichtet, (siehe Common Law[351]) ist dem Geschädigten nach dem „Alles oder Nichts"-Prinzip ein Äquivalent in Geld in Höhe des objektiven Schadens bzw. Wertverlustes zu gewähren. Demgegenüber zielt die Naturalrestitution (§ 249 Abs. 1 BGB[352]) zunächst auf die

348 *von Bar*, Gemeineuropäisches Deliktsrecht Band II, Rn. 131.

349 So: *Medicus/Lorenz*, Schuldrecht I Allgemeiner Teil, § 51, Rn. 667.

350 So: *von Bar*, Gemeineuropäisches Deliktsrecht Band II, Rn. 136; *Finke*, Die Minderung der Schadensersatzpflicht in Europa, Rn. 24.

351 *von Bar*, Gemeineuropäisches Deliktsrecht Band II, Rn. 131; *Magnus*, Schaden und Ersatz, S. 37.

352 *Medicus/Lorenz*, Schuldrecht I Allgemeiner Teil, § 51, Rn. 667 ff.; Palandt/*Grüneberg*, § 249 BGB, Rn. 2; Ebenso Österreich siehe § 1323 ABGB.

tatsächliche Wiederherstellung des Ausgangszustands. Damit ist nicht per se die exakte Herstellung gemeint, da Geschehenes nicht ungeschehen gemacht werden kann, jedoch soll der Schuldner einen gleichwertigen Zustand herstellen.[353] Dies wäre z.B. bei einer Sachbeschädigung möglich, indem er den Gegenstand repariert. Dementsprechend haben beide Kompensationsarten das Ziel, den Geschädigten so zu stellen, als ob das schädigende Ereignis nicht eingetreten wäre. Jedoch ist es auf der einen Seite eine wirtschaftliche Gleichstellung und auf der anderen die tatsächliche.

Im Ergebnis führen beide Methoden oftmals zum selben Ergebnis. Insbesondere, da die tatsächliche Wiederherstellung durch den Schädiger in den meisten Fällen nicht gewollt oder möglich ist, wodurch der Geldersatz als einzige Option verbleibt. Dennoch gibt es Fälle, in denen je nach Kompensationsart konträre Ergebnisse entstehen. So kann die strenge Form der Naturalrestitution zu einer Ersatzpflicht führen, die über den Wert der Schädigung hinausgeht.[354] Wenn beispielsweise die Reparatur einer beschädigten Sache ihren Marktwert übersteigt, da nur so das Vermögen des Geschädigten in seiner konkreten Gestalt wieder hergestellt wird. Spiegelbildlich kann der Wertersatz die Kosten der Reparatur übersteigen, wenn die Wiederherstellung beispielsweise sehr zeitaufwendig ist. Interessanterweise ist der erstgenannte ein typischer Fall für die unterschiedliche Schadenshöhe, die sich aus der Wahl der Kompensationsform ergeben kann. Der zweitgenannte hat in der Rechtspraxis jedoch weniger Bedeutung, da in solchen Konstellationen selbst in Rechtsordnungen der Naturalrestitution i.d.R. die Differenz zwischen Reparatur und Minderwert dem Geschädigten gewährt wird.[355] Dementsprechend ist das Mindestmaß der Schadenshöhe eigentlich immer der Wertverlust.

Von einer doktrinären Verwendung einer der beiden Ersatzformen wäre abzuraten. Eine solche Handhabung würde den Interessen des Geschädigten nicht gerecht werden. Daher werden in nationalen Rechtsordnungen keine Extrempositionen eingenommen.[356] Vielmehr tendieren sie dazu, Einzelfallentscheidungen zu treffen. So wird in Deutschland das Prinzip der Naturalrestitution u.a. durch § 251 Abs. 2 S. 1 BGB durchbrochen. Danach kann die Pflicht

---

353 *Brox/Walker*, Allgemeines Schuldrecht, § 31, Rn. 2; *Magnus*, Schaden und Ersatz, S. 29.

354 *Looschelders*, Schuldrecht Allgemeiner Teil, Rn. 962.

355 *von Bar*, Gemeineuropäisches Deliktsrecht Band II, Rn. 134; Im deutschen Recht besonders deutlich am merkantilen Minderwert, siehe: BGH Urt. v. 02.04.1981 – III ZR 186/79 - NJW 2012, 1662; Palandt/*Grüneberg*, § 251 BGB, Rn. 14.

356 *von Bar*, Gemeineuropäisches Deliktsrecht Band II, Rn. 133.

der Wiederherstellung verweigert werden, wenn sie mit einem unverhältnismäßigen Aufwand verbunden ist. In Fällen der Beschädigung eines KFZ z.B. kann der Schädiger von einer Naturalrestitution absehen, wenn die Reparatur 30% des Wertes des PKW übersteigt.[357] Diese Grenze ist als Richtwert und nicht als fester Maßstab zu verstehen.[358] Im Common Law, ein System basierend auf dem Wertersatz, kann ggf. Naturalrestitution („*specific performance*") unter der Bedingung verlangt werden, dass dieser Anspruch vernünftig („*reasonable*") ist; so z.B., wenn an dem beschädigten Gegenstand berechtigterweise ein Affektionsinteresse besteht.[359]

cc.) Ergebnis

Summa summarum lässt sich aus dem dargelegtem ableiten, dass die Totalreparation als fundamentales Prinzip in allen europäischen Kodifikationen bzw. Rechtsystemen verankert ist, wobei die konkrete Ausgestaltung auf nationaler Ebene differiert. Die Totalreparation muss als Basis des Schadensersatzrechts und nicht als endgültiges Werkzeug zur Berechnung des Umfangs verstanden werden. Primär bestimmt sich der Umfang durch die Kodifizierung von Durchbrechungen der Totalreparation und durch die Wahl der Kompensationsform innerhalb der jeweiligen Rechtsordnungen. Es stellt sich jedoch die Frage, welche Konsequenz aus dieser Erkenntnis für den Reputationsschadensersatz gezogen werden kann. Zum einen führt die Anwendung der Totalreparation nicht zwangsläufig zum Ersatz von Reputationsschäden und zum anderen verbietet sich der pauschale Schluss, die Ersatzfähigkeit von bestimmten Posten von einer Rechtsordnung auf eine andere „blind" zu übertragen. Um die Frage der Deckung von Reputationsschäden durch eine Rechtsordnung zu bestimmten, bedarf es also immer einer genauen Untersuchung der Umsetzung der Totalreparation in dem als Betrachtungsobjekt gewählten Rechts.

b.) Konkrete Ausgestaltung in Art. 74 CISG

Folglich ist Ausgangspunkt der Überlegung, dass in Fällen, in denen das UN-Kaufrecht zur Anwendung kommt, bei Vorliegen einer Vertragsverletzung zunächst alle Schäden gemäß Art. 74 CISG aufgrund des ihm inhärenten Prinzips der Totalreparation ersatzfähig sind. Darunter fällt denklogisch auch die

---

357 BGH Urt. v. 29.04.2003 - VI ZR 393/02, NJW 2003, 2085; BGH Urt. v. 03.03.2009 - VI ZR 100/08, NJW 2009, 1340.

358 Palandt/*Grüneberg*, § 251 BGB, Rn. 6.

359 *von Bar*, Gemeineuropäisches Deliktsrecht Band II, Rn. 133.

Reputation, unabhängig davon, ob sie im konkreten Fall einen Finanzwert hat. Nun ist zu prüfen, inwieweit die konkrete Ausgestaltung im CISG die Ersatzpflicht des Schädigers in Hinsicht auf Reputationsschäden begrenzt. Taugliche Hürden stellen der Schadensbegriff, die Zurechnung, die Kompensationsform sowie mögliche Reduktionsklauseln dar.

aa.) Schadensbegriff bzw. Schadensermittlung

Obwohl die Anwendung der Totalreparation in den meisten Rechtsordnungen anerkannt ist, bleibt der genaue Schadensbegriff oftmals ein kontrovers diskutiertes Thema. Ähnlich verhält es sich im Einheitsrecht.[360] Ein Kernproblem ist dabei immer die Berechnungsmethode und damit auch die Frage, ob und inwieweit immaterielle Güter inkludiert sind. Die Antwort könnte aufschlussreich sein hinsichtlich der Ersatzfähigkeit von Reputationsschäden. Denn die Reputation ist auf drei Arten schadensersatzrechtlich interessant. Einmal kann eine bestehende Reputation mit finanziellem Wert durch eine Vertragsverletzung beschädigt werden. So wie im Grundfall skizziert.[361] Denkbar ist auch, dass der geschlossene Vertrag der Parteien gerade dazu dient eine wirtschaftlich wertvolle Reputation entstehen zu lassen, wenn beispielweise ein Unternehmen einen Exklusivvertrag mit einem Zulieferer schließt, der insbesondere den Zweck hat, das Unternehmen als Premiumhändler in einen Markt einzuführen. Als letzte Variante könnte die Reputationsschädigung – unabhängig ihres Marktwertes – das körperliche Wohlbefinden des Geschädigten beeinflussen („*mental distress*" oder „*loss of amenities*") mit der Folge eines Kompensationsanspruches.

Eine abschließende Legaldefinition zur Schadensermittlung enthält das CISG nicht. Der einzige gesetzliche Anhaltspunkt in Hinblick auf den Schaden ergibt sich laut einigen Autoren aus Art. 76 CISG, durch dessen Ausnahmecharakter sich im Umkehrschluss ableiten lasse, dass der Schaden konkret zu berechnen sei.[362] Weitergehende Literatur zum Schadensbegriff lässt sich nicht finden. Jedoch gibt es bezüglich der Schadensermittlung verschiedene Ansichten. Aus der Schadensermittlung können gewisse Rückschlüsse auf den Schadensbegriff gezogen werden.

---

360 *Schwenzer/Hachem*, The Scope of the CISG Provisions on Damages, S. 91.

361 Siehe: S. 4.

362 OLG Hamburg Urt. v. 26.11.1999 – 1 U 31/99; IHR 2001, 19 ff.; a.A. siehe: Schlechtriem/Schwenzer/*Schwenzer*, Art. 74 CISG Rn. 41 ff.

(1) Berechnung anhand der Differenzhypothese – „economic principle" –

Nach der wohl vorherrschenden Ansicht richtet sich die Berechnung im UN-Kaufrecht nach der Differenzhypothese.[363] Der Schaden soll anhand einer reinen mathematischen Betrachtung zweier Vermögenssituationen zu ermitteln sein; und zwar indem der tatsächliche Vermögenszustand nach dem zum Ersatz verpflichtenden Ereignis mit dem hypothetischen Zustand bei vertragsgemäßer Erfüllung verglichen werde. Die Differenz daraus sei dann als Schaden zu qualifizieren. Diese Berechnungsmethode beruht auf der Interessenlehre von *Friedrich Mommsen.*[364] Die dogmatische Folge der strikten Anwendung wäre, dass nur Schadensposten unter Art. 74 CISG zu subsumieren sind, die sich im Vermögen des Anspruchsstellers niederschlagen. Damit wäre das entscheidende Kriterium nicht die Materialität oder Immaterialität des beschädigten Gutes, sondern, ob dieses im Handels- und Geschäftsverkehr einen wirtschaftlichen Wert hat. Dennoch gibt es innerhalb der Vertreter der Differenzhypothese verschiedene Meinungen bezüglich der Handhabung von Schäden an immateriellen Gütern.

(aa) Konkrete Schadensberechnung

Einige wenden konsequent die Differenzhypothese an. Ein Schaden liege also nur dann vor, wenn ein vermögenswertes Gut beeinträchtigt werde.[365] Dieser

363 *Brunner*, UN-Kaufrecht-CISG, Art. 74 CISG Rn. 5; *Conrads*, Internationales Kaufrecht, S. 165 f.; *Heilmann*, Mängelgewährleistung im UN-Kaufrecht, S. 558; MüKoBGB/*Huber*, Art. 74 CISG, Rn. 22; *Hutter*, Die Haftung des Verkäufers, S. 179; *Kranz*, Die Schadensersatzpflicht nach den Haager Einheitlichen Kaufgesetzen und dem Wiener UN-Kaufrecht, S. 180 Rn. 2.2.1.2.2; Staudinger/*Magnus*, Art. 74 CISG, Rn. 26; MüKoHGB/*Mankowski*, Art. 74 CISG, Rn. 16; Ferrari/Kieninger/Mankowski/*Saenger*, Art. 74 CISG, Rn. 2; Honsell/*Schönle/Th.Koller*, Art. 74 CISG, Rn. 13; Dölle/*Weitnauer*, Vor. Artt. 82-89 EKG, Rn. 19; so auch im Sekretariatskommentar zu Art. 74 CISG (damals noch Art. 70 CISG), abrufbar unter: http://www.cisg.law.pace.edu/cisg/text/secomm/secomm-74.html, zuletzt aufgerufen am: 22.08.2018; a.A.: SJZ/*Honsell*, Die Vertragsverletzung des Verkäufers nach dem Wiener Kaufrecht, 1992 S. 362.

364 Mommsen, die Lehre von dem Interesse, S. 3; „Unter dem Interesse in seiner technischen Bedeutung verstehen wir nämlich die Differenz zwischen dem Betrage des Vermögens einer Person, wie derselbe in einem gegebenen Zeitpunkte ist, und dem Betrag, welchen dieses Vermögen ohne die Dazwischenkunft eines bestimmten schädigenden Ereignisses in dem zur Frage stehenden Zeitpunkt haben würde".

365 *Brunner*, UN-Kaufrecht-CISG, Art. 74 CISG Rn. 20; MüKoBGB/*Huber*, Art. 74 CISG, Rn. 22; Staudinger/*Magnus*, Art. 74 CISG, Rn. 27; *Piltz*, Internationales Kaufrecht,

Schaden müsse hinsichtlich des Bestandes substantiier- und bezifferbar sein.[366] Daher subsumieren diese Autoren die wirtschaftliche Reputation unter den Schutzbereich von Art. 74 CISG unabhängig davon, ob sie bereits besteht oder nicht. Solange sich der Vermögensverlust bzw. der Nicht-Gewinn nachweisbar feststellen lässt. Die körperlichen oder psychischen Auswirkungen seien jedoch nicht ersatzfähig. Beides drücke sich nicht im Vermögen einer Partei aus. Eine andere Handhabung sei mit dem Schadensbegriff (Differenzhypothese) nicht vereinbar.

(bb) Unabhängige Betrachtung

Dann wiederum gibt es Autoren, die alle immateriellen Güter unabhängig ihres wirtschaftlichen Wertes mit einbeziehen wollen.[367] Diese Annahme begründen sie damit, dass im UN-Kaufrecht eine dem § 253 Abs. 1 BGB vergleichbare Norm fehle. Damit gebe es keinen kodifizierten Grund, immaterielle Posten auszuschließen. Solange die Vorhersehbarkeit vorliege, könne auch ein Affektionsinteresse oder der Verlust von Annehmlichkeiten ersatzfähig sein. Sogar Schmerzensgeld für Körperverletzungen sei denkbar. Letzteres kann im Hinblick auf Art. 5 CISG nicht mehr vertreten werden, da dieser genau diesen Posten explizit aus dem Anwendungsbereich herausnimmt.[368] Folgt man dieser Ansicht, wären alle drei Formen des Reputationsschadens ersatzfähig. Jedoch lässt sich der Einbezug von nicht finanziellen Schäden nicht mit der grundsätzlichen Berechnung anhand der Differenzhypothese in Einklang bringen.

(2) Abstrakte Schadensberechnung anhand des Vertragszweckes – „performance principle" –

Einige Autoren kritisieren die unreflektierte Übertragung der Differenzhypothese auf das Einheitsrecht.[369] Die reine Bilanzierung zweier Vermögenszustände

---

Rn. 5-533; Ferrari/Kieninger/Mankowski/*Saenger*, Art. 74 CISG, Rn. 2; Honsell/*Schönle/Th.Koller*, Art. 74 CISG, Rn. 7.

366 *Brunner*, UN-Kaufrecht-CISG, Art. 74 CISG Rn. 20; Honsell/*Schönle/Th.Koller*, Art. 74 CISG, Rn. 7.

367 Dölle/*Weitnauer*, Vor. Artt. 82-89 EKG, Rn. 19; *Heilmann*, Mängelgewährleistung im UN-Kaufrecht, S. 568; so wohl auch: *Beß*, Die Haftung des Verkäufers für Sachmängel und Falschlieferungen im Einheitlichen Kaufgesetz, S. 125.

368 Dieser Vorwurf kann *Beß* und *Weitenauer* nicht gemacht werden, weil zum Zeitpunkt ihrer Veröffentlichung der Art. 5 CISG noch nicht verabschiedet wurde.

369 *Ryffel*, Die Schadensersatzhaftung des Verkäufers nach dem Wiener Übereinkommen über internationale Warenkaufverträge vom 11.04.1980, S. 45 f.; Schlechtriem/

sei kein probates Mittel, um die Schadensposten für jeden Einzelfall hinreichend zu bewerten.[370] Im Vertragsrecht sei es durchaus denkbar, dass ein finanzieller Schaden bestehe, der sich aber nicht in einer „einfachen" Bilanzierung wiederfinde. So führen *Schwenzer/Hachem* zum Schutz der Vertragseinhaltung („*peformance principle*") ins Feld, von dieser Handhabung abzuweichen.[371] Das soll in den Fällen notwendig sein, in denen der immaterielle Leistungszweck Einzug in den Vertrag erhalten hat. Würde dieser Zweck durch die mangelbehaftete Leistung nicht erfüllt werden, habe der Gläubiger nicht die Leistung erhalten, für die er gezahlt habe und dies sei als finanzieller Schaden zu qualifizieren, welcher auch berechenbar sei, da es mittlerweile für jegliche Güter einen relevanten Markt gebe.[372] Dies unterscheide auch den Anspruch aus dem Deliktsrecht, der rein das Vermögen schütze, von dem aus dem Vertragsrecht, welcher zudem die versprochene Leistung sichere. Um das Ganze zu verdeutlichen, illustrieren sie das Problem anhand von drei Fallkonstellationen, die in ihrem Werk genauer nachzulesen sind.[373] Nachfolgend wird allerdings ein anderes Beispiel gewählt, um näher an der in dieser Arbeit aufgeworfenen Fragestellung zu bleiben:

> *Ein neugegründeter Automobilkonzern bestellt Motoren bei einem externen Hersteller unter der Prämisse, dass die Motoren besonders langlebig sein sollen. Der Konzern möchte nämlich eine Reputation als Verkäufer von sehr verlässlichen Fahrzeugen erwerben und stimmt daher auch sein gesamtes Werbekonzept darauf ab. Dies teilt er dem Hersteller bei den Vertragsverhandlungen mit und besteht darauf, dass es Teil des Vertragsgegenstandes wird. Nun liefert der Hersteller Motoren, die zwar sehr leistungsstark sind, aber nicht wirklich verlässlich. In der Öffentlichkeit bildet sich dennoch ein sehr positives Bild über die Leistungsfähigkeit des neuen Automobilkonzerns. Gutachter finden heraus, dass diese Reputation genauso viel bzw. möglicherweise sogar mehr wert ist als die eines zuverlässigen Verkäufers. Damit lässt sich kein direkter Vermögensverlust feststellen. Der Käufer ist jedoch unzufrieden mit seinem neuen Kundenstamm und fühlt sich um sein Geschäftsmodell gebracht.*

Nach der Differenzhypothese lege in Bezug auf die Reputation kein Schaden vor, da die Vermögenslage auch bei ordnungsgemäßer Erfüllung nicht besser wäre. Der Verkäufer wäre somit frei von jeglicher Haftung, obwohl er nicht

---

Schwenzer/*Schwenzer*, Art. 74 CISG Rn. 5 ff; weniger kritisch: *Brölsch*, Schadensersatz und CISG, S. 48.

370 *Brölsch*, Schadensersatz und CISG, S. 48.

371 *Schwenzer/Hachem*, The Scope of the CISG Provisions on Damages, S. 93 ff.

372 *Schwenzer/Hachem*, The Scope of the CISG Provisions on Damages, S. 96.

373 Die Beispiele sind nachzulesen bei: *Schwenzer/Hachem*, The Scope of the CISG Provisions on Damages, S. 94 ff.

vertragsgemäß erfüllt hätte. Um eine solche Wertung zu vermeiden und zum Schutze des Erfüllungsprinzip – pacta sunt servanda – soll dem Käufer ein Schadensersatzanspruch gewährt werden, da er nicht die versprochene Leistung erhalten habe. Als Parameter zur Schadenshöhe könnten die durchschnittlichen Preise von imagebildenden Maßnahmen herangezogen werden oder in den von *Schwenzer/Hachem* genannten Beispielen die durchschnittlichen Kosten einer Lackierung oder eines Ersatzkonvois.[374] Die Frage des Schadensersatzes und damit der Haftung des Verkäufers dürfe aber nicht davon abhängen, ob die Lackierung oder die Bestellung eines Ersatzkonvois tatsächlich stattgefunden hat.

Welche grundsätzliche Auswirkung hätte die Berechnungsmethode für den Reputationsschaden? Wird die Förderung oder Entstehung einer Reputation Teil des Vertragszweckes, so würde ihre Verletzung unweigerlich von Art. 74 CISG geschützt, auch wenn kein – nach dem Maßstab der Differenzhypothese – direkter Vermögensschaden vorliege. Im Ergebnis würde damit die Pflicht entfallen, einen bestehenden Vermögensschaden nachzuweisen.[375] Es müsse lediglich dargelegt werden, welche Kosten getätigt werden müssen, um den vom Vertrag gewollten Effekt herbeizuführen.

(3) Konsequenz und Stellungnahme

Zunächst führt die Anwendung der beiden Schadensermittlungsmethoden zu demselben Ergebnis. Die Reputation ist ersatzfähig, solange sich ihre Verletzung im Vermögen des Geschädigten wiederspiegelt. Die körperlichen Unannehmlichkeiten sind grundsätzlich nicht erstattungsfähig. Die Mindermeinung innerhalb der Vertreter der Differenzhypothese, die solche Posten in den Anwendungsbereich einbezieht, ist dogmatisch zweifelhaft und mittlerweile wohl auch nicht mehr vertretbar. Der Ansatz von *Schwenzer/Hachem* erweitert die Haftung des Verkäufers, indem auch bestimmte immaterielle Werte ersatzfähig sein sollen, die tatsächlich nicht in der Vermögensbilanz auftauchen. Obwohl diese Fälle eher die Ausnahme darstellen, bedarf es der klaren Festlegung, welche Schadensermittlungsmethode einschlägig sein soll.

Für die konkrete Schadensberechnung ist der Einklang mit den grundlegenden Prinzipien des Einheitsrechts ins Feld zu führen. Das Schadensrecht im CISG hat die Funktion, Schäden in Form der Totalreparation auszugleichen.

---

374 Die Beispiele nachzulesen bei: *Schwenzer/Hachem*, The Scope of the CISG Provisions on Damages, S. 94 ff.

375 Man könnte von einer ersatzfähigen Reputationsbeeinflussung anstelle eines Reputationsschadens sprechen.

Wertende oder zweckgerichtete Ergebnisse sind ihm fremd, da der Ersatz ausschließlich auf Reparatur und nicht auf Prävention oder Bestrafung gerichtet ist.[376]Reparation bedeutet die Beschränkung des Anspruchs auf das Äquivalent der Schädigung. Die Berechnung unter Berücksichtigung des Vertragszweckes hat gerade das Ziel, die Vertragsleistung zu schützen und damit präventiv Vertragsverletzungen vorzubeugen, indem sie die Haftung des Verkäufers erweitert. Infolgedessen entfernt sie sich vom reinen Ausgleichprinzip und führt strafende Elemente in das CISG ein. Ferner ist nicht nachvollziehbar, warum beim Käufer ein Vermögensschaden vorliegen soll, nur weil er nicht die vertragsgemäße Leistung erhalten hat, wenn sein Gesamtvermögen nicht geschmälert ist. Der aus der mangelbehaftete Leistung entstandene Schaden ist eher als immaterieller Schaden zu qualifizieren, weil der Käufer ein besonderes ideelles Interesse an der konkreten Ware hat. Es erscheint so, als würden die Vertreter dieser Ansicht durch die Bezeichnung des immateriellen Schaden als materiellen Schaden versuchen, das Problem zu umgehen, dass faktisch damit ein Strafschadensersatz („*punitiv damages*") gewährt wird, der eindeutig vom Telos, Wortlaut („*Damages for breach of contract by one party consist of a sum equal to the loss*") und der Entstehungsgeschichte von Art. 74 nicht vorgesehen ist.[377] Fraglich ist zudem, ob ein solcher Schutz notwendig ist, weil der Geschädigte durch eine Vermögensdisposition in Form einer „Selbstvornahme" in den meisten Fällen durchaus die Möglichkeit gegeben wird, den vertragsgemäßen Zustand herzustellen. So könnte er, entsprechend der in ihrem Werk skizzierten Fälle, beispielsweise eine neue Werbekampagne starten, den falschfarbigen Ferrari lackieren lassen (Fall 3) oder einen Deckungskauf tätigen (Fall 2). Dann läge ein nach Art. 74 CISG ersatzfähiger Vermögensschaden vor. *Schwenzer/Hachem* führen zwar an, dass die Ersatzpflicht nicht von der Handlung des Käufers abhängen dürfe. Jedoch ist

---

376 *Enderlein/Maskow*, International Sales Law, S. 299.

377 Nicht außeracht gelassen werden soll, dass auch nationale Rechtsysteme, welche auf einer strengen Totalreparation beruhen, durchaus vereinzelt Strafposten implementiert haben. Vergleiche dazu hinsichtlich des allgemeinen Persönlichkeitsrechts im BGB: Palandt/*Sprau*, § 823 BGB, Rn. 130: „*[…] ohne sie (Geldentschädigung) würden häufig selbst schwerwiegende Verletzungen menschlicher Würde und Ehre sanktionslos bleiben.*".
Der BGH hat dies nicht als Strafe per se qualifiziert, siehe: BGH Urt. v. 05.10.2004 – VI ZR 255/03, NJW 2005, 215: „Dementsprechend hat das Bundesverfassungsgericht bereits entschieden, dass die zivilgerichtliche Verurteilung zu einem immateriellen Schadensersatz bei einer Persönlichkeitsverletzung – mögen ihr auch „pönale Elemente" nicht ganz fremd sein – keine Strafe im Sinne des Art. 103 Abs. 2 GG ist.".

dem entgegenzuhalten, dass bei einem wirklichen Interesse an einer konkreten Leistung der Geschädigte die Wiederherstellung durch „Selbstvornahme“ in die Wege leiten wird. Unterlässt er es, kann das wirkliche Interesse an der Erfüllung nicht so stark ausgeprägt sein, um eine Ausnahme hinsichtlich der grundlegenden Prinzipien des Schadensrechts zu rechtfertigen. Die Differenzhypothese ist das passendere Werkzeug zur Schadensermittlung im CISG, da sie nach dem im Einheitsrecht selbst festgelegten Grundsätzen operiert. Daraus lässt sich aber im Umkehrschluss nicht ableiten, dass sie auch jeglichen Gerechtigkeitsbedenken Rechnung trägt.

Schwenzer/Hachem streiten jedoch ferner dafür, die grundsätzlichen Prinzipien des Schadensersatzrechts zu ändern. Das CISG müsse sich nämlich den Gegebenheiten des aktuellen und zukünftigen internationalen Handelsverkehrs anpassen. Bleibe es auf dem Stand von 1970, so würde es auf Dauer an jeglicher Relevanz verlieren, da eine Partei nicht auf eine Kodifikation zurückgreifen werde, die ihre Bedürfnisse nicht ausreichend berücksichtige.[378] Um einer solchen Entwicklung entgegenzuwirken, müsse die Beschränkung des Art. 74 CISG auf den Kompensationsgedanken, der den reinen wirtschaftlichen Vorteil sichert („*economic benefits*“), dem Schutz des Erfüllungsprinzip („*performance principle*“) weichen. Dieses könne nur geschützt werden, wenn strafende Elemente Einzug in das Schadensrecht erhalten. Eine solche Argumentation unterscheidet sich davon, den Schutz des Erfüllungsprinzips in das bestehende Modell zu zwängen und ist daher durchaus diskussionswürdig.

Die Umgestaltung verfolgt zwei Ziele: zum einen den dargestellten Einbezug von bestimmten immateriellen Schäden. Zum anderen ist damit die Frage der Möglichkeit der Gewinnabschöpfung über Art. 74 CISG eng verknüpft.[379] Unter Gewinnabschöpfung („*disgorgement of profits*“) versteht man die Herausgabe des Gewinns des Schuldners an den Gläubiger, welchen er durch den Vertragsbruch erzielt hat.[380] Die Möglichkeit, den Gewinn zumindest in die

---

378 Schlechtriem/Schwenzer/*Schwenzer*, Art. 74 CISG Rn. 7.

379 Befürworter zu unterschiedlichen Graden: *Schmidt-Ahrendts*, Disgorgement of Profits under the CISG, S. 89 ff.; *Schwenzer/Hachem*, The Scope of the CISG Provisions on Damages, S. 100 ff.

380 Die Versagung der Gewinnabschöpfung würde nämlich ebenfalls den Grundsätzen der Vertragstreue und des guten Glaubens schaden. Wenn nämlich ein Vertragspartner die Gewinnabschöpfung nicht fürchten müsste, kann er zu jederzeit, trotz vertraglicher Bindung, nach einem lukrativeren Geschäft suchen und ggf. die Schäden seines ersten Vertragspartners bezahlen. Sobald also der Mehrgewinn des neuen Geschäfts den möglichen Schadensersatz, der an den Vertragspartner zu entrichten

Schadensberechnung mit einzubeziehen, spielt zusätzlich bei der Schadensbemessung von Reputationsschäden eine Rolle und wird daher an späterer Stelle nochmals aufgegriffen.[381]

Der Ansatz der Berechnung des Schadens anhand des Vertragszweckes von *Schwenzer/Hachem* hat durchaus seine Berechtigung und der Wortlaut von Art. 74 CISG würde ihm per se nicht entgegenstehen. Jedoch ist er mit den Grundsätzen, die in den Wiener Konferenzen festgelegt und damit durch Völkervertrag von den Mitgliedsstaaten ratifiziert wurden (Ausgleichsfunktion auf Basis der Totalreparation), dogmatisch nicht vereinbar. Für die Veränderung des Ausgleichsprinzips bietet das CISG auch kein Einfallstor. Wenn wäre eine Anpassung über Art. 7 Abs. 2 CISG in Betracht zu ziehen, da Art. 7 Abs. 1 CISG eher deklaratorischen Charakter hat.[382] Dieser schreibt bei der Auslegung von Rechtsfragen, die im CISG nicht ausdrücklich geregelt sind, vor, sie nach den Grundprinzipien dieses Rechts zu bestimmen. Mangele es an solchen Grundsätzen soll nach dem Recht zu entscheiden sein, das nach den Regeln des Internationalen Privatrechts anzuwenden ist. Dementsprechend bietet auch Art. 7 Abs. 2 CISG nicht die Möglichkeit, auf die Grundprinzipien einzuwirken, sondern nur auf der sekundären Ebene einzelne Rechtsfragen von innen heraus anhand der bestehenden Prinzipien zu bewerten. Die Fragen der Gewinnabschöpfung und der immateriellen Schäden sind - zwar nicht ausdrücklich - jedoch ausreichend durch die Ausgleichfunktion beantwortet.[383] Ein weitergehender Rückgriff auf die Auffangregelung ist daher nicht nötig.

---

ist, übersteigt ist der Anreiz zum Vertragsbruch gegeben („efficient breach"). Rechtssicherheit würde also erst eintreten, wenn alle Güter ausgetauscht sind. Die „efficient breach"-Doktrin fördert die Idee der freien Marktwirtschaft und ist daher gerade im US-amerikanischen Raum anerkannt. Den gezielten Vertragsbruch zu erlauben würde das Ziel des CISG, den Binnenmarkt fördern zu wollen, jedoch konterkarieren.

Jedoch spricht, wie bereits erwähnt, die Ausgleichfunktion dagegen Gewinnabschöpfung zu inkludieren. Ausgeglichen werden sollen nur die tatsächlichen Verluste des Gläubigers (siehe Wortlaut Art. 74 CISG „*Damages for breach of contract by one party consist of a sum equal to the loss, including loss of profit, suffered by the other party as a consequence of the breach*"), der Gewinn des Schuldners kann aber nicht direkt als ein solcher verstanden werden, daher vertreten viele zurecht, dass sich eine Gewinnabschöpfung nicht mit den Prinzipien der Norm vereinbaren lasse.

381 Siehe unten: S. 142.

382 Vergleiche dazu: BGH Urt. v. 24.09.2014, - VIII ZR 394/12, BGHZ 202, S. 258-287, Rn. 55.

383 Die Totalreparation/Ausgleichsfunktion wird von verschiedenen Autoren als grundlegendes Prinzip i.S.d. Art. 7 Abs. 2 CISG qualifiziert; vergleiche: Schlechtriem/

Sollte auf nationaler Ebene tatsächlich die Tendenz festzustellen sein, die von den beiden Autoren wahrgenommen wird, dass die Ausgleichfunktion aufgelockert wird, um mehr Prävention durch Strafe ins Schadensrecht zu implementieren, bedarf es tatsächlich zum Schutz vor Aushöhlung des CISG einer grundlegenden Anpassung. Die Lösung kann aber nicht sein, dass Schadensrecht durch Richterrecht oder Rechtsfortbildung in seinen Grundzügen zu verändern, sondern viel eher ist eine Gesetzesinitiative auf „höherer Ebene" durch die Mitgliedstaaten selber vonnöten, in der die grundlegende Dogmatik des Art. 74 CISG auf den Prüfstand gestellt wird; ob und wieweit dies bei einem Völkervertrag tatsächlich umsetzbar ist, kann dieser Idee durchaus entgegengehalten werden.

bb.) Schadenszurechnung

Als nächstes gilt es eine mögliche Einschränkung auf Ebene der Schadenszurechnung zu betrachten.

(1) Vorhersehbarkeitsregel

Eine der wohl größten Hürden des Reputationsschadens im UN-Kaufrecht ist die Vorhersehbarkeitsregel. Art. 74 S. 2 CISG begrenzt die Ersatzpflicht des Schuldners auf solche Schäden, die bei Vertragsschluss für ihn vorhersehbar waren.[384] Dafür ist nicht zwingend positive Kenntnis der möglichen Folgen vom Schädiger notwendig, es reicht aus, dass er Umstände kennt, aufgrund derer er die Folge hätte vorhersehen müssen. Für mehr Informationen zur Funktion und Entstehung dieser Regel wird nach oben verwiesen.[385]

(aa) Darstellung des Meinungstands

In Bezug auf Reputationsschäden führen viele Autoren ins Feld, dass sie zwar dogmatisch von Art. 74 CISG erfasst sind, jedoch in Konflikt mit der Vorhersehbarkeit stehen und damit in der Rechtspraxis geringe Relevanz besitzen.

Der Diskussionstand deutschsprachiger Autoren ist in Grundzügen bei *Faust*[386] nachzulesen. Er wird im Folgenden erweitert und aktualisiert sowie

---

Schwenzer/*Ferrari*, Art. 7 CISG Rn. 52; Kröll/Mistelis/Viscasillas/*Viscasillas*, Art. 7 CISG, Rn. 60.

384 *Piltz*, Internationales Kaufrecht, Rn. 5-543.

385 Siehe: S. 53 ff.

386 *Faust*, Die Vorhersehbarkeit des Schadens gemäß Art. 74 Satz 2 UN-Kaufrecht (CISG), S. 20 f.

insbesondere in Anbetracht der zeitlichen Entwicklung des internationalen Handels bewertet.

Einigkeit besteht insoweit, dass die Vorhersehbarkeit immer im Einzelfall betrachtet werden muss. Jedoch variieren die Voraussetzungen und Begründungen zum Teil sehr stark. Aufgrund dieser Divergenz an Ansichten, lassen sich die Vertreter nur schwer festen Meinungsgruppen zuteilen. Dennoch wird nachfolgend versucht, die verschiedenen Ansätze nach ihren Schwerpunkten zu ordnen.

(aaa) Restriktiver Ansatz

Einige Autoren vermeiden es - aus diversen Gründen - oftmals, konkrete Aussagen hinsichtlich der Anforderungen der Vorhersehbarkeit zu treffen. So qualifizieren einige den Reputationsschaden ohne nähere Begründung für i.d.R. nicht vorhersehbar.[387] *Stoll* wird konkreter, indem er vom Käufer fordert, dass er auf die mögliche Schädigung bei Vertragsschluss hinweisen müsse, damit der Verkäufer vor der Annahme das Risiko einschätzen könne und ihm eine Verhandlungsmöglichkeit gegeben werde.[388] Dies sei notwendig, da der Ansehensverlust von Faktoren abhinge, welche sich nicht allein auf die Vertragsverletzungen reduzieren lasse wie die Beziehung des Käufers zu seinen Endabnehmern. Ähnlich, aber etwas weniger strikt, sehen es einige andere Autoren, die darauf abstellen, dass der Verkäufer lediglich auf die besonderen Anforderungen seiner Abnehmer hingewiesen hat.[389] Gemeinsam haben diese Ansichten, dass sie davon ausgehen, dass ein Reputationsschaden wohl zunächst nicht Vorhersehbar ist und daher dem Käufer zumindest eine Hinweispflicht auferlegt werden muss.

---

387 *Mertens/Rehbinder*, Internationales Kaufrecht, Art. 82 EKG, Rn. 14; Witz/Salger/Lorenz/*Witz*, Art. 74 CISG, Rn. 35; So früher auch: *Huber*, der UNCITRAL-Entwurf eines Übereinkommens über internationale Warenkaufverträge, S. 499.

388 Schlechtriem/*Stoll*, Einheitliches Kaufrecht und nationales Obligationenrecht, S. 263 f.; ähnlich auch: MüKoBGB/*Huber*, Art. 74, CISG Rn. 39; *Hutter*, Die Haftung des Verkäufers, S. 179; *Karrolus*, UN- Kaufrecht, S. 218; *Ryffel*, Die Schadensersatzhaftung des Verkäufers nach dem Wiener Übereinkommen über internationale Warenkaufverträge vom 11.04.1980, S. 69 f; Kritisch zur Einwirkungsmöglichkeit, weil sie kein Bezug auf die Vorhersehbarkeit aufweist: *Weitnauer*, Nichtvoraussehbarkeit eines Schadens nach Art. 82 des Einheitlichen Gesetzes über den internationalen Kauf beweglicher Sachen, IPRax 1981, S. 84.

389 Staudinger/*Magnus*, Art. 74 CISG, Rn. 50; Ferrari/Kieninger/Mankowski/*Saenger*, Art. 74 CISG, Rn. 14; *Piltz*, Internationales Kaufrecht, Rn. 5-550.

(bbb) Marktansatz

Konträr dazu verlangen *Schlechtriem/Schroeter* kein Mitwirken des Käufers durch einen besonderen Hinweis; ausreichen soll, dass die Empfindlichkeit des Käufermarkts für den Verkäufer bei Vertragsschluss erkennbar war.[390] Diese Ansicht hatte sich in der Literatur zunächst als vorherrschende durchgesetzt. Angelehnt sind diese Wertungen an den bekannten „Gouda-Käse"-Fall des BGH. Damals entschied er, dass ein Good-Will Schaden für den Verkäufer vorhersehbar war, weil der Käufer sich in einem übersättigten Markt bewegte, in welchem selbst eine Schlechtlieferung von nur 3 % der Ware bereits beträchtliche Konsequenzen nach sich ziehen konnte.[391] Nach Vertretern dieses Ansatzes ist das Hauptkriterium für die Vorhersehbarkeit von Reputationsschäden der vorherrschende Konkurrenzkampf auf dem jeweiligen Markt. Je empfindlicher der Markt, umso eher muss der Verkäufer erkennen, dass eine Schlechtleistung seinerseits zu Reputationsschäden beim Käufer führen kann.

(ccc) Indizien Ansatz

Mittlerweile wurde diese damals vorherrschende Betrachtungsweise von verschiedenen Autoren variiert bzw. ergänzt.[392] *Brölsch* qualifiziert die empfindliche Marktlage als ein starkes Indiz für die Vorhersehbarkeit, aber zusätzlich könne die Schwere der Vertragsverletzung oder andere Besonderheiten der Situation eine Vorhersehbarkeit begründen.[393] Diese Betrachtungsweise steht auch im Einklang mit der jüngeren Rechtsprechung. Ein Schweizer Gericht entschied in einem Fall von Schlechtlieferung, dass der Reputationsschaden für den Verkäufer gerade nicht nur voraussehbar ist, wenn er bei Vertragsschluss vom Käufer darauf hingewiesen wurde, sondern auch andere Umstände vollkommen ausreichen, um diese zu begründen.[394] Im vorliegenden Fall hat der Spruchkörper

---

390 *Schlechtriem/Schroeter*, Internationales UN-Kaufrecht, Rn. 708 f; so auch: Schlechtriem/Schwenzer/*Schwenzer*, Art. 74 CISG, Rn. 56.

391 BGH Urt. v. 24.10.1979 - VIII ZR 210/78, IPRAX 1981, S. 96; wobei es in diesem Fall wohl eher um die Geltungmachung eines entgangenen Gewinns des Beklagten ging. Diesen Anspruch wollte er mit dem auf Restkaufpreiszahlung des Klägers aufrechnen.

392 Ähnlich: MüKoHGB/*Mankowski*, Art. 74 CISG, Rn. 42; Honsell/*Schönle/Th.Koller*, Art. 74 CISG, Rn. 38.

393 *Brölsch*, Schadensersatz und CISG, S. 63; Ähnlich: *Brunner*, UN-Kaufrecht-CISG, Art. 7 CISG Rn. 21.

394 Schweizer Bundesgericht, v. 28.10.1998, 4 C. 197/1998/odi, abrufbar unter: http://www.globalsaleslaw.org/content/api/cisg/urteile/413.htm, zuletzt aufgerufen am: 22.08.2018; Im Bereich von Exklusivverträgen, siehe: Tampere Court of First

den Schaden aus zwei Gründen als vorhersehbar eingestuft. Zum einen hatte der Verkäufer Kenntnis über den Status der drei Käufer als Zwischenhändler und zum anderen wusste er, dass bei der Quantität der Lieferung (172 Tonnen Fleisch) die Käufer nicht ohne weiteres die Möglichkeit hatten – beispielsweise durch Ersatzlieferung – den Schaden zu verhindern. Damit hat das Gericht nicht nur die Umstände des Marktes (Zwischenhändler im Fleischmarkt), sondern auch die Schwere der Vertragsverletzung (qualitativ schlechtes Fleisch in großen Mengen) berücksichtigt.

(ddd) Weitere eigenständige Ansätze

Liebster wählt einen anderen Ansatz, indem er eine Unterscheidung zwischen dem Verlust von Kunden durch Reputationsschädigungen und einer Reputationsschädigung per se vornimmt. Ersteres sei vorhersehbar, wenn beide Parteien die kritische Marktlage kennen und zudem der Käufer keine Möglichkeit habe, durch anderweitige Vorkehrungen seine Abnehmer fristgerecht zu beliefern.[395]Die zweite Kategorie an Reputationsschäden, die er ausmacht, – der Schaden an der eigentlichen Reputation – ließe sich insbesondere anhand des Vertragszweckes festmachen. Macht das Ziel die Gefahr einer Reputationsschadens ersichtlich, so könne die Vorhersehbarkeit angenommen werden. Beispielhaft nennt er Vertragsmodelle, die darauf abzielen, dass der Käufer eine besonders hochwertige oder ethisch wertvoll („*fair-trade*") hergestellte Ware auf den Markt anbieten möchte. Bei Vertragsverletzung müsse der Verkäufer von einem Ansehensverlust ausgehen, da die Kundschaft gerade auf eine bestimmte Form der Ware erpicht sei.

Erwähnung finden sollen auch die Ansichten von *Kranz* und *Heilmann*, die aus dem Jahr 1989 bzw. 1994 stammen. Sie knüpfen die Gewährung von Reputationsschäden an enge Voraussetzungen.[396] Erstens muss der Mangel bei Untersuchung für den Käufer nur schwer feststellbar sein. Zweitens bedarf es der Kenntnis des Verkäufers über den Verwendungszweck des Käufers (dieses Merkmal erinnert an *Magnus*[397]). Drittens verlangen sie noch ein schuldhaftes Handeln sowie die Potenz des Verkäufers, die Reputationsschädigung zu befriedigen.

Instance [Finland] v. 17.01.1997, 95/11193, abrufbar unter: http://www.cisg.law.pace.edu/cisg/wais/db/cases2/970117f5.html, zuletzt aufgerufen am: 22.08.2018.

395 *Liebster*, in: FS Schwenzer, S. 1047.

396 *Heilmann*, Mängelgewährleistung im UN-Kaufrecht, S. 577 f.; *Kranz*, Die Schadensersatzpflicht nach den Haager Einheitlichen Kaufgesetzen und dem Wiener UN-Kaufrecht, S. 180 Rn. 1.2.3.1.2.1.4.

397 Staudinger/*Magnus*, Art. 74 CISG, Rn. 50.

(bb) Ergebnis

Aus dem dargelegten Meinungsstand lassen sich zunächst zwei Schlüsse ziehen. Zum einen ist es ersichtlich, dass durch die Vorhersehbarkeitsregel z.T. versucht wird, die Ersatzfähigkeit von Reputationsschäden einzudämmen. Die Gründe liegen wohl in der Immaterialität der Reputation und an der Befürchtung, dass durch diese „Option" dem Käufer der Anreiz gegeben wird, Unwägbarkeiten bzw. Risiken seines Marktes dem Verkäufer aufzubürden.[398] Um dem entgegenzuwirken, wird entweder die Vorhersehbarkeitsregel so verallgemeinert („*Ersatzfähigkeit nur unter besonderen Umständen*"), dass kein rechtlicher Zugriff mehr möglich ist, sondern tatsächlich dem Gericht die Gelegenheit gegeben wird frei über die Ersatzfähigkeit zu entscheiden, oder es werden Voraussetzungen in die Vorhersehbarkeitsregel gelesen, die dogmatisch nur schwer mit ihr vereinbar sind. Insbesondere die Ansichten von *Liebster*, *Kranz* und *Heilmann* fallen in die letztgenannte Kategorie. *Liebster* setzt für die Vorhersehbarkeit voraus, dass der Käufer keine Vorkehrungsmöglichkeit hat die Ware anderweitig zu erlangen. Dieses Kriterium ist keins der Vorhersehbarkeit, sondern ein rein faktisches. Dieser Umstand kann nur auf die Vorhersehbarkeit Einfluss nehmen, wenn sich die Kenntnis des Verkäufers auf die Möglichkeit potentiellen Schutzvorkehrungsmaßnahmen des Käufers bezieht. Ebenso weichen auch *Kranz* und *Heilmann* vom Zweck der Vorhersehbarkeitsregel ab, da nur die Voraussetzung der Kenntnis des Verkäufers über den Verwendungszweck des Käufers ein probates Kriterium darstellt. Die weiteren Voraussetzungen (z.B. die wirtschaftliche Potenz des Verkäufers für die finanzielle Einbuße aufzukommen) wirken wie ungeschriebene Tatbestandsmerkmale zur restriktiven Handhabung von Reputationsschäden.

Zum anderen ist festzustellen, dass unabhängig davon, ob ein restriktiver Ansatz gegenüber Reputationsschäden früher durchaus berechtigt war, ein solcher Standpunkt sich in Zeiten, in denen die Reputation immer mehr an Wert gewinnt, wohl nur schwer vertreten lässt. Dies zeigt sich auch im Wandel der Rechtsprechung und Literatur. Die eher restriktiven Ansätze stammen überwiegend aus der Vergangenheit (*Heilmann* [1994]; *Kranz* [1989]; *Mertens/Rehbinder* [1975]), wohingegen die aktuelleren (Brölsch [2007]; Mankwoski [2018]; Schönle/Th.Koller [2010]) die Vorhersehbarkeit an weniger strenge Voraussetzungen knüpfen.

398 Zu diesem Problem siehe: MüKoHGB/*Mankowski*, Art. 74 CISG, Rn. 41 f.

Diese Entwicklung ist begrüßenswert. Natürlich ist es richtig, dass die Vorhersehbarkeit immer entsprechend der Umstände und Verhältnisse zum Zeitpunkt des Vertragsschlusses bewertet werden muss.[399] Jedoch ist in Zeiten von Produktangleichung durch Globalisierung der Mehrwert einer guten Reputation deutlich höher einzuschätzen als noch in der Vergangenheit. Ferner sind potentielle Käufer nicht mehr aufgrund ihres Aufenthaltsortes lokal auf bestimmte Waren beschränkt, sondern sie können durch den offenen Binnenmarkt und das Internet auf eine Vielzahl von Herstellern bzw. Zulieferern zurückgreifen. Folglich sind mehr Märkte als empfindlich einzustufen als noch vor einigen Jahren, da die Unternehmen weltweit in Konkurrenz stehen. Aber nicht nur der Wert der Reputation steigt, sondern die Gefahr ihrer Verletzung ist viel immanenter, da Social Media, Rating-Plattformen und das Kommunikationszeitalter an sich dafür sorgen, dass Verfehlung einzelner Unternehmen viel schneller und weitreichender Publik werden. Dieser Wandel muss sich auch in dem Wertemaßstab der Vorhersehbarkeit widerspiegeln. Von Händlern, die grenzüberschreitend tätig sind, kann erwartet werden, diese Umstände zu kennen.

Um dieser Entwicklung Rechnung zu tragen ist grundsätzlich davon auszugehen, dass ein Verkäufer, der mit einem Unternehmen eine Geschäftsbeziehung pflegt, welches noch weitere Kunden zu bedienen muss - wie im UN-Kaufrecht eigentlich immer der Fall - den Eintritt eines Reputationsschadens bei eigenem Leistungsausfall vorhersehen kann bzw. es zumindest hätte vorhersehen müssen.[400]Diese Ansicht steht im genauen Kontrast zu den älteren Auffassungen, die damals davon ausgingen, dass ein solcher Schaden in der Regel nicht vorhersehbar sei. Im Einzelfall können natürlich bestimmte Umstände dagegensprechen. Eine solche Wirkung entfalten insbesondere der Vertragszweck sowie die Marktlage. Ferner können auch die Quantität und Qualität der Ware gegen die Vorhersehbarkeit sprechen, wenn der Schädiger bei Vertragsschluss davon ausgehen konnte, dass der Käufer auch ggf. den Schaden sehr leicht durch eine Ersatzlieferung verhindern könnte. Folglich sind insbesondere vier entscheidende Kriterien festzuhalten: die Marktlage, der Vertragszweck, sowie Quantität und Qualität der Ware. Diese wirken aufeinander ein, so kann die Marktlage so prekär sein, dass der Verkäufer selbst bei minimaler Vertragsverletzung von einem Rufschaden beim Gläubiger erwarten kann.

---

399 Witz/Salger/Lorenz/*Witz*, Art. 74 CISG, Rn. 27.

400 *Herber/Czerwenka*, Internationales Kaufrecht Kommentar, Art. 74 CISG, Rn. 12: Die wohl ebenfalls den Schaden für in der Regel vorhersehbar halten.

Summa Summarum sollte der Ausgangspunkt zur Beurteilung der Vorhersehbarkeit von Reputationsschäden der sein, die Erkennbarkeit für den Verkäufer im B2B-Verkehr grundsätzlich anzunehmen. Auf Grundlage dieser Überlegung kann dann die Einzelfallentscheidung unter der Berücksichtigung der hier genannten Kriterien getroffen werden. Der Ansatz Reputationsschäden einzudämmen, indem man künstliche Voraussetzungen in die Vorhersehbarkeitsregel hineinließt oder sie komplett verwässert, erscheint auch nicht erstrebenswert, sondern viel eher sollte die Frage, ob tatsächlich ein Schaden vorliegt oder der Käufer nur sein eigenes Marktrisiko dem Verkäufer auflasten will, davon abhängen, inwieweit ersterer den Schaden an seinem Ruf nachweisen kann. Die Vorsehbarkeitsregel ist kein normatives Konzept der Risikoverteilung wie die amerikanische „contemplation- rule“[401], sondern es reicht im Grundsatz der Umstand aus, dass der Schaden in seinem Wesen und ungefähren Umfang (geringe Grad an Wahrscheinlichkeit) für den Schuldner erkennbar war.[402]

Ein letzter interessanter Aspekt, für welchen noch keine Erklärung gefunden werden konnte, ist die Tatsache, dass die Vorhersehbarkeit von Reputationsschäden hauptsächlich bzw. fast ausschließlich im deutschsprachigen Raum im Rahmen des UN-Kaufrechts diskutiert wird.

(2) Andere Beschränkungen

Die Schadenszurechnung kann insbesondere in drei weiteren Fällen entfallen. Gemäß Art. 79 Abs. 1 CISG haftet der Schuldner nicht, wenn die Ursache für seine Nichterfüllung auf einem außerhalb seines Einflussbereiches liegenden Grundes beruht und er diesen bei Vertragsschluss nicht hätte in Betracht ziehen oder seine Folgen bereits vermeiden können. Ferner entfällt die Ersatzpflicht des Schädigers gemäß Art. 80 CISG, wenn der Gläubiger die Nichterfüllung durch seine Handlung oder Unterlassung verursacht hat. Außerdem obliegt ihm eine Schadensminderungspflicht nach Art. 77 CISG, welche zu einer Verringerung des Anspruchs führen kann.

---

401 Siehe: S. 55 ff.

402 *Ziegler*, Leistungsstörungsrecht nach dem UN-Kaufrecht, S. 210.

cc.) Kompensationsform

Anders als im deutschen Schadensersatzrecht kennt Art. 74 CISG nicht das Prinzip der Naturalrestitution.[403] Jeglicher Ersatz ist in Geld geschuldet.[404] Dies wird insbesondere in der englischen Originalfassung von Art. 74 CISG, in der ausdrücklich von einer „Summe" („*[...] consist of **a sum** equal to the loss* [...]") gesprochen wird, deutlich.[405]

Für die Frage des Reputationsschadens folgt daraus, dass der Schaden in Geld und in Höhe des objektiven Minderwerts des Unternehmens geschuldet ist. Außerdem entfällt die Möglichkeit, eine tatsächliche Handlung z.B. die öffentliche Richtigstellung als Rechtsfolge zu verlangen.

dd.) Reduktionsklauseln

Der Schadensersatz für eine Reputationsbeeinträchtigung kann trotz Vorliegens aller objektiven Tatbestände gemäß Art. 77 CISG noch gemindert werden, wenn die geschädigte Partei ihrer Schadensminderungsobliegenheit („*mitigation of damages*") nicht nachkommt. Macht der Schädiger ein solches vor Gericht gelten, so ist der bestehende Anspruch um den Betrag, um den

---

403 „*Die Naturalrestitution verlangt vom Schädiger, den Zustand wiederherzustellen, der ohne das schädigende Ereignis bestünde.*" Anders als beim Geldersatz kann der Schuldner auch durch tatsächliche Handlung den verlangten Zustand wiederherstellen, indem er z.B. Folgeschäden seiner Lieferung durch selbstständige Reparatur beseitigt: siehe auch: MüKoBGB/*Oetker*, § 249 BGB, Rn. 320; BeckOK BGB/*Schubert*, § 249 BGB Rn. 180.

404 Kröll/Mistelis/Viscasillas/*Djordjevic*, Art. 74 CISG, Rn. 21; *Enderlein/Maskow*, International Sales Law, S. 299; *Honsell*, SJZ 1992, S. 361, 362; Bianca/Bonell/*Knapp*, Art. 74 CISG, Rn. 2.3.; Staudinger/*Magnus*, Art. 74 CISG, Rn. 25; Staudinger/*Magnus*, Art. 74 CISG, Rn. 13; Ferrari/Kieninger/Mankowski/*Saenger*, Art. 74 CISG, Rn. 2; Honsell/*Schönle/Th.Koller*, Art. 74 CISG, Rn. 41; Schlechtriem/Schwenzer/*Schwenzer*, Art. 74 CISG, Rn. 17.

405 Deutsche Übersetzung von Art. 74 S. 1 CISG: „Als Schadenersatz für die durch eine Partei begangene Vertragsverletzung ist der der anderen Partei infolge der Vertragsverletzung entstandene Verlust, einschließlich des entgangenen Gewinns, zu ersetzen.". Das Wort „ersetzen" gibt keinen entscheidenden Hinweis über die Art und Weise wie ersetzt werden soll. Die deutsche Übersetzung des Gesetzestexts darf bei der Interpretation des CISG nicht herangezogen werden, da es gemäß der Unterzeichnungsklausel keine Anwendung findet. Entscheidend sind die sechs authentischen Sprachen: Englisch, Französisch, Spanisch, Russisch, Arabisch und Chinesisch. Folglich ist Geldersatz zu leisten.

der Verlust hätte verringert werden können, zu senken.[406] In Hinblick auf Reputationsschäden hat der Käufer also die Obliegenheit, den Verlust möglichst zu verhindern bzw. gering zu halten, indem er beispielsweise einen Ersatzkauf tätigt oder seine Kunden frühestmöglich auf das Ausbleiben der versprochenen Leistung hinweist.

Zum Teil wird vertreten, dass der Käufer dazu gehalten sei, auf die Möglichkeit einer besonderen Art oder Höhe des Schadens hinzuweisen, so dass ausgehend von dieser Meinung einen Unternehmer, welcher sich in einem empfindlichen Markt bewegt, eine solche Obliegenheit treffen könnte.[407] Folglich kann auch Art. 77 CISG den Reputationsschaden in bestimmten Fällen beschränken.

c.) Ergebnis

Folglich kann aus der Totalreparation per se und ihrer konkreten Ausgestaltung im CISG geschlossen werden, dass Reputationsschäden grundsätzlich ersatzfähig sind. Eine solch weitreichende wirtschaftliche Konsequenz – die sich nicht auf Reputationsschäden beschränkt – aus einer „simplen" rechtlichen Ableitung zu begründen, erscheint auf den ersten Blick bedenklich. Jedoch dürfen dabei zwei entscheidende Aspekte nicht außer Acht gelassen werden. Zum einen basiert die Totalreparation auf einem einfachen Konzept. Es ersetzt alle finanziellen Schäden in Form eines „Alles oder Nichts"-Prinzips.[408] Damit ist der Einbezug von Reputationsschäden nicht die Folge einer politischen, moralischen oder wirtschaftlichen Wertung, welche ein bestimmtes Ergebnis erzielen möchte, sondern die konsequente Anwendung des zugrundeliegenden Rechts. Zum anderen stellt die in Art. 74 CISG eingebettete Vorhersehbarkeitsregel sowie andere Entlastungsmöglichkeiten wie z.B. Artt. 77, 79 und 80 CISG Korrektive dar, welche Schuldner durchaus vor einer zu weitgehenden Haftung schützen.

3. Historische Auslegung

Diese Wertung steht ebenfalls in Einklang mit der Rechtshistorie von Art. 74 CISG. Die nachfolgenden Ausführungen werden beweisen, dass die

---

406 Mehr zur Abgrenzung zwischen Pflicht und Obliegenheit, siehe: S. 51 ff.

407 *Herber/Czerwenka*, Internationales Kaufrecht Kommentar, Art. 77 CISG, Rn. 4 ff.; Schlechtriem/Schwenzer/*Schwenzer*, Art. 77 CISG Rn. 3.

408 *Finke*, Die Minderung der Schadensersatzpflicht in Europa, Rn. 24.

Totalreparation als inhärentes Prinzip des CISG schon immer anerkannt und gewollt war und bereits das Vorläufermodell die Inklusion von Reputationsschäden postulierte und man von einer abweichenden Regelung abgesehen hat. Alle weiteren Ergebnisse basieren zu großen Teilen auf den Aufzeichnungen aus den UNCITRAL YEARBOOKS[409] sowie dem Official Records[410] zur Wiener Konferenz.

Als zentrales Ereignis für die Entstehungsgeschichte des CISG kann die Wiener Konferenz vom 10.03.1980 angeführt werden. Jedoch war für die legislative Historie zumindest ebenso von Bedeutung das vom UNCITRAL am 23.05.1977 ins Leben gerufene Komitee der Vereinten Nationen über den internationalen Handel, welches den Kommissionentwurf zum UN-Kaufrecht bearbeitete.[411] Dieses hielt zweiunddreißig Besprechungen ab, in denen interessierte Staaten Vorschläge zur Änderung des Gesetzestextes zum Einheitsrecht antragen konnten. In der dritten Sitzung wurde zusätzlich ein neuer Ausschuss aus Rechtsgehlehrten aus verschiedensten Ländern[412] zusammengestellt, welcher die besprochenen Vorschläge in den bestehenden Entwurf einarbeiten sollte. Im Rahmen der Sitzungen wurde Art. 74 CISG damals noch Art. 55 des Kommissionsentwurfes durchaus diskutiert. Die Erstfassung sah dabei noch wie folgt aus:

> „*Damages for breach of contract by one party consist of a sum equal to the loss, including loss of profit, suffered by the other party as a consequence of the breach. Such damages cannot exceed the loss which the party in breach foresaw or ought to have foreseen at the time of the conclusion of the contract, in the light of the facts and matters which he then knew or ought to have known, as a possible consequence of the breach of contract.*“.

In Bezug auf diesen Entwurf gab es verschiedene Änderungsvorschläge. Einige rieten an, den gesamten zweiten Satz zu streichen und die Frage einer Limitierung des Schadensersatzes dem nationalen Recht zu überlassen.[413] Diese Idee wurde schnell wieder verworfen.

---

409 Bericht festgehalten im: United Nations Commission on International Trade Law Year Book, Volume VIII (1977), A/32/17, S. 25 ff., abrufbar unter: http://www.uncitral.org/pdf/english/yearbooks/yb-1977-e/yb_1977_e.pdf, zuletzt aufgerufen am: 22.08.2018. Im Weiteren bezeichnet als Dokument A/32/17.

410 United Nations Conference Vienna Official Records.

411 Dokument A/32/17.

412 Rechtgelehrte u. a. aus: Frankreich, Großbritannien, Kolumbien, Mexiko, Nigeria, Singapur, Sowjetunion, Tschechoslowakei und die Vereinigten Staaten.

413 Dokument A/32/17, Rn. 478.

Andere hielten die inkludierte Vorhersehbarkeitsregel für zu ungenau und damit ungeeignet für die Rechtspraxis. Außerdem wollten sie ferner, dass die Summe des zu zahlenden Schadensersatzes immer in Relation zu dem Wert des Vertragsgegenstands („*in relation to the price*") gesetzt und bei einer zu großen Diskrepanz in der Höhe limitiert werden soll.[414]

Daher schlugen Sie folgende Änderung vor:

> *„Such damages shall not include compensation for loss of a nature which the party in breach could not reasonably have foreseen at the time of the conclusion of the contract or of an extent which would be excessive in relation to the price, the ability of the party in breach to foresee or prevent the loss as well as other circumstances of the case."*.

Auch dieser Vorschlag wurde innerhalb des Plenums abgelehnt.[415] Erstens sei eine weitergehende Spezifizierung der Vorhersehbarkeitsregel nicht notwendig. Zweitens führe die Limitierung in Abhängigkeit zum Vertragsgegenstand zu Rechtsunsicherheit. Woraus diese sich begründet, wird im Dokument nicht explizit erklärt, jedoch lässt sich vermuten, dass die Angst vor einer stark divergierenden Einzelfallrechtsprechung bestand. Das CISG ist zwar eine internationale Kodifikation, dessen Recht aber durch nationale Gerichte kontrolliert bzw. gesprochen wird. Daher würden nationale Wertungen in jede Verhältnismäßigkeitsprüfung, die von Natur aus subjektiv geprägt sind, wenn keine festen Quoten bestehen, mit einfließen. Konsequenz daraus wäre, dass die Wahl des CISG mit weiteren Unwägbarkeiten verbunden wäre.

Auf Grundlage dieser Diskussionen lässt sich feststellen, dass Art. 74 CISG wohl absichtlich sehr offen verfasst wurde, damit die Rechtsprechung sich den Gegebenheiten des internationalen Handels und seiner jeweiligen Zeit anpassen kann. Folglich änderte das Komitee den Erstvorschlag nur minimal, indem das Wort „*cannot*" in Satz Zwei durch den Ausdruck „*may not*" ersetzt wurde. Der Grund für diese Änderung lässt sich ebenfalls nicht den Aufzeichnungen entnehmen, aber höchstwahrscheinlich war es eine sprachliche Korrektur. Der Begriff „*cannot*" wird im englischen Sprachgebrauch traditionell mit der physischen Unmöglichkeit gleich gesetzt wohingegen „*may not*" eher als Verbot bzw. mangelnde Erlaubnis verstanden wird. Da ein Gesetz Richter zwar bindet bzw. anhält etwas zu tun, aber es sie tatsächlich an der Verkündung eines rechtswidrigen Urteils nicht hindern kann, erscheint die Formulierung „may not" als treffender. Abgesehen davon wurde die Schadensersatznorm Wortgleich als

---

414 Dokument A/32/17, Rn. 474 ff.

415 Dokument A/32/17, Rn. 476 f.

Art. 70 des neuen Kommissionentwurfs veröffentlicht.[416] Daran sollte auch die Wienerkonferenz nichts ändern, obwohl den Staaten dort eine letzte Einflussmöglichkeit auf den Gesetzestext gewährt wurde. Einzig die Delegation aus Pakistan schlug vor, die Formulierung leicht zu modifizieren, jedoch wurde dies im Ergebnis abgelehnt und der uns jetzt bekannte Art. 74 CISG beschlossen.[417]

Anhand der Entstehungsgeschichte fällt auf, dass Art. 74 S.1 CISG über die gesamte Zeit außerhalb jeglicher grundlegenden Diskussion stand. Aus diesem lässt sich die Totalreparation als fundamentales Prinzip des Schadensersatzrechts ableiten. Diese These wird auch durch den Sekretariats Kommentar zu Art. 74 CISG unterstützt, der wohl als sehr aussagekräftige Quelle zur Gesetzesinterpretation qualifiziert werden kann.[418] Nach ihm soll die geschädigte Partei in die wirtschaftliche Position gestellt werden, in der sie sich befinden würde, wenn die Leistung vertragsgemäß erbracht worden wäre. Die Reputation als Gut mit wirtschaftlichem Wert wäre darunter zu subsumieren. Interessanterweise ist der Wortlaut des neuen Art. 74 CISG fast kongruent mit dem aus Art. 82 EKG[419]. [420] Nur die genaue Ausformulierung der Vorhersehbarkeit wurde im Gesetzfindungsprozess leicht modifiziert. Das EKG war der Vorläufer des CISG, daher sind Literatur und Entscheidungen bezüglich des EKG für die Auslegung des CISG immer in Betracht zu ziehen.[421] Bereits im EKG war es beinahe einhellig anerkannt, dass Rufschädigungen unter den Schadensersatzumfang des

416 Veröffentlicht im: Report of the United Nations Commission on International Trade Law, the eleventh session 1978, A/33/17, Rn. 28 ff., abrufbar unter: http://www.uncitral.org/pdf/english/yearbooks/yb-1978-e/vol9-p11-45-e.pdf, zuletzt aufgerufen am: 22.08.2018.

417 Mit Ausnahme des Wortes „which“ das in „of which“ geändert wurde.

418 Siehe Sekretariatskommentar zu Art. 74 CISG (damals noch Art. 70 CISG), abrufbar unter: http://www.cisg.law.pace.edu/cisg/text/secomm/secomm-74.html, zuletzt aufgerufen am: 22.08.2018.

419 Siehe: S. 42 ff.

420 Schlechtriem/Schwenzer/*Schwenzer*, Art. 74 CISG Rn. 1; *Weitnauer*, Nichtvoraussehbarkeit eines Schadens nach Art. 82 des Einheitlichen Gesetzes über den internationalen Kauf beweglicher Sachen, IPRax 1981, S. 85.

421 *Faust*, Die Vorhersehbarkeit des Schadens gemäß Art. 74 Satz 2 UN-Kaufrecht (CISG), S. 10; *Herber/Czerwenka*, Internationales Kaufrecht Kommentar, Art. 7 CISG, Rn. 8; Staudinger/*Magnus*, Art. 74 CISG, Rn. 3; *Ryffel*, Die Schadensersatzhaftung des Verkäufers nach dem Wiener Übereinkommen über internationale Warenkaufverträge vom 11.04.1980, S. 63 f.

Gesetzes fallen, da es die Totalreparation[422] postuliere.[423] Hätten die Vertragsstaaten Bedenken bezüglich der Inklusion gehabt, so ist anzunehmen, dass solche während des Gesetzgebungsprozess angebracht worden wären. Damit gibt es historisch ein stichhaltiges Argument für den Einbezug von Reputationsschäden in das UN-Kaufrecht.

4. *Übergreifende systematische Auslegung anhand zusammenwirkender internationaler Rechtsquellen*

Im internationalen Bereich gibt es viele Bestrebung, einheitliches Recht zu schaffen. Eines der wohl bekanntesten Regime sind die Unidroit Priciples (UPICC). Sie, wie auch einige andere Gesetzeswerke, dienen als Grundgerüst zur systematischen Auslegung aller internationalen Rechtsvereinheitlichungen. Im Bereich des vertraglichen Schadensrechts sind Artikel 9:501(2) (a) PECL und Artikel 7.4.2 UPICC hervorzuheben. Ihr Einfluss auf Art. 74 CISG könnte daher von Interesse sein. Zwar entfalten das PECL und das UPICC keine direkte rechtliche Wirkung in Bezug auf das CISG, aber sie können aus drei Gründen zur Interpretation herangezogen werden.[424] Erstens sind sie grundsätzlich Werkzeuge der internationalen Rechtsvereinheitlichung, die gerade dazu geschaffen wurden, bei Auslegungsfragen im supranationalen Bereich als Richtlinien zu fungieren.[425] Zweitens hat das Einheitsrecht in Form von Art. 7 CISG selbst ein zumindest kleines Einfallstor für solche Regelungswerke geschaffen.[426] Drittens sind es beides Rechtsquellen, die das Prinzip der Totalreparation postulieren.[427]

---

422 *Beß*, Die Haftung des Verkäufers für Sachmängel und Falschlieferungen im Einheitlichen Kaufgesetz, S. 125; Dölle/*Weitnauer*, Vor. Art. 82 EKG, Rn. 2.

423 *Heilmann*, Mängelgewährleistung im UN-Kaufrecht, S. 577; Dölle/*Weitnauer*, Vor. Artt. 82-89 EKG, Rn. 64; Wobei bereits damals Bedenken bezüglich solcher Schadensposten bestanden.

424 Zur Anwendbarkeit siehe: *Brunner*, UN-Kaufrecht-CISG, Art. 7 CISG Rn. 9.

425 Siehe: Präambel N.6 UPICC und Art. 1:101(4) PECL ; aber auch in: Felemegas/*Blase/Höttler*, An International Approach to the Interpretation of the United Nations Convention on Contracts for the International Sale of Goods (1980] as Uniform Sales Law, S. 468; *Köhler*, Die Haftung nach UN-Kaufrecht im Spannungsverhältnis zwischen Vertrag und Delikt, S. 53; *Looschelders*, Schuldrecht Allgemeiner Teil, Rn. 43; *Magnus*, in FS: Herber, S. 35.

426 Zur Frage inwieweit solche Instrumente wie das PICC als Auslegungshilfe hinzugezogen werden darf, siehe: Kröll/Mistelis/Viscasillas/*Viscasillas*, Art. 7 CISG, Rn. 67.

427 Felemegas/*Blase/Höttler*, An International Approach to the Interpretation of the United Nations Convention on Contracts for the International Sale of Goods (1980] as Uniform Sales Law, S.468; *Gotanda*, CISG Advisory Council Opinion No. 6, Rn. 1.2.

aa.) Art. 7.4.2 UPICC

„(1) The aggrieved party is entitled to full compensation for harm sustained as a result of the nonperformance. Such harm includes both any loss which it suffered and any gain of which it was deprived, taking into account any gain to the aggrieved party resulting from its avoidance of cost or harm.
(2) Such harm may be non-pecuniary and includes, for instance, physical suffering or emotional distress.".

bb.) Art. 9:502 PECL i.V.m. 9:501 (2) (a) PECL

9:502
„The general measure of damages is such sum as will put the aggrieved party as nearly as possible into the position in which it would have been if the contract had been duly performed. Such damages cover the loss which the aggrieved party has suffered and the gain of which it has been deprived.".

9:501(2)(a)
„[...](2) The loss for which damages are recoverable includes:
(a) non-pecuniary loss [...]".

Anhand des Wortlautes beider Artikel lässt sich die Totalreparation als Leitmotiv des Schadensrechts feststellen. Im UPICC wird sie konkret genannt – „full compensation" – wohingegen es im PECL an der Formulierung deutlich wird *„put the aggrieved party [...] in the position [...] if the contract had been duly performed.".*[428] Daraus resultiert, dass zumindest alle finanziellen Nachteile des Geschädigten durch den Schadensersatzanspruch gedeckt sein müssen. Der Reputationsschaden als finanziell messbares Gut ist somit innerhalb des Anwendungsbereichs;[429] was sich auch in der Literatur zu diesen Rechtsquellen nachweisen lässt.[430]

Der Umfang der Schadensersatzpflicht im UPICC und PECL ist weitreichender als im CISG, da sogar immaterielle Schäden ohne Finanzwert ersatzfähig sein sollen.[431] Darunter fallen jedoch nicht alle möglichen immateriellen Schäden, was an der Formulierung der Artikel deutlich wird („*may*" und „*includes*"). Die unterschiedliche Reichweite erklärt sich aus dem Umstand, dass sich die

428 *Gisawi*, Der Grundsatz der Totalreparation, S. 9.
429 Kröll/Mistelis/Viscasillas/*Djordjevic*, Art. 74 CISG, Rn. 81 ff.; Vogenauer/*McKendrick*, Art.7.4.2 UPICC, Rn. 19.
430 Vogenauer/*McKendrick*, Art.7.4.2 UPICC, Rn. 19.
431 *Loewe*, in: FS Herber, S. 18.

Regelungen im CISG auf den Warenkauf zwischen Unternehmern beschränken und nicht für das gesamte Vertragsrecht gelten sollen. Die führenden internationalen Rechtsquellen ziehen die Ersatzfähigkeit des Reputationsschadens mit in den Schadensersatzumfang ein. Diese Wertung hat eine starke Indiz-Wirkung in Bezug auf das CISG und seine Auslegung.

5. Rechtsvergleichende Auslegung anhand der Entwicklung im Common Law

Neben internationalen Rechtsquellen können auch andere nationale Kodifikationen als Vergleichsobjekt herangezogen werden. So beispielweise das Haftungsrecht in Großbritannien („*law of damages*"). Ein solcher Vergleich vermag aus zwei Gründen kritisch zu hinterfragen sein. Zum einen wird im Common Law, anders als es für den deutschen Rechtsanwender üblich ist, Recht nicht nur primär aus niedergeschriebenen Kodifikationen abgeleitet, sondern zu großen Teilen aus Präzedenzfällen entwickelt („case law" und „doctrine of precedent").[432] Zwar gibt es auch im Common Law Gesetzestexte bzw. zunächst Gesetzestextinitiativen („statute law"), die durch den formellen Gesetzgeber sowie durch das Unterhaus („House of Commons") und das Oberhaus („House of Lords") verabschiedet werden und dann zum Act of Parliamant erstarken (Beispielsweise „Arbitration Act 1996").[433] Abseits dieser gesetzgeberischen Interventi steht die Gesetzesfortbildung jedoch den Richtern zu. Sie entscheiden bzw. korrigieren offene Rechtsfragen und Fehleinschätzungen, indem sie auf Inhalte vorangegangene Urteile (Präzedenzfälle) Rekurs nehmen. Zum anderen schreibt Art. 7 Abs. 1 CISG die autonome Auslegung des Einheitsrechts vor. Dennoch gibt es triftige Gründe einen Rechtsvergleich anzustellen.

Erstens stellt das CISG eine Kompromisslösung zwischen Common Law und Civil Law Rechtsgelehrten dar.[434] Damit hatte das Common Law eine starke Vorbildfunktion bei der Gesetzesentwicklung des Einheitsrechts.[435] Diese spiegelt sich gerade in Art. 74 CISG wider. Im Schadensersatzrecht des CISG wurde eine verschuldensunabhängige Haftung begrenzt durch die Vorhersehbarkeitsregel implementiert. Daran lässt sich fest machen, dass sich das Common Law

---

432 *Magnus*, Schaden und Ersatz, S. 36.

433 *Häcker*, JuS 2014, S. 873 ff.

434 *Will*, in: FS Meyer, S. 145.

435 *von Bar*, Gemeineuropäisches Deliktsrecht Band II, Rn. 136, *Finke*, Die Minderung der Schadensersatzpflicht in Europa, Rn. 415; *Jansen*, JZ 2005, S. 163; *Magnus*, Schaden und Ersatz, S. 37; Staudinger/*Magnus*, Art. 7 CISG, Rn. 13.

in diesem Bereich gegen die aus dem civil bekannte an Verschuldenselemente abhängige Haftung durchgesetzt hat.

Zweitens kann bei einer autonomen Auslegung ein rechtsvergleichender Ansatz durchaus Indizwirkung („*persuasive value*") entfalten und flankierend herangezogen werden.[436] Daher liegt der Schluss nahe, Literatur, Urteile und andere einschlägige Werke bezüglich des Schadensersatzumfangs zu analysieren.

a.) Grundsätze der Schadensbemessung im Common Law

Der Schadensersatz im Common Law dient wie im CISG dazu, den Geschädigten für seine Verluste zu kompensieren.[437] Im *Livingston v. Rawywards Coal Co.*-Fall[438] wurde festgehalten, dass der Geschädigte eine Summe erhalten soll, die ihn so stellt, als wäre das schädigende Ereignis nie eingetreten.[439] Um weitere Probleme zu vermeiden, wurde diese Regel in *Robinson v. Harmann*[440] modifiziert, damit der Geschädigte auch mögliche Vorteile aus seiner Vertragserfüllung ersetzt bekommt. Er ist so zu stellen, als wäre der Vertrag ordnungsgemäß erfüllt worden. Dieses Prinzip wurde in vielen Urteilen rezitiert und damit bestätigt.[441] Im Ergebnis ist diese Regel nichts anderes als die Idee der Totalreparation, („*full compensation*"), obschon der Begriff von den Rechtsanwendern nicht konsequent angewandt (oftmals auch als „principle of compensation" bezeichnet) wird.[442] Jedoch verweisen viele Autoren - beispielsweise beim Schadensersatzumfang im Common Law - auf 9:501(2) (a) PECL (Full Compensation) was ein starker Indikator für einen Gleichlauf darstellt.[443]

---

436 *Brunner*, UN-Kaufrecht-CISG, Art. 7 CISG Rn. 5; Staudinger/*Magnus*, Art. 7 CISG, Rn. 31.

437 *Maslow*, Der Schutz des immateriellen Erfüllungsinteresses bei Vertragsverletzung durch Schadensersatz, S. 11.

438 Livingstone v. Rawyards Coal Co. [1880] 5 App. Case. 25, 30 (HL).

439 Siehe dazu auch: *Magnus*, Schaden und Ersatz, S. 37.

440 Robinson v. Harman [1848] 1 Ex Rep 850.

441 Alfred McAlpine Construction Ltd v. Panatown Ltd [2001] 1 AC 518 (HL); Golden Strait Corporation v. Nippon Yusen Kubishka Kaisha [2007] UKHL 12 (HL); Watts v. Mitsui [1917] AC 227.

442 *von Bar*, Gemeineuropäisches Deliktsrecht Band II, Rn. 136; *Finke*, Die Minderung der Schadensersatzpflicht in Europa, Rn. 415; *Jansen*, JZ 2005, S. 163; *Magnus*, Schaden und Ersatz, S. 37.

443 *Kramer*, The Law of Contract Damages, S. 12.

Wie im CISG sind Strafschadensposten nicht vorgesehen, jedoch in wenigen Fällen durchaus gewährt worden.[444] Selbstredend wird der Ersatzumfang durch spezielle Barrieren eingeschränkt, um eine uferlose Schadensersatzpflicht des Schädigers zu vermeiden. Dazu zählen z.B. Mitverschulden, Vermeidbarkeit oder die Kausalität zwischen Handlung und Pflichtverletzung. Zusammenfassend sind viele Parallelen zwischen dem Common Law und dem CISG ersichtlich.

b.) Historie

Das Problem des Reputationsschadens kann in der Common Law Rechtshistorie bereits in die frühen Anfänge des 19. Jahrhunderts zurückverfolgt werden. Die Richter im Raum Großbritannien mussten sich damals bereits mit der Ersatzfähigkeit solcher Schäden bei Personen und Unternehmen auseinandersetzen.

aa.) Rolin and Another v. Steward, Public Officer of the East of England Bank [1854]

Eine der ersten bekannten Entscheidungen bezüglich Reputationsschäden war der Fall *Rolin v. Steward*[445]. Die Kläger arbeiteten als Kaufmänner im Bereich des Seehandelsverkehrs in Lynn. Der Beklagte war Amtsträger der „East of England" Bank in London, mit einer Niederlassung in Lynn. Das Vertragsmodell zwischen den Parteien sah vor, dass die Bank im Namen der Kläger alle von diesen bewilligten und im Rahmen deren Deckung liegenden Rechnungen und Checks bezahlen bzw. auszahlen sollte.

Dieser Pflicht kam der Beklagte mehrfach nicht nach, trotz nachgewiesener Deckung des Kontos und Solvenz der Bank. Daraufhin machten die Kläger Schäden an ihrer Reputation und Glaubwürdigkeit geltend, da ihre Vertragspartner annahmen, dass sie in einer insolvenzähnlichen Situation seien. Interessanterweise konnten die Kläger **keinen finanziellen Schaden** beweisen. Dennoch riet der vorsitzende Richter der Jury, dass sie bei der Schadenshöhe auch die Schäden des Klägers mit einbeziehen soll, welche durch die nicht ausgezahlten Checks entstanden sind:

---

444 Kuddus v. Chief Constable of Leicestershire [2002] 2 AC 122 (HL); Rookes v. Barnard [1964] AC 1129; *Maslow*, Der Schutz des immateriellen Erfüllungsinteresses bei Vertragsverletzung durch Schadensersatz, S. 12.

445 Rolin and Another v. Steward, Public Officer of the East of England Bank [1854] 14 C.B. 595.

„His lordship, in leaving, the case to the jury, told them that they ought not to limit their verdict to nominal damages, but should give the plaintiffs such temperate damages as they should judge to be a reasonable compensation for the injury they must have sustained from the dishonour of their cheques.“.

Diese Entscheidung wurde vom House of Lords bestätigt. Nur die Höhe des gewährten Schadensersatzes wurde z.T. als zu hoch eingeschätzt. Entscheidend für dieses Urteil war die Kaufmannseigenschaft[446] der Kläger. Daraus lässt sich schließen, dass die Richter in der Reputation eines Kaufmannes ein geldwertes Gut sehen und daher die Ersatzfähigkeit nach vertraglichem Schadensersatzrecht erlauben. Weitergehend soll bei ihm der finanzielle Schaden vermutet werden, ohne dass der Beklagte den („*substantial damage*“) Schaden nachweist. Grund dafür sei, dass der Vermögensverlust durch die Ehrverletzung nur schwer nachweisbar ist. Dies stellte eine klare Ausnahmeregelung zum Grundsatz dar, dass der Geschädigte seinen Schaden vor Gericht zu beweisen hat.

„His Lordship [Lord Campell], therefore, assumes as a thing not to be disputed, that a breach of contract of this sort must of necessity be injurious to a person in trade; [...] I am of the opinion that the direction of Lord Campbell to the jury was right.“.
„[...] in the case of an imputation of insolvency on a trader, the action lies without proof of special damage.“.

Inwieweit diese Rechtsprechung auch auf andere Berufszweige Anwendung finden sollte, wurde nicht im Detail vertieft.

bb.) Addis v. Gramophone [1909]

Das zunächst maßgebliche Urteil für alle weiteren Entscheidungen bezüglich Reputationsschäden war aber die *Addis v. Gramophone*-Entscheidung.[447] Das Gericht behandelte den Fall eines leitenden Angestellten (Kläger), dessen Gehalt aus einer wöchentlichen Bezahlung sowie Kommissionen aus den erfolgreichen Vertragsabschlüssen bestand. Vertraglich hatte er eine sechsmonatige Kündigungsfrist vereinbart. Der beklagte Arbeitgeber hatte diese Frist gewahrt, jedoch den Arbeitnehmer faktisch von der Arbeit ausgeschlossen, indem seine Aufgaben auf eine andere Person übertragen wurden. Außerdem blieb jegliche weitergehende Lohnzahlung aus. Die erste Instanz hatte eine Vertragsverletzung

---

446 Im englischen: trader.

447 Addis v. Gramophone Co. Ltd [1909] AC 488 (HL); Die Relevanz hervergehoben in: *Burrows*, Remedies for Torts and Breach of Contract, S. 312; *Enonchong*, MLR 1996, S. 593; *Liebster*, in: FS Schwenzer, S. 1031; *McKendrick/Worthington*, Comparative Remedies for Breach of Contract, S. 289 f.

angenommen und dem Kläger zwei Geldsummen zugesprochen. Die erste in Höhe von 340 £ für die entgangenen Kommissionen, welche realistischer Weise bei ordnungsgemäßer Weiterbeschäftigung erlangt worden wäre und eine zweite in Höhe von 600 £ für die unrechtmäßige Kündigung. Aus dem Urteil wurde jedoch nicht deutlich, wie genau die letztgenannte Summe zustande kam. Es blieb offen, ob die wöchentlichen Gehälter mitinbegriffen waren oder die Summe ausschließlich wegen der Art und Weise der Kündigung gewährt wurde. Da 600 £ jedoch die Summe des gesamten wöchentlichen Gehalts überstieg, schien die Jury dem Kläger einen Reputationsschaden[448] und/oder einen Schaden für seelischen Unbill[449] aufgrund der Folgen der unerwarteten und unwürdigen Kündigung gewährt zu haben. Das Berufungsgericht[450] kam zu einer anderen Rechtsauffassung und verwehrte dem Kläger jeglichen Anspruch.

Das House of Lords als letzte Instanz stellte zunächst fest, dass eine Vertragsverletzung unstrittig vorlag, da der Arbeitgeber die vom Arbeitnehmer angebotene Leistung nicht angenommen hat. Mittelpunkt der weitergehenden Ausführungen war die Frage, welche konkreten Schadensposten dem Arbeitnehmer ersetzt werden müssen. Der Wochenlohn und der entgangene Gewinn – in Form der Kommissionen – seien problemlos ersatzfähig:

> „*[...] the damages [...]They are, in my opinion, the salary to which the plaintiff was entitled [...] together with the commission which the jury think he would have earned had he been allowed to manage the business himself.*"
>
> \- Lord Loreburn L.C.

Alle möglichen Schäden aus der schikanösen Art der Kündigung seien nicht ersatzfähig:

> „*I cannot agree that the manner of dismissal affects these damages. Such considerations have never been allowed to influence damages in this kind of cases.*".
>
> \- Lord Loreburn L.C.

448 Im Urteil u.a. bezeichnet als: „[...] damages for defamation [...]" oder „[...] loss sustained by the plaintiff from discredit this thrown upon him".

449 Im Urteil u.a. bezeichnet als: „[...] pain he experienced by reason [...]".

450 Court of Appeal.

> *„I have been unable to find any case decided in this country in which any countenance is given to the notion that a dismissed employee can recover in the shape of exemplary damages for illegal dismissal, in effect damages for defamation […].“.*
>
> - Lord Atkins

Der Grund dafür seien die Prinzipien des Rechts. Das Schadensersatzrecht beziehe sich nur auf Schäden, die durch den Vertragsbruch entstanden seien:

> *„By the law of England as a general rule a vendor who from whatever cause fails to perform his contract is bound, as was said by Lord Wensleydale in the case referred to, to place the purchaser, so far as money will do it, in the position he would have been if the contract had been performed*[451] *[…] In Sikes v. Wild Lord Blackburn says: "I do not see how the existence of misconduct can alter the rule of law by which damages for breach of contract are to be assessed.".“.*
>
> - Lord Atkins

Allein für die Art der Kündigung[452] dürfe kein Schadensersatz gewährt werden.[453] Dies sei, wenn überhaupt, eine Frage des Deliktsrechts. Vereinzelt wurde auch auf die Ausnahmefälle[454], in denen Ausprägungen von Reputationsschäden gewährt wurden, eingegangen. Diese seien jedoch hier aus verschiedenen Gründen nicht anwendbar und würden zu einer zu starken Vermengung von Vertrags- und Deliktsrecht führen.

Dieses Urteil blieb lange der entscheidende Präzedenzfall für die Versagung von Reputations- und sonstigen immateriellen Schäden.[455] In Fachkreisen stieß es auf zum Teil starke Kritik. Jedoch wurde von vielen Rechtsgelehrten die wahre Ratio des *Addis*-Falles verkannt. Kein Richter in diesem Urteil sprach sich vollumfänglich gegen den Ersatz von Reputationsschäden aus. Diese falsche Interpretation sollte erst im *Malik v. Bank of Credit and Mahmud v. Bank of Credit*[456]-Urteil vom House of Lords im Jahre 1997 festgestellt werden.[457]

---

451 Klare Bezugnahme auf die Totalreparation.

452 Diese Differenzierung wird u.a. an folgendem Satz deutlich: „[…] the defendants can be made liable, in addition to damages for the loss to the plaintiff of the benefit of the contract, for damages for the manner in which the contract has been put an end to.“.

453 A.A.: Lord Collins.

454 Siehe: Maw v. Jones [1890] 25 QBD 107, Auszubildendenfälle; Rolin and Another v. Steward, Public Officer of the East of England Bank [1854] 14 C.B. 595, Kreditfälle; Flureau v. Thornhill [1776)] 2 W. Bl. 1078, Immobilienfälle.

455 Siehe: Bailey v. Bullock [1950] 2 All ER 1167; Groom v. Crocker [1939] 1 KB 194 (CA).

456 Malik v. Bank of Credit and Mahmud v. Bank of Credit [1997] 3 WLR 95 (HL).

457 Siehe unten: S. 108.

cc.) Withers v. General Theatre Corporation Ltd. [1933]

Das einzige weitreichende Urteil, welches eine durch Richterrecht geschaffene Barriere für Reputationsschäden darstellte, war der *Withers v Genral Theatre Coporation Ltd.* Fall.[458] Der Kläger war ein bekannter Künstler, der im Londoner Palladium auftreten sollte. Im Nachhinein verweigerte die Theatergruppe dem Kläger den Auftritt. Dieser machte daraufhin einen Schaden an seiner bestehenden Reputation geltend. Das Berufungsgericht – als letzte Instanz in diesem Fall – gewährte auf der einen Seite dem Geschädigten einen Schadensersatz für die verpasste Möglichkeit, die Reputation zu steigern. Auf der anderen Seite verweigerte es den Schadensersatz für die Beeinträchtigung der bereits bestehenden Reputation. [459] Der Grund für diese Differenzierung war nicht nachvollziehbar, da kurz zuvor in *Marbe v. Georg Edwards Ltd*[460] auf Grundlage eines ähnlichen Sachverhalts ein Schadensersatz für die bestehende und zukünftige Reputation gewährt wurde. Das Gericht im *Withers*-Fall war aber fälschlicherweise der Überzeugung, dass die *Marbe*-Entscheidung vom House of Lords in *Herbert Clayton v. Oliver*[461] aufgehoben wurde.[462] Diesen Schluss zogen die Richter, da im *Herbert Clayton*-Fall kein Bezug auf die bestehende Reputation genommen wurde.[463] Was sie jedoch übersahen war, dass der Geschädigte in diesem Verfahren nur einen Anspruch auf Zahlung der vereinbarten Gage sowie Schadensersatz, für den Verlust der Möglichkeit die Reputation und die Bekanntheit zu erweitern, verlangt hatte. Daraus resultierte die fehlende Bezugnahme auf die Beschädigung der bestehenden Reputation. Wie eine solche Fehlinterpretation in *Withers* zustande kam, ist daher unerklärlich, insbesondere, da in *Herbert Clayton* die *Marbe*-Entscheidung erneut bestätigt wurde.[464] Dennoch folgten einige Gerichte dieser Rechtsprechung.[465]

dd.) Wandel in der Rechtsprechung in Hinblick auf Reputationsschäden

Die vermeintlich bedeutendste Hürde für Reputationsschäden blieb somit die *Addis*-Entscheidung[466]. Doch schnell stellte sich diese – auf falscher

---

458 Withers v. General Theatre Corporation Ltd. [1933] 2 K.B. 536 (C.A).
459 „*Enonchong*, MLR 1996, S. 594.
460 Marbe v. George Edwardes (Daly's Theatre) Ltd [1928] 1 KB 269 (C.A).
461 Herbert Clayton and Jack Waller Ltd. v. Oliver [1930] AC 209 (H.L).
462 *Enonchong*, MLR 1996, S. 594; *Shanzer*, Loss of Publicity, S. 473.
463 *Enonchong*, MLR 1996, S. 595.
464 „I think it [Marbe] was rightly decided."; Siehe: *Enonchong*, MLR 1996, S. 595.
465 Tolnay v. Criterion Film Productions Ltd. [1936] 2 All ER 1625, 1626.
466 Siehe: S. 103.

Interpretation des Urteils beruhende – Regel als zu streng und nicht vereinbar mit dem zugrundeliegenden Recht heraus.

Daher gestattete man im Laufe der Zeit immer mehr Ausnahmen. Beispielweise wurde in *Wilson v. United Counties Bank Ltd*[467] dem Kläger ein Schadensersatz in Höhe von £ 7,500 für die Schäden an seiner Reputation und Kreditwürdigkeit gewährt. So auch im Anglo-Continental *Holidays v. Tybaldos*-Fall, bei dem der Reiseveranstalter einen Reputationsschaden erlitten hat, da das Schifffahrtunternehmen das vertraglich vereinbarte Schiff durch ein kleineres weniger luxuriöses austauschte und die Reiseroute samt Zwischenstationen änderte.[468] Der Vertragsbruch führte zu einer Rufschädigung des Reiseveranstalters. Besonders interessant war der *Foaminol Laboratories v. British Artid Plastics-Fall*[469]. In diesem wurden zwei elementare Befunde festgehalten. Erstens, dass ein finanzieller Schaden beim Geschädigten nicht deshalb von Schadensersatzrecht ausgeschlossen sein kann, weil dieser sich auf der Reputationsschädigung begründet. Und zweitens, dass ein möglicher Schadensersatz aus Deliktsrecht, der auch ohne finanzielle Einbuße denkbar wäre, den vertraglichen Schadensersatzanspruch nicht verdrängt bzw. sperrt:

> „*A claim for mere loss of reputation is the proper subject of an action for defamation, and cannot ordinarily be sustained by means of any other form of action [...] [but] if pecuniary loss can be established, the mere fact that the pecuniary loss is brought about by the loss of reputation caused by a breach of contract is not sufficient to preclude the plaintiffs from recovering in respect of that pecuniary loss.*".

ee.) Malik v. Bank of Credit and Mahmud v. Bank of Credit [1997]

Der entscheidende Fall, der die Regel *Addis v. Gramophone* widerlegte bzw. die wahre Ratio herausstellte, war das *Malik v. Bank of Credit*-Urteil.[470] Die Herren Malik und Mahmud waren Angestellte der beklagten Bank, welche aufgrund von illegalen Geschäften in die Brüche ging. Obwohl die beiden Mitarbeiter nachweislich unschuldig waren, verschlechterten sich aufgrund ihres „Stigmas" als ehemalige Angestellte einer korrupten Bank ihre Aussichten auf dem Arbeitsmarkt. In der Analyse dieses Urteils durch Lord Steyn hielt dieser richtigerweise

---

467 Wilson v. United Counties Bank Ltd. [1920] AC 102 (HL); Siehe dazu auch: *Burrows*, Remedies for Torts and Breach of Contract, S. 313 ff.

468 Anglo-Continental Holidays v. Tybaldos [1967] 111 S.J. 599 (C.A.); Ebenso in: Aerial Advertising Company v. Batchelors Peas Ltd [1938] All ER 788.

469 Foaminol Laboratories LTD v British Artid Plastics LTD [1941] 2 All E.R. 393.

470 Malik v. Bank of Credit and Mahmud v. Bank of Credit [1997] 3 WLR 95 (HL).

fest, dass die *Addis*-Regel keine Barriere für die Gewährung von Reputationsschäden darstellt. Die Richter in *Addis* legten nur fest, dass ein Schadensersatz allein basierend auf der Art und Weise der Kündigung dem zugrundeliegenden Recht widerspricht. Jedoch traf das Gericht keine eindeutige Aussage darüber, ob die Reputationsverletzung, sollte sie durch die Pflichtverletzung eingetreten sein und einen finanziellen Wert haben, über das Vertragsrecht ersatzfähig ist[471]:

> *„It is, however, far away from clear how far the ratio of Addis extends. [...] No Law Lord said that an employee may not recover financial loss for damage to his employment prospect caused by the breach of contract. And no Lord said that in breach of contract cases compensation for loss of reputation can never be awarded [...]". - Lord Steyn*

ff.) Kritische Entwicklung

Im Anbetracht der Entwicklung stellen weder die Fälle *Addis* noch *Withers* Hürden für einen Reputationsschadensersatz dar. Die stetige Öffnung des Schadensersatzrechts in diesem Bereich führt jedoch zu bedenklichen weitergehenden Rechtsfortbildungen.

Zum Teil wird von einigen Autoren sogar vertreten, dass ein Schadensersatz auch bei einem Nichtvermögensschaden möglich sein sollte.[472] Ergo ein Schadensersatz für die reine Reputationsschädigung. Dies wäre ein klarer Widerspruch zu den Entscheidungen *Groom v. Crocker*[473] oder *Foaminol Laboratories v. British Artid Plastics* [474], in denen festgehalten wurde, dass der finanzielle Wert der Reputation entscheidend für die Ersatzfähigkeit nach Vertragsrecht sei.

Des Weiteren kritisch bewertet werden muss der *Kpohraror v. Woolwich Building Society*-Rechtspruch[475].[476] In diesem Fall erweiterten der Spruchkörper die bereits schwer vertretbare Schadensvermutung aus *Rolin v. Steward* [477], die nur für Kaufleute gelten sollte, auch auf Nichtkaufleute. Die Richter begründeten dies damit, dass durch die Entwicklung der Gesellschaft nun auch Privatpersonen finanzielle Nachteile durch Beeinträchtigung ihrer Reputation erfahren können.

---

471 So auch in: Johnson v. Unisys LTD [2001] UKHL 13 (HL); *Enonchong*, MLR 1996, S. 593.
472 *Enonchong*, MLR 1996, S. 601 ff.
473 Groom v. Crocker [1939] 1 KB 194 (CA).
474 Foaminol Laboratories LTD v British Artid Plastics LTD [1941] 2 All E.R. 393.
475 Kpohraror v. Woolwich Building Society [1996] 4. All E.R. 199.
476 *Enonchong*, MLR 2003, S. 412 ff.
477 Siehe: S. 102 ff.

„It is abundantly clear, in my judgment, that history has changed the social factors which moulded the rule in the nineteenth century. It is not only a tradesman of whom it can be said that the refusal to meet his cheque is 'so obviously injurious to [his] credit' that he should 'recover, without allegation of special damage, reasonable compensation for the injury done to his credit. The credit rating of individuals is as important for their personal transactions, including mortgages and hire-purchase.".

Eine solche Vermutungsregelung vermag nur schwer zu überzeugen. Bei einem Kaufmann, dessen Glaubwürdigkeit im alltäglichen Handel von großer Bedeutung ist, lässt sie sich noch begründen. Diese jedoch auf Privatpersonen auszuweiten, erscheint mehr als fragwürdig. Beispielsweise kann ein negativer Schufa Eintrag („*credit rating of individuals*") unproblematisch im Nachhinein richtiggestellt werden, um nur eines der Argumente der Richter aufzugreifen.

gg.) Zusammenfassung

Die Historie des Common Law ist ein Musterbeispiel für die Problematik des Reputationsschadens, da oft der genaue Ersatzgegenstand falsch qualifiziert wird. Viele Rechtsanwender verwehren den Ersatz, da sie glauben, dass die geschädigte Partei dem Schädiger einen Strafschaden auferlegen will oder eine Art Kompensation für das körperliche/gesundheitliche Leid durch die Rufschädigung möchte. Auf Grundlage der falschen Qualifizierung ziehen sie dann aber den richtigen Schluss, dass solche Nichtvermögensschäden vom Vertragsrecht nicht umfasst sind, sondern allenfalls deliktsrechtliche Ansprüche darstellen.[478] Würden diese Verletzungen über einen vertraglichen Schadensersatz gedeckt, träte durchaus der negative Effekte ein, dass die Grenzen zwischen Delikts- und Vertragsrecht verschwimmen.

Die Richter im Common Law haben im Laufe der Zeit jedoch den richtigen Ersatzgegenstand identifiziert. Es wurde erkannt, dass Reputation in gewissen Fällen durchaus einen finanziellen Wert haben und daher eine Schädigung beim Anspruchsteller zu einem monetären Verlust führen kann.

Die Billigung eines Schadensersatzes für die Beschädigung einer geldwerten Reputation stellt einen fundamentalen Unterschied zu der Gewährung eines Ausgleichs für seelischen Unbill[479] durch beispielsweise Verleumdung dar. Bei Ersterem geht es um eine Kompensation für eine tatsächlich entstandene wirtschaftliche Einbuße und bei Letzterem wird entweder ein Strafschadensersatz („*punitive damages*") oder eine Wiedergutmachung für eine gesundheitliche

478 *McGregor*, McGregor on Damages, Rn. 5-011.

479 Im Commen Law oft bezeichnet als „injured feelings".

Schädigung („*injured feelings*") gewährt. Der Nichtvermögensschaden ist im Common Law nicht ausschließlich aber hauptsächlich durch das Deliktsrecht[480] gedeckt, so dass die Kompensation über das Vertragsrecht zu keiner Vermengung der Grenzen dieser beiden Systeme führt.[481] Dennoch wurden die beiden Posten fälschlicherweise oft einheitlich betrachtet, obgleich sie alleine von ihrer Natur nach unterschiedlich gehandhabt werden mussten, wobei es auch denkbar ist, dass eine Reputationsbeeinträchtigung neben dem finanziellen Verlust auch eine Verletzung an der Gesundheit zur Folge haben kann.[482]

Schließlich ist zu sagen, dass das die Prinzipien des Common Law den Reputationsschadensersatz vorsehen und die Urteile, welche vor *Malik* als Ausnahmen bezeichnet wurden, keine Ausnahmen, sondern nur die Konsequenz der richtigen Anwendung des vorliegenden Rechts waren.[483]

c.) Auswirkungen für das UN-Kaufrecht

Folglich spricht die Rechtshistorie des Common Law in Bezug auf Reputationsschäden im Rahmen von Art. 74 CISG für eine Inklusion von solchen in den Anwendungsbereich des Artikels. Nicht unterschlagen werden soll, dass im Common Law in vielen Fällen trotz Anerkennung der Doktrin kein Reputationsschadensersatz gewährt worden ist. Beispielweise scheiterten die Klagen daran, dass der Schaden für den Beklagten nicht vorhersehbar war oder die finanzielle Einbuße vom Geschädigten nicht nachgewiesen werden konnte. Gerade der erste Aspekt spielt auch im Bereich das UN-Kaufrechts eine große Rolle.[484]

6. Ergebnis und die Vereinbarkeit mit den Zielen des CISG

An dieser Stelle gilt es festzuhalten, dass alle Auslegungsmethoden – mit Einschränkung des Wortlauts, der keinen Mehrwert darstellt – zu dem Ergebnis führen, dass Reputationsschäden von Art. 74 CISG umfasst sind. Diese Interpretation muss aber gemäß Art. 7 Abs. 1 CISG mit den Zielen des Einheitsrechts in Einklang stehen. Das UN-Kaufrecht strebt an, den internationalen Handel zwischen Geschäftsleuten zu fördern, indem ein Gleichgewicht zwischen den

---

480 *McGregor*, McGregor on Damages, Rn. 5-015.

481 Die Befürchtung von Lord Hereford und Lord Atikins in: Addis v. Gramophone Co. Ltd [1909] AC 488 (HL).

482 Z.B: bei diffamierender Darstellung in der Presse.

483 So auch: *Enonchong*, MLR 1996, S. 595 ff.; *McGregor*, McGregor on Damages, Rn. 4-020.

484 Siehe: S. 84 ff.

Rechten und Pflichten des Käufers und Verkäufers geschaffen wird.[485] Auf die Frage, ob dafür die Gewährung von Reputationsschäden notwendig ist, kann die Antwort nur positiv ausfallen. Wie wichtig die Reputation in vielen Handelssektoren für die Unternehmen ist, wurde bereits mehrfach dargestellt.[486] Sollten das CISG und seine Anwender dieses Bedürfnis nach Rechtsschutz ignorieren – was nicht der Fall ist – würde man das Ziel, die Anwendung des Einheitsrechts fördern zu wollen, konterkarieren. Die erzielten Ergebnisse beschränken sich auf die Rechte des Käufers. Der Geldleistungsgläubiger kann keine Reputationsschädigung auf Grundlage von fehlender Kaufpreiszahlung geltend machen.[487]

II. Rechtstatsächlicher Umgang mit Reputationsschäden; Analyse der bisherigen Urteile

In der Rechtspraxis unterscheidet sich oftmals der dogmatische Ansatz von dem, was in Gerichten ausgeurteilt wird. In Hinblick auf die konkreten Anforderungen an einen Reputationsschaden lässt sich mangels der geringen Anzahl von zugänglichen Entscheidungen keine klare Linie innerhalb der Rechtsprechung ausmachen.[488] Obgleich die Ersatzfähigkeit grundsätzlich angenommen wird, divergieren u.a. die Anspruchsvoraussetzungen und das Beweismaß im Einzelfall. Nachfolgend werden verschiedene Urteile bzw. Schiedssprüche dargestellt und in Bezug auf ihre Besonderheit analysiert. Sie sind gegliedert nach ihrem Ausgang und innerhalb der Gruppen in chronologischer Reihenfolge.

1. Urteile & Schiedssprüche in denen Reputationsschäden gewährt wurden

a.) Finland [Court of First Instance Tampere 17.01.1997]

Stellvertretend für die Entscheidungen, in denen Reputationsschäden gewährt wurden, wird das Urteil des finnischen Court of First Instance (Gericht der

485 *Saidov*, Damage to business Reputation and Goodwill under the Vienna Sales Convention, S. 392.

486 Siehe u.a.: S. 28 ff.

487 MüKoHGB/*Mankowski*, Art. 74 CISG, Rn. 43.

488 Der Grund für die wenigen Urteile liegt einerseits darin, dass dieser Schadensposten (noch) selten geltend gemacht wird und wenn ist er anderseits oft Gegenstand von schiedsrechtlichen Verfahren, welche der Öffentlichkeit nicht zugänglich sind.

ersten Instanz) vorgestellt.[489] In diesem Fall machte der Verkäufer von Konservenspeisen gerichtlich den Anspruch auf Zahlung des Kaufpreises geltend.[490] Das beklagte finnische Unternehmen reagierte mit einer Widerklage, in welcher es u.a. eine Rufschädigung rügte. Das Gericht gab dem Beklagten Recht. Der Good-Will des Käufers sei durch die Schlechtlieferung feststellbar geschädigt. Dies ließe sich sowohl an dem stetigen Rückgang der Verkaufszahlen als auch an den Kosten der Reputationswiederherstellung(!) festmachen. Die Entscheidung des finnischen Gerichts ist zu begrüßen, da es den Reputationsschaden nicht eindimensional auf den entgangenen Gewinn reduzierte, sondern auch andere Indizien zur Beweiserhebung heranzog.

b.) Finland [Court of Appeal Helsinki 26.10.2000]

Ein weiteres Urteil aus Finnland soll Erwähnung finden.[491] In dieser Rechtssache hatte der District Court (Bezirksgericht) dem Käufer bereits einen Reputationsschadensersatz in Höhe von ungefähr 30.000 Sf[492] gewährt, obwohl der Käufer erst durch den Vertrag mit dem Verkäufer Eintritt in diesen Markt gefunden hat. Diese Entscheidung wurde vom Court of Appeal (Berufungsgericht) nochmals bestätigt. Entsprechend dieses Urteils ist es also nicht notwendig, dass der Käufer zu Beginn der Geschäftsbeziehungen eine Reputation mit Marktwert besitzt. Das Gericht ließ es ausreichen, dass im Laufe der Zeit eine solche entsteht und dies dem Verkäufer beim Vertragsschluss, dessen Leistungsausfall den Reputationsschaden begründet, auch bewusst war.

---

489 Ein anderer Fall in dem ein Reputationsschäden gewährt wurden: ICC Schiedsspruch v. 2003, 20030000, abrufbar unter: http://cisgw3.law.pace.edu/cases/031849i1.html, zuletzt aufgerufen am: 22.08.2018.

490 Tampere Court of First Instance [Finland] Urt. v. 17.01.1997, 95/11193, abrufbar unter: http://www.cisg.law.pace.edu/cisg/wais/db/cases2/970117f5.html, zuletzt aufgerufen am: 22.08.2018.

491 Court of Appeal Helsinki [Finland] Urt. v. 26.10.2000, S 00/82 abrufbar unter: http://cisgw3.law.pace.edu/cases/001026f5.html#ct, zuletzt aufgerufen am 22.08.2018.

492 Die genaue Summe kann dem Urteil nicht entnommen werden. Der Kläger hat neben anderen Ansprüchen einen Reputationsschaden in Höhe von 30.000 Sf geltend gemacht. Das Gericht gewährte dem Geschädigten insgesamt eine Summe von 70.000 Sf.

2. *Urteile & Schiedssprüche in denen Reputationsschäden versagt wurden*

Die meisten Verfahren, welche den Reputationsschaden zum Gegenstand haben, scheitern daran, dass der Anspruchsteller den finanziellen Schaden nicht substantiiert darlegen kann[493], wobei dies nicht der einzige Versagungsgrund ist.

a.) Frankreich [District Court 19.01.1998]

So z.B. in einem vor dem französischen District Court entschiedenen Fall.[494] Der Leiter eines in der Schweiz ansässigen Judos-Klubs machte Schadenersatzansprüche gegen einen französischen Sportkleidunghersteller geltend, da die bestellten Judoanzüge beim Waschen über das Normalmaß hinaus eingingen. Interessanterweise führte der Beklagte in seiner Verteidigung an, dass der Kläger keine Schäden an seinem Ruf geltend machen könne, da er keine Reputation mit Marktwert besitze. Zu diesem Ergebnis kam auch das Gericht, welches den Anspruch verwehrte. Ein solcher Einwand kann durchaus seine Berechtigung haben, da es vorgelagert zur Frage einer Beeinträchtigung immer zu prüfen gilt, ob dem Ruf des Anspruchstellers überhaupt ein Vermögenswert zugesprochen werden kann.

---

493 Siehe dazu auch: CIETAC [China] Schiedsspruch v. 05.08.1995, abrufbar unter: http://cisgw3.law.pace.edu/cases/950805c1.html, zuletzt aufgerufen am: 22.08.2018; Audencia Provincial de Barcelona [Spanien] Urteil v. 20.06.1997, abrufbar unter: http://www.unilex.info/case.cfm?pid=1&do=case&id=314&step=FullText, zuletzt aufgerufen am: 22.08.2018; Handelsgericht des Kanton Zürich [Schweiz] Urt. v. 10.02.1999, HG 970238.1, abrufbar unter: http://globalsaleslaw.org/content/api/cisg/urteile/488.htm, aufgerufen am: 22.08.2018; Appellate Court Grenoble [Frankreich] Urt. v. 21.10.1999, 97/03974, abrufbar unter: http://cisgw3.law.pace.edu/cases/991021f1.html, zuletzt aufgerufen am: 22.08.2018. LG Göttingen [Deutschland] Urt. v. 20.09.2002, 7 O 43/01, abrufbar unter: http://cisgw3.law.pace.edu/cases/020920g1.html, zuletzt aufgerufen am: 22.08.2018; District Court Kortrijk [Belgien] Urt. v. 04.06.2004, AR 21 36/2003, abrufbar unter: http://cisgw3.law.pace.edu/cases/040604b1.html, zuletzt aufgerufen am: 22.08.2018.

494 District Court de Besançon [Frankreich] Urt. v. 19.01.1998, 97 0092265, abrufbar unter: http://cisgw3.law.pace.edu/cases/980119f1.html, zuletzt aufgerufen am: 22.08.2018.

b.) Russland [Tribunal of International Commercial Arbitration at the Russian Federation Chamber of Commerce 24.01.2000]

Einer komplizierten Rechtsfrage sahen sich die Schiedsrichter im vorliegenden Fall gegenüber.[495]Der Käufer machte nicht die Beeinträchtigung der eigenen Reputation durch die Schlechtlieferung des Verkäufers geltend, sondern er bemängelte den Reputationsverlust der Ware während eines Sukzessivlieferungsverhältnisses. Zwischen den Parteien bestand ein Vertrag über die Lieferung von Ware in zwei Chargen. Die erste Lieferung wies dabei erhebliche Mängel auf; dennoch war der Käufer in der Lage die Produkte an seine Endabnehmer zu veräußern, indem er den Verkaufspreis minderte. Obgleich die zweite Lieferung objektiv mangelfrei war, führte die Rufschädigung der ersten – laut dem Käufer – dazu, dass letztere sich ebenfalls nur unter erhöhtem Zeitaufwand und Preissenkung verkaufen ließ. Der Käufer wollte in Hinblick auf beide Lieferungen seinen Schaden kompensiert wissen. Das Gericht lehnte den Anspruch in Bezug auf die zweite Lieferung jedoch ab, obwohl er grundsätzlich einen entgangenen Gewinn durch Reputationsverlust der Ware unter den Anwendungsbereich von Art. 74 CISG subsumierte.[496] Erstens sei der Zusammenhang zwischen der Vertragsverletzung und dem Schadenseintritt nicht angemessen nachgewiesen worden und zweitens sahen sie Probleme mit der Vorhersehbarkeit des Schadens.

Interessant an diesem Fall bezüglich der Reputationsschädigung ist die Unterscheidung, welche der Beklagte trifft. Die Fehlerhaftigkeit der ersten Ware beruhe auf einer objektiven Qualitätsabweichung, wohingegen die zweite Lieferung objektiv – rein auf Materialien und Herstellungsprozess beschränkt – einwandfrei war, aber aufgrund der Rufschädigung, dennoch einen geminderten Marktwert hatte. Der Kläger trägt gewissermaßen vor, dass der Sachmangel bzw. die Pflichtverletzung darin bestand, dass die Ware nicht mehr die Reputation besaß, welche sie zum Zeitpunkt des Vertragsschlusses hatte. Ergo sei der Ruf der Ware ein Faktor, der direkten Einfluss auf die Veräußerungsmöglichkeit und damit indirekt auf sein aktuelles Vermögen habe.[497] Und indem das Gericht

---

495 Tribunal of International Commercial Arbitration at the Russian Federation Chamber of Commerce [Russland] Schiedsspruch v. 24.01.2000, mit Kommentar abrufbar unter: http://www.unilex.info/case.cfm?pid=1&do=case&id=841&step=FullText, zuletzt aufgerufen am: 22.08.2018.

496 Wortlaut: „The Rules stiupulated by Article 74 [...], are fully applicable to the claim for loss of profit caused by the sale of the second instalment of the goods under lower prices due to infliction of damage upon the reputation of the goods in the market as a result of the non-conforming quality of the same goods in the first instalment.".

497 *Brölsch*, Schadensersatz und CISG, S. 67.

festhielt, dass ein solcher Schaden grundsätzlich über Art. 74 CISG ersatzfähig sein kann, bemisst es der Reputation einen Marktwert zu.

c.) Deutschland [LG Darmstadt 09.05.2000]

Diese Entscheidung ist ein oft zitiertes Urteil hinsichtlich Art. 74 CISG, da es sich mit der Frage des Verhältnisses zwischen Reputationsschäden und entgangenem Gewinn auseinandersetzt.[498]

Das LG entschied, dass es nicht möglich sei, Umsatzeinbußen auf der einen Seite als entgangenen Gewinn und zusätzlich den Reputationsverlust auf der anderen Seite gelten zu machen. Zudem sei ein Reputationsverlust nicht signifikant, solange er nicht in Umsatzeinbußen resultiere.[499] Eine Firma betrachte immer nur die finanziellen Aspekte und solange diese stimmten, spiele die Reputation keine Rolle. Der Käufer könne im vorliegenden Fall nicht seine exakten(!) Verluste nachweisen und damit auch keinen Schaden an seinem Ruf. Die reine Behauptung vom Hörensagen des Kundenverlustes sei unzureichend.

Dieser Ansicht kann nicht gefolgt werden. Die Reputation ist nicht erst dann signifikant beschädigt, wenn der Schaden sich in einem Gewinneinbruch niederschlägt.[500] Dieser Ansatz und ließe die Bedeutung des Unternehmensruf vollkommen unberücksichtigt. Obschon beispielsweise der entgangene Gewinn ein starker Indikator für den Eintritt eines Good-Will Schadens sein kann, stellt dieser nicht einzige Manifestationsform dar. So kann er sich z.B. durch die Prognose von schlechteren Verkaufszahlen für die Zukunft, verminderten Chancen bei der Anwerbung von neuem Personal, eine schwächere Position bei Verhandlungen mit Zulieferern oder durch Einbruch des Aktienkurses offenbaren. All dies sind Indizien dafür, dass die Reputation beeinträchtig ist und daher ein Vermögensverlust bestehen kann. Es scheint, als ob das Landgericht Darmstadt diesen Umstand zu wenig berücksichtigt und die Relevanz von Reputationsschäden auf den entgangenen Gewinn reduziert. Inwieweit es diese Posten voneinander trennt, wird nicht deutlich. Dennoch warnt es davor, beide parallel zu gewähren, da ansonsten eine Überkompensation des Geschädigten drohe. Ferner vermag insbesondere nicht das vom Gericht verlangte Beweismaß zu überzeugen.

---

498 LG Darmstadt Urt. v. 09.05.2000, 10 O 72/00, abrufbar unter: http://cisgw3.law.pace.edu/cisg/text/000509g1german.html, zuletzt aufgerufen am: 22.08.2018.

499 Ähnlich entschied: Appellate Court Grenoble [Frankreich] Urt. v. 21.10.1999, 97/03974, abrufbar unter: http://cisgw3.law.pace.edu/cases/991021f1.html, zuletzt aufgerufen am: 22.08.2018.

500 Dieser Ansicht auch: *Liebster*, in: FS Schwenzer, S. 1032.

Augenscheinlich erscheint es unbillig, vom Kläger zu erwarten, den Schaden exakt beziffern zu können.

d.) Deutschland [LG München 30.08.2001]

Das wohl kritischste Urteil in Bezug auf Reputationsschädigung im Rahmen des CISG hat das LG München erlassen.[501] In diesem Fall hat der Beklagte Weinhändler einen Verlust von Kunden infolge der Schlechtlieferung des Klägers geltend gemacht. Das Gericht entschied ohne nähere Begründung, dass der Rückgang von Endabnehmern durch mangelhafte Lieferung keinen unmittelbaren(!) Vermögensverlust durch Vertragsverletzung des Klägers darstelle.[502] Diese Feststellung ist dogmatisch bedenklich! Richtig ist zwar, dass der Vermögensverlust infolge der Vertragsverletzung entstanden sein muss, aber es besteht kein Unmittelbarkeitserfordernis.[503] Die Konsequenz einer solchen Handhabung wäre eine Exklusion von Reputationsschäden aus dem Haftungsumfang von Art. 74 CISG.[504]

e.) Australien [Supreme Court of Western Australia 17.01.2003]

Dieses Verfahren zeigt ein schwerwiegendes Problem der Bemessung bzw. der Beweislast von Reputationsschäden.[505] Im *Fall Ginza v. Vista Corporation Pty Ltd* machten die Beklagten in Form einer Widerklage einen Reputationsschaden geltend. Nur eine der Parteien (Vista) bezifferte ihn auf einen Betrag zwischen 158.000 AU$ und 178.000 AU$. Um die Höhe des Schadens festzustellen, beauftragte das Unternehmen Vista einen Sachverständigen. Die Argumentation des Sachverständigen wurde vom Gericht auf der Grundlage mehrerer Aspekte in Zweifel gezogen. Zum einen beruhe die Einschätzung des Experten primär auf den Informationen, welche dieser vom betroffenen Unternehmen erhalten habe.

---

501 LG München Urt. v. 30.08.2001 – 12 HKO 5593/01, abrufbar unter: http://www.globalsaleslaw.org/content/api/cisg/display.cfm?test=668, zuletzt aufgerufen am: 22.08.2018.

502 Genauer Wortlaut: „Umsatzeinbußen durch den „Verlust“ von Kunden, die infolge mangelhafter Lieferung keine Bestellungen mehr getätigt haben, stellen keine – unmittelbar – infolge einer Vertragsverletzung der Klägerin entstandenen Vermögensverlust im Sinne des § .74 CISG dar. Im Übrigen hat der Beklagte insoweit auch keine Tatsachen vorgetragen.“.

503 MüKoBGB/m*Huber*, Art. 74 CISG, Rn. 20; Staudinger/*Magnus*, Art. 74 CISG, Rn. 29.

504 Ebenfalls kritisch dazu: *Liebster*, in: FS Schwenzer, S. 1033.

505 Ginza Pte Ltd v. Vista Corporation Pty Ltd consolidated with Kontack Pty Ltd v. Ginza Pte Ltd [2003] WASC 11, abrufbar unter: http://cisgw3.law.pace.edu/cases/030117a2.html, zuletzt aufgerufen am: 22.08.2018.

Die fehlende Kompetenz des Sachverständigen zeige sich bereits daran, dass er den Marktanteil von Vista auf 10 % einschätzte, obwohl dies, wie sich später herausstellte, nur auf der Aussage eines Mitarbeiters des Geschädigten beruhte. Im Kreuzverhör von eben jenem eröffnet dieser, dass Vista nur 2 % Marktanteil besitze.

Zusätzlich scheiterte die Klage auf materieller Ebene daran, dass keine Pflichtverletzung vorlag, da der Beklagte keinen Anspruch auf Lieferung weiterer Produkte hatte und er das Ausbleiben weiterer Lieferungen als Umstand seiner Reputationsschädigung anführte. Dieser Fall verdeutlicht nicht nur das Problem der Nachweisbarkeit von Reputationsschäden und die Angreifbarkeit von Expertenaussagen, sondern auch die Gefahr einer rechtsmissbräuchlichen Nutzung mit dem Ziel des Käufers, eigene unternehmerische Risiken dem Verkäufer aufzubürden.

f.) Belgien [Appellate Court Gent 10.05.2004]

An diesem Rechtsspruch werden zwei essentielle Aspekte deutlich.[506] Zum einen beschreibt der Geschädigte in seiner Klageschrift ziemlich detailliert die verschiedenen Facetten seiner Rufschädigung. Zum anderen zeigt die Entscheidung, dass Reduktionklauseln durchaus geeignet sind, um die Gefahren einer missbräuchlichen Ausübung von Reputationsschäden zu vermeiden.

Der Kläger, ein französischer Unternehmer, machte Schadensersatz auf Grundlage einer Schlechtlieferung geltend. Der Beklagte hatte nichtvertragskonforme Frischhaltefolie geliefert. Diese Lieferung führte laut dem Geschädigten u.a. zu einer weitreichenden Rufschädigung. Er führte an, dass die Wiederherstellung der Reputation über 5 Jahre andauerte und er wegen des Vertragsbruches viele andere Produkte seiner Reihe ebenfalls nicht verkaufen konnte. Ferner seien aufgrund von „Mund zu Mund Propaganda“ viele potentielle Kunden verloren gegangen. Die Umsatzeinbuße („*slump in sales*“) inklusive Reputationsschädigung betrage 239,153.00 €. Das Gericht verweigerte dem Geschädigten den Anspruch hinsichtlich der Reputationsschädigung. Dieser sei seiner Schadensminderungsobliegenheit gemäß Art. 77 CISG nicht nachgekommen. Aufgrund seiner empfindlichen Beziehung zu seinen Kunden hätte er die Notwendigkeit eines Deckungskaufs („*cover purchase*“) erkennen müssen. Der Ersatz sei daher limitierten durch die Möglichkeit des Käufers einen Deckungskauf

506 Appellate Court (Hof van Hoger Beroep) Gent [Belgien] Urt. v. 10.05.2004, [2003/AR/2026], abrufbar unter: http://cisgw3.law.pace.edu/cases/040510b1.html, zuletzt aufgerufen am: 22.08.2018.

zu tätigen. Das Gericht nahm im konkreten Fall an, dass der Geschädigte genug Kapital hatte jeglichen Schaden zu vermeiden. Ferner habe der Kläger den Schaden auch nicht substantiiert dargelegt, so dass der Anspruch in zweierlei Hinsicht scheiterte.

3. Sonstige relevante Urteile hinsichtlich Reputationsschäden außerhalb des Anwendungsbereichs vom CISG

a.) Vereinigten Staaten [Court of Appeal 23.03.2005]

Ein sehr interessanter Fall in Hinblick auf Reputationsschäden lag dem Court of Appeal Minnesota (Berufungsgericht) der Vereinigten Staaten vor.[507] Das dem Fall zugrundeliegende Recht war nicht das CISG, sondern das Bundestaatenrecht von Minnesota. Dennoch kann diese Entscheidung zur wissenschaftlichen Auseinandersetzung mit Reputationsschäden beitragen, da die Richter sich ausführlich mit den Voraussetzungen des Beweismaßes auseinandersetzten. Die streitenden Parteien waren auf Klägerseite Marvin Windows, ein Hersteller von Holztüren und Fenstern, und auf Beklagtenseite PPG Industries, ein Zulieferer von Holzschutzmitteln. Der Anspruchsteller machte einen Schadensersatz gelten, da das Holzschutzmittel des Beklagten nicht die vereinbarte Qualität aufgewiesen habe. Der Mangel führte angeblich dazu, dass die Produkte frühzeitig faulten und schlussendlich verdarben. Auf Grundlage des Mangels sei dem Kläger u.a. ein Reputationsschaden entstanden. Der District Court als Vorinstanz gewährte einen Good-Will Schaden in Höhe von 30.000.000 US$. Der Beklagte ging in Berufung unter Anführung dreier Gründe. Erstens sei der Reputationsschaden nicht hinreichend bewiesen worden. Zweitens führe die Gewährung eines Reputationsschadens zusätzlich zu dem eines Ersatzes für den Verlust zukünftiger Gewinne zu einer Zweifachkompensation. Dafür spreche, dass beide Posten auf Grundlage derselben Beweise gewährt worden seien. Und drittens sei der Anspruch der Jury vorgetragen worden ohne ordnungsgemäße Meldung des Beklagten. Trotz dieser Einwände bestätigte der in diesem Falle letztinstanzliche Court of Appeal (Berufungsgericht) das Urteil des District Courts.

Ausgangspunkt der Überlegung des Gerichts war der Grundsatz: Reputationsschäden sind oftmals schwer zu quantifizieren („*Reputational damages are often difficult to quantify*").[508] Daher könne keine Berechnung mit mathematischer

507 Marvin Lumber and Cedar Company; Marvin Windows of Tennessee, Inc. v. PPG Industries, INC [2005] Nos. 02-2833, 02-2869.

508 Diesen Grundsatz leiteten die Richter aus einem vorangegangenen Urteil ab: Porous Media Corp. v. Pall Corp. [1999] 173 F.3d 1109, 1122 n.12.

Präzision erwartet werden. Dem Kläger sei es in diesem Fall durch nachvollziehbare Indizienführung gelungen, den Reputationsschaden überzeugend („*persuasive and compelling*") zu substantiieren. Der Anspruchsteller habe glaubwürdig vorgetragen, wie immanent das hohe Ansehen als Premiumhändler für den finanziellen Erfolg sei, indem sogar Marktgegner dies verifizierten. Außerdem beklagte er einen Einbruch seiner liquiden Mittel von ca. 40.000.000 US$ innerhalb von vier Jahren (von 75.880.369 US$ hin zu 34.989.949 US$) seit dem schädigenden Ereignis. Ein weiteres Indiz sei die verschlechterte Marktstellung, die sich u.a. durch den Rückgang seiner Kreditwürdigkeit manifestiert haben soll.

Im Ergebnis zeigt dieser Fall die verschiedenen Facetten einer Rufschädigung, welche sich gerade nicht auf entgangenen Gewinn reduzieren lassen. Außerdem spiegelt die Höhe des gewährten Schadensersatzes die wirtschaftliche Tragweite einer Reputation wider. All dieser eher faktischen Erkenntnisse sind auch für Rechtsanwender des CISG zu bedenken. Kritisch bewertet werden muss aber die Aussage des Anwalts der Klägerseite, welcher der Jury kommunizierte, Reputationsschäden seien etwas für dessen Verständnis der Einzelne auf sein Bauchgefühl vertrauen müsse, um sie zu verstehen („[good will damages are] *something that you just have to go into your tummy and get*"). Dies konterkariert den wirtschaftswissenschaftlichen Ansatz, welcher der Reputation einen objektiven Finanzwert zumisst und damit den Grund für die Ersatzfähigkeit nach der Totalreparation darstellt.

b.) Mexiko [Centro de Arbitraje de Mexico 30.11.2006]

Das zugrunde liegende Recht in dem Fall vor dem mexikanischen Schiedsinstitut war nicht das CISG, sondern die UPICC.[509] Erwähnenswert ist der Umstand, dass die Schiedsrichter den Reputationsschaden i.S.d. Art. 7.4.2 Abs. 1 UPICC nicht als Vermögensschaden qualifizierten, sondern unter Art. 7.4.2 Abs. 2 UPICC subsumierten. Dies erinnert an die Rechtshistorie im Common Law, in welcher der geltend gemachte Schadensposten ebenfalls (Rufschädigung als Vermögensverlust) fälschlicherweise oftmals als eine Form von Schmerzensgeld kategorisiert und deshalb versagt wurde.[510] Dieser Umstand sollte auch einem Anspruchssteller eines Reputationsschadens nach Art. 74 CISG bewusst sein. Er ist lediglich in der Lage den Anspruch auf einen Vermögensschaden zu stützen.

509 Centro de Arbitraje de Mexico [Mexiko] Schiedsspruch v. 30.11.2006, abrufbar unter: http://www.unilex.info/case.cfm?pid=1&do=case&id=1149&step=FullText, zuletzt aufgerufen am: 22.08.2018.

510 Siehe: S. 102 ff.

4. *Ergebnis*

Durch die Auflistung der Urteile sollte zum einen bezweckt werden die Relevanz von Reputationsschaden in der Rechtspraxis zu verdeutlichen. Und zum anderen, dass viele der hier eher dogmatisch skizzierten Probleme sich in den Erwägungsgründen der Entscheidungen wiederfinden lassen.

So zeigt sich an vielen Urteilen wie z.B. Urteil des Centro de Arbitraje de Mexico[511] oder dem des LG Darmstadt[512], dass es den Gerichten schwerfällt den Reputationsschaden tatsächlich und rechtlich zu fassen, da Abgrenzungsschwierigkeiten zum entgangenen Gewinn und zum Schmerzensgeld entstehen. Positiv hervorgehoben werden sollen die finnischen Gerichte[513], die dem Konzept des Reputationsschaden sehr offen gegenüberstehen und bereits vielen der hier dargestellten Bedenken Rechnung getragen haben.

Insbesondere lässt sich aus dem Querschnitt der Urteile und Schiedssprüche aber erkennen, dass eine Vielzahl von Ansprüchen am Nachweis des Schadenseintritts scheitern.

III. Beweisfrage

Damit ist ein zentraler Aspekt des Reputationsschadens die Beweisfrage im Rahmen von Art. 74 CISG. Diese lässt sich unterteilen in die Beweislast („*burden of proof*") und das Beweismaß („*level of proof*"). Ersteres bestimmt, welche Prozesspartei die Obliegenheit trägt, für ihre strittige Behauptung den Beweis erbringen zu müssen (subjektive Beweislast). Im Fall des Misslingens oder des Entstehens einer *non-liquet*-Situation[514] wird eine Entscheidung zu ihren Ungunsten

511 Centro de Arbitraje de Mexico [Mexiko] Schiedsspruch v. 30.11.2006, abrufbar unter: http://www.unilex.info/case.cfm?pid=1&do=case&id=1149&step=FullText, zuletzt aufgerufen am: 22.08.2018.

512 LG Darmstadt Urt. v. 09.05.2000, 10 O 72/00, abrufbar unter: http://cisgw3.law.pace.edu/cisg/text/000509g1german.html, zuletzt aufgerufen am: 22.08.2018.

513 Court of Appeal Helsinki [Finland] Urt. v. 26.10.2000, S 00/82 abrufbar unter: http://cisgw3.law.pace.edu/cases/001026f5.html#ct, zuletzt aufgerufen am 22.08.2018; Tampere Court of First Instance [Finland] Urt. v. 17.01.1997, 95/11193, abrufbar unter: http://www.cisg.law.pace.edu/cisg/wais/db/cases2/970117f5.html, zuletzt aufgerufen am: 22.08.2018.

514 Eine Situation, in der die Beweislage zu keinem dem Beweismaß entsprechendem Ergebnis führt. Ergo nach Beweiserhebung ist das Gericht, weder überzeugt vom Vorliegen der entscheidungserheblichen Tatsachen, noch kann es gegenteiliges feststellen.

getroffen (objektive Beweislast).[515] Das Beweismaß bestimmt den Grad bzw. die Anforderung an die Nachweispflicht. Es legt somit fest, ab wann vortragende Parteien diese hinreichend erfüllt haben (Substantiierungslast).

Im UN-Kaufrecht wurde bereits während des Entstehungsprozesses streitig über die Fragen der Beweispflicht diskutiert. Obgleich mittlerweile die Beweislast nach der hiesigen Meinung zwar nicht ausdrücklich, aber zumindest indirekt durch das CISG mitgeregelt wird[516], gilt dies nicht für die Vorhersehbarkeit bei Art. 74 CISG und der grundsätzlichen Frage des Beweismaßes.[517]

1. Beweislast für Vorhersehbarkeit

In Bezug auf die Beweislast bei der Vorhersehbarkeit von Art. 74 CISG erlaubt die grammatikalische Auslegung zwei Verständnis- bzw. Lesemöglichkeiten.[518] Zum einen als positive Tatbestandvoraussetzung des Art. 74 CISG, indem der Artikel bzw. beide Sätze als Einheit verstanden werden (Regel). Dann wäre die konsequente Lösung nach dem Regel-Ausnahme-Prinzip, dass der Anspruchssteller die Nachweispflicht trägt, weil die Vorhersehbarkeitsregel als zusätzliche Anspruchsvoraussetzung verstanden werden muss. Zum anderen bietet sich eine getrennte Betrachtungsweise beider Sätze an. Isoliert gelesen ist es durchaus schlüssig, die Vorhersehbarkeitsregel als Entlastungstatbestand zu Gunsten des Schuldners zu verstehen. Dann wäre sie als Haftungsausschlussgrund zu qualifizieren und damit trage der Schädiger die Nachweispflicht (Ausnahme). Die Ausgestaltung der Norm lässt keine zwingenden Rückschlüsse bezüglich eines endgültigen Auslegungsergebnisses zu, so dass in Rechtsprechung und Literatur für eine jeweilige Qualifizierung verschiedene Argumente vorgebracht werden.

---

515 *Müller*, Ausgewählte Fragen der Beweislastverteilung im UN-Kaufrecht im Lichte der aktuellen Rechtsprechung, S. 5.

516 OLG Zweibrücken Urt. v. 31.03.1998, 8 U 46/97, abrufbar unter: http://www.globalsaleslaw.org/content/api/cisg/display.cfm?test=481, zuletzt aufgerufen am: 22.08.2018; Bundesgericht [Schweiz] Urt. v. 13.11.2003, 4C.198/2003, abrufbar unter: http://www.globalsaleslaw.org/content/api/cisg/urteile/840.pdf, zuletzt aufgerufen am: 22.08.2018; *Herber/Czerwenka*, Internationales Kaufrecht Kommentar, Art. 4 CISG, Rn. 13; *Loewe*, Internationales Kaufrecht, Art. 74 CISG, S. 92; MüKoHGB/*Mankowski*, Art. 74 CISG, Rn. 46; a.A. dargestellt in: *Imberg*, Die Verteilung der Beweislast beim Gefahrenübergang nach UN-Kaufrecht, S. 18 f.

517 Schlechtriem/Schwenzer/*Schwenzer*, Art. 74 CISG, Rn. 64;

518 Genaueres zu den Voraussetzungen der Vorhersehbarkeit, siehe: S. 53 ff.

a.) Beweislast obliegt dem Gläubiger

Entsprechend der ersten Interpretationsmöglichkeit treten viele dafür ein, die Beweislast dem Gläubiger[519] aufzuerlegen.

Dies ergebe sich systematisch aus dem Umkehrschluss („*per argumentum e contrario*“) von Art. 79 Abs. 1 CISG, der als Haftungsausschlussgrund die Beweislast – ganz im Sinne des Regel-Ausnahme-Prinzips – explizit („*A party is not liable for a failure to perform any of his obligations if he(!) proves*“) dem Schuldner auferlegt. Mangels eines solchen Verweises bei Art. 74 S. 2 CISG lasse sich schließen, dass es sich dabei eben nicht um einen Entlastungstatbestand handele, sondern um eine positive Tatbestandsvoraussetzung, welche dann vom Anspruchssteller zu beweisen sei.

Historisch spreche die Nähe zur „contemplation-rule“, welche bei der Schaffung der Vorhersehbarkeit als Vorbild diente, für eine solche Handhabung.[520] Sie gelte in den meisten Rechtskreisen, in denen sie Anwendung findet, als Tatbestandsvoraussetzung und sei damit vom Gläubiger nachzuweisen[521]; Gleiches lasse sich für viele andere vergleichbare Ausformungen der Vorhersehbarkeitsregel weltweit feststellen.[522]

Ferner bezwecke („*Telos*“) Art. 74 S. 2 CISG die Ausgrenzung atypischer Schäden. Dem Schuldner die Last aufzuerlegen, einen atypischen Schaden nachzuweisen, sei wiedersinnig.[523] *Müller* geht in seiner Abhandlung sogar noch weiter und qualifiziert dieses Unterfangen als unmöglich. Zum einen sei die Erbringung eines Negativbeweises (Vorliegen eines atypischen Schadens) viel

---

519 OLG Zweibrücken Urt. v. 31.03.1998, 8 U 46/97, abrufbar unter: http://www.globalsaleslaw.org/content/api/cisg/display.cfm?test=481, zuletzt aufgerufen am: 22.08.2018; OLG Bamberg Urt. 13.01.1999, 3 U 83/98, abrufbar unter: http://www.globalsaleslaw.org/content/api/cisg/display.cfm?test=516, zuletzt aufgerufen am: 22.08.2018; Tribunal di Vigevano [Italien] Urt. 12.07.2000, n. 405, abrufbar unter: http://www.globalsaleslaw.org/content/api/cisg/display.cfm?test=493, zuletzt aufgerufen am: 22.08.2018; Bianca/Bonell/*Knapp*, Art. 74 CISG, Rn. 2.8.; MüKoBGB/*Huber*, Art. 74 CISG, Rn. 59; *Schlechtriem*/*Schroeter*, Internationales UN-Kaufrecht, Rn. 698 f; Witz/Salger/Lorenz/*Witz*, Art. 74 CISG, Rn. 40.

520 *Schlechtriem*/*Schroeter*, Internationales UN-Kaufrecht, Rn. 698; mehr zur „contemplation-rule“, siehe: S. 53 ff.

521 *Müller*, Ausgewählte Fragen der Beweislastverteilung im UN-Kaufrecht im Lichte der aktuellen Rechtsprechung, S. 152.

522 *Schwenzer*/*Hachem*/*Kee*, Global Sales and Contract Law, Rn. 44.323.

523 *Müller*, Ausgewählte Fragen der Beweislastverteilung im UN-Kaufrecht im Lichte der aktuellen Rechtsprechung, S. 152; Witz/Salger/Lorenz/*Witz*, Art. 74 CISG, Rn. 40.

schwieriger als die eines Positivbeweises (Vorliegen eines zu erwartenden Schadens). Zum anderen lägen die Beweismittel viel eher in der Sphäre des Gläubigers. [524] Daher sei es nur schlüssig, dass auch dieser die Beweislast tragen müsse.

Zum Schutz des Gläubigers solle jedoch eine Beweiserleichterung im Rahmen bestimmter Fallgruppen – insbesondere bei Mangelfolgeschäden – nicht ausgeschlossen sein.[525] Einige Autoren plädieren weitergehend dafür, den Geschädigten grundsätzlich von der Beweispflicht zu entbinden bzw. das Vorliegen regelmäßig zu vermuten und nur in Fällen von außergewöhnlichen Schäden oder besonderen risikoerhöhenden Umständen wirklich den tatsächlichen Nachweis einzufordern.[526] Dies liege nahe, da der Wortlaut von Art. 74 S. S CISG nicht ein Nachweis für die tatsächliche(!) Kenntnis des Schuldners erfordere, sondern nur verlange, dass dieser (der Schuldner) unter Berücksichtigung der Umstände, die er kannte oder hätte kennen müssen, den Schaden hätte voraussehen können.[527] Daher sei ein strikter Beweis nur in Ausnahmefällen notwendig.

b.) Beweislast obliegt dem Schuldner

Andere wiederum vertreten die Auffassung, die Beweislast dem Schädiger aufzuerlegen.[528] Zunächst spreche der Wortlaut dafür, da die negative Formulierung suggeriere („*darf den Verlust nicht übersteigen*“, positiv formuliert müsste es heißen „*umfasst alle Verluste*“), dass es sich hierbei um eine Entlastungsvorschrift handele (Ausnahme).

Systematisch verweisen sie interessanterweise, wie die Gegenansicht, ebenfalls auf den Wortlaut und die Ratio von Art. 79 Abs. 1 CISG, um ihren Standpunkt zu untermauern.[529] Die Vorhersehbarkeit sei, wie dieser Artikel, ein grundlegendes Prinzip im Bereich der Haftungsbefreiung. Art. 79 Abs. 1 CISG postuliere konform mit dem Regel-Ausnahme-Modell, dass der Nachweis für

---

524 *Müller*, Ausgewählte Fragen der Beweislastverteilung im UN-Kaufrecht im Lichte der aktuellen Rechtsprechung, S. 152.

525 Schlechtriem/Schwenzer/*Schwenzer*, Art. 74 CISG Rn. 64.

526 *Brunner*, UN-Kaufrecht-CISG, Art. 74 CISG Rn. 58; Honsell/*Schönle/Th.Koller*, Art. 74 CISG, Rn. 47.

527 Honsell/*Schönle/Th.Koller*, Art. 74 CISG, Rn. 47.

528 AG München Urt. v. 23.06.1995, 271 C 18968/94 abrufbar unter: http://www.globalsaleslaw.org/content/api/cisg/display.cfm?test=368, zuletzt aufgerufen am: 22.08.2018; *Henninger*, Die Frage der Beweislast im Rahmen des UN-Kaufrechts, S. 247 f.; *Herber/Czerwenka*, Internationales Kaufrecht Kommentar, Art. 74 CISG, Rn. 13; Staudinger/*Magnus*, Art. 74 CISG, Rn. 62; *Piltz*, Internationales Kaufrecht, Rn. 5-544.

529 *Henninger*, Die Frage der Beweislast im Rahmen des UN-Kaufrechts, S. 247 f.

den befreienden Umstand vom Schuldner erbracht werden müsse. Dieses allgemeingültige Prinzip müsse somit auch für alle weiteren Entlastungstatbestände gelten.

Neuere Literatur bezieht sich ferner auf die sachliche Nähe zu Art. 77 CISG.[530] Beides seien Konzeptionen der teilweisen bzw. vollständigen Haftungsbefreiung und müssten daher dogmatisch gleich verstanden werden. In Bezug auf Art. 77 CISG wird einhellig die Beweislast dem Schuldner auferlegt[531], obwohl der Wortlaut, anders als in Art. 79 Abs. 1 CISG, dies nicht explizit vorschreibt. Damit habe die ausdrückliche Erwähnung in Art. 79 Abs. 1 CISG nur deklaratorische Funktion.

Nach *Magnus* könne es jedoch zu einer Beweislastverschiebung bzw. Verteilung kommen, wenn der Gläubiger geltend mache, der Schuldner habe positive Kenntnis von risikoerhöhenden Umständen. Dies müsse er nachweisen.[532]

c.) Ergebnis

Gänzlich vermag keine der beiden Rechtsauffassungen zu überzeugen. Kein ratsamer Ansatz ist es jedoch, diese Frage weiterhin offen zu lassen und somit den nationalen Gerichten einen Entscheidungsspielraum zu gewähren. Die Frage der Beweislast würde sich dann durch die nationale Prägung des Richters bestimmen. Dies konterkariert das Prinzip der einheitlichen Anwendung sowie der Totalreparation – vergleichbar mit den Problemen beim Beweismaß –.[533]

Eine klare Positionierung ist insbesondere im Hinblick auf Reputationsschäden wünschenswert, da solche, in aller Voraussicht, von vielen Richtern gerade als atypischer Schaden qualifiziert werden. Es ist davon auszugehen, dass die Erfolgschancen eines Reputationsschadensersatzes deutlich steigen, wenn die Beweislast für die Vorhersehbarkeit des Schadeneintritts nicht beim Gläubiger liegt. Sie ist zurzeit, neben dem Nachweis eines Schadenseintritts, die essentielle Hürde für die Geltendmachung des Anspruchs.

Überzeugender erscheint es, die Beweislast dem Schuldner aufzuerlegen. Insbesondere die systematische Nähe zu Art. 77 CISG und der Wortlaut können als stichhaltige Anhaltspunkte des gesetzgeberischen Willens verstanden werden.

---

530 MüKoBGB/*Huber*, Art. 74 CISG, Rn. 59; MüKoHGB/*Mankowski*, Art. 74 CISG, Rn. 46.

531 Witz/Salger/Lorenz/*Witz*, Art. 77 CISG, Rn. 13: Der aber in Bezug auf die Vorhersehbarkeit die Beweislast dem Gläubiger auferlegen möchte.

532 Staudinger/*Magnus*, Art. 74 CISG, Rn. 62.

533 Siehe unten: S. 129 ff.

Der von der Gegenseite angeführte Vergleich mit der „contemplation-rule“ erschließt sich nicht, da die Vorhersehbarkeitsregel gerade autonom auszulegen und wie bereits dargelegt anders ausgestaltet ist.[534] Ferner überzeugt auch das teleologische Argument der Gegenseite nicht vollends. Es ist zwar richtig, dass die Beweiserbringung in den meisten Fällen für den Anspruchssteller (Käufer) einfacher ist, jedoch darf bei der Vorhersehbarkeitsregel der Zweck nicht allein auf den zweiten Satz beschränkt werden, sondern es gilt seine Gesamtstellung im Kontext von Art. 74 CISG zu beachten.

Die Vorhersehbarkeit soll gerade kein unüberwindbares Hindernis für die Geltendmachung des Geschädigtenanspruchs darstellen, sondern eine Haftungsbeschränkung zugunsten des Schädigers für außergewöhnliche Schäden. Für den Geschädigten ist der Nachweis durch die Eigenart der Vorhersehbarkeit, die gerade zum Teil von subjektiven Wahrnehmungen des Schädigers abhängt, von Natur aus schwer. Damit ist die konsequente Lösung, die Beweislast der Partei aufzuerlegen, welche von der Regelung profitiert. Dies ist im Fall von Art. 74 S. 2 CISG der Schuldner.

Eine solche Handhabung bedeutet für den Anspruchssteller eines Reputationsschadens, dass er von einer Darlegungspflicht befreit ist. Folgte man der anderen Auffassung, so liege die Beweispflicht beim Anspruchsteller. Aber selbst dann wäre der richtige Ansatz einen Anscheinsbeweis zugunsten des Geschädigten anzunehmen. Diese Annahme folgt aus der auf der materiell-rechtlichen getroffenen Überlegung, dass ein Verkäufer im B2B Verkehr mit der Möglichkeit eines Reputationsschadens bei eigenem Leistungsausfall rechnen muss. Erst wenn dieser Prima-facie-Beweis durch die Gegenseite erschüttert wurde, sollte den Anspruchssteller die tatsächliche Darlegungslast treffen.

2. *Allgemeines Beweismaß*

Bezüglich des allgemeinen Beweismaßes kann sicher nicht erwartet werden – anders als das LG Darmstadt[535] entschied –, dass der Geschädigte den Schaden exakt beziffert.

534 Kritisch zum Verweis auf den vermeintlichen Gleichlauf zwischen der Vorhersehbarkeitsregel und der „contemplation-rule“, siehe dazu hier: S. **Fehler! Textmarke nicht definiert.**; Ähnlich in: *Ferrari*, Hadley v Baxendale v Foreseeability under Article 74 CISG, S. 324 ff.

535 Siehe: S. 116.

a.) Lex fori-*Anknüpfung*

Für einige Autoren und Gerichte richten sich das Beweismaß (Grad der notwendigen richterlichen Überzeugung) und damit einhergehend die Schadensermittlung (Beweiswürdigung) als prozessuale Voraussetzungen nach der *lex fori* (*lex arbitri*).[536] Liege das angerufene Gericht beispielsweise in der Schweiz, gelte dann nach dessen nationalem Prozessrecht, dass der Richter nach objektiven Gesichtspunkten von der Verwirklichung überzeugt sein muss, wobei Restzweifel nicht ausschlaggebend sein sollen.[537] Zur Schadensermittlung könnte das Gericht in Fällen, in denen der Anspruchssteller nicht in der Lage ist den Vermögensverlust genau zu taxieren, auf Art. 42 Abs. 2 OR zurückgreifen und den Schaden mit Rücksicht auf den gewöhnlichen Lauf der Dinge und auf die vom Geschädigten getroffenen Maßnahmen nach seinem Ermessen einschätzen.[538] Das deutsche Pendant findet sich in § 286 ZPO wieder, der nach herrschender Ansicht als Beweismaßstab die volle Überzeugung des Richters vorsieht.[539]Auf der Ebene der Haftungsausfüllung wird die Darlegungslast für den Schadenseintritt jedoch durch § 287 ZPO[540] gemildert.[541] So sollen bereits greifbare Anhaltspunkte ausreichen, um eine Schadenswürdigung nach freier richterlicher Überzeugung zu erlauben.[542]

---

536 OLG Düsseldorf Urt. v. 14.01.1994, 17 U 146/93, abrufbar unter: http://www.globalsaleslaw.org/content/api/cisg/display.cfm?test=119, zuletzt aufgerufen am: 22.08.2018; Bundesgericht [Schweiz] Urt. v. 15.09.2000, 4C.105/2000, abrufbar unter: http://cisgw3.law.pace.edu/cases/000915s2.html, zuletzt aufgerufen am: 22.08.2018; LG Bayreuth Urt. v. 10.12.2004, 32 O 508/04, abrufbar unter: http://www.globalsaleslaw.org/content/api/cisg/urteile/1131.pdf, zuletzt aufgerufen am: 22.08.2018; *Brunner*, UN-Kaufrecht-CISG, Art. 74 CISG Rn. 56 f.; *Herber/Czerwenka,* Internationales Kaufrecht Kommentar, Art. 4 CISG, Rn. 13; MüKoBGB/*Huber*, Art. 74, CISG Rn. 58; MüKoHGB/*Mankowski*, Art. 74 CISG, Rn. 47; *Müller*, Ausgewählte Fragen der Beweislastverteilung im UN-Kaufrecht im Lichte der aktuellen Rechtsprechung, S. 5; BeckOK BGB/*Saenger*, Art. 74 CISG Rn. 18; Honsell/*Schönle/Th.Koller*, Art. 74 CISG, Rn. 49.

537 *Brunner*, UN-Kaufrecht-CISG, Art. 74 CISG Rn. 55.

538 Kritisch zum Rückgriff auf nationale materielle Normen: MüKoBGB/*Huber*, Art. 74, CISG Rn. 58.

539 BeckOK ZPO/*Bacher*, § 286 ZPO, Rn. 2; HaKo/*Saenger*, § 286 ZPO, Rn. 10.

540 § 287 Abs. 1 S. 1 ZPO: „Ist unter den Parteien streitig, ob ein Schaden entstanden sei und wie hoch sich der Schaden oder ein zu ersetzendes Interesse belaufe, so entscheidet hierüber das Gericht unter Würdigung aller Umstände nach freier Überzeugung.".

541 BGH Urt. v. 29.01.2019 – VI ZR 133/17, BeckRS 2019, 7656; BeckOK ZPO/*Bacher*, § 286 ZPO, Rn. 3.

542 BGH Urt. v. 23.11.2006 – IX ZR 21/03, NJW-RR 2007, 569; BeckOK ZPO/*Bacher*, § 287 ZPO, Rn. 14.

b.) Interne Lösung

Diesem Ansatz entgegnen andere, dass eine nationale Ausrichtung der einheitlichen Anwendung des CISG und dem Prinzip der Totalreparation zuwiderlaufe.[543] Die Konsequenz sei, dass Parteien in ähnlichen Situationen je nach Gerichtsort Gefahr liefen rechtlich unterschiedlich behandelt zu werden.[544] Viel eher ließe sich das Beweismaß aus den Grundprinzipien des Einheitsrechts entwickeln. Als Anknüpfungspunkt solle der Gedanke der „Vernunft/Angemessenheit" („*reasonableness*") gewählt werden. Das CISG bediene sich oft zum Verständnis dieses Prinzips, so u.a. in Art. 8 Abs. 2 CISG zur Auslegung von Willenserklärungen. Im Einklang mit diesem Grundsatz habe der potentielle Gläubiger die Pflicht, Anspruchsvoraussetzungen in der Form darzulegen, dass ein „Grad an angemessener Sicherheit" („*reasonable degree of certainty*") hinsichtlich des Vorliegens und der ungefähren Höhe („*extend*") bestehe.[545] Nicht ausreichend seien beispielsweise bezüglich einer Schadensfeststellung insbesondere spekulative und pauschale Bemessungen;[546] aber es bedürfe keines Nachweises mit mathematischer Präzision.[547] Zudem schlägt *Schwenzer* vor, beim vorsätzlichen Vertragsbruch („*efficient breach*") im Rahmen von entgangenem Gewinn und Reputationsschäden die Anforderung an das Beweismaß zu mildern.[548]

c.) Ergebnis

Gegen letztere Ansicht und damit den Rückgriff auf die Grundprinzipien lässt sich die Gesetzeshistorie des Einheitsrechts anführen. Aus den Aufzeichnungen der Sitzungen der Wiener Konferenz von 1977 könnte geschlussfolgert werden, dass die Frage des Beweismaßes bewusst nicht kodifiziert wurde.[549] Die

---

543 Schlechtriem/Schwenzer/*Schwenzer*, Art. 74 CISG, Rn. 65.

544 *Gotanda*, CISG Advisory Council Opinion No. 6, Rn. 2.1.

545 *Gotanda*, CISG Advisory Council Opinion No. 6, Rn. 2.6; *Liebster*, in: FS Schwenzer, S. 1042; Staudinger/*Magnus*, Art. 74 CISG, Rn. 61; *Saidov*, Damage to business Reputation and Goodwill under the Vienna Sales Convention, S. 403; Schlechtriem/Schwenzer/*Schwenzer*, Art. 74 CISG, Rn. 65.

546 OLG Koblenz Urt. v. 10.09.2013, 3 U 223/13, abrufbar unter: https://beck-online.beck.de/?vpath=bibdata/ents/beckrs/2013/cont/beckrs.2013.16570.htm&pos=4&hlwords=#xhlhit, zuletzt aufgerufen am: 22.08.2018.

547 *Gotanda*, CISG Advisory Council Opinion No. 6, Rn. 2.9.

548 Schlechtriem/Schwenzer/*Schwenzer*, Art. 74 CISG, Rn. 65.

549 Alle weiteren Ergebnisse basieren zu großen Teilen auf den Aufzeichnungen aus den UNCITRAL YEARBOOKS sowie dem Official Records zur Wiener Konferenz; siehe: S. 94.

Delegierten sprachen im Rahmen verschiedener Artikel über solche Regelungen. Im Ergebnis sahen sie jedoch nicht die Notwendigkeit, bei der Schaffung eines Kaufrechts Verfahrensfragen zu erörtern.[550] Aus den Mitschriften zu Art. 19 des CISG Entwurfes (jetzt Art. 35 CISG) lässt sich beispielsweise Folgendes entnehmen[551]:

> *„178. There was little support for this proposal as it was considered inappropriate for the Convention, which relates to the international sale of goods, to deal with matters of evidence or procedure. The Committee, accordingly did not retain the proposal.“.*

In Bezug auf Art. 23 des CISG Entwurfes (jetzt Art. 25 CISG) erklärte u.a. *Hjerner* – der Delegierte aus Schweden – nochmals ausdrücklich[552]:

> *„MR. HJERNER (Sweden) […] It would be preferable not to take up the question of burden of proof in the Convention since that was rather a matter of procedural law.“.*

Dem könnte entgegengehalten werden, dass sich die Vorschläge ausschließlich auf die Beweislast bezogen und daher die Wertungen nicht für das Beweismaß gelten müssen. Jedoch scheint der Wortlaut der Mitschrift keinen Spielraum für eine solche Interpretation zulassen, da die Delegierten ausdrücklich sowie vollumfänglich zwischen formellem und materiellem Recht unterschieden. Diese Erkenntnis wirkt sich im Rahmen der Beweislast weniger weitreichend aus, da international, sowie im CISG, der Grundsatz gilt, dass die Partei, die einen Schaden geltend macht, alle nachteiligen Umstände bzw. klagebegründenden Tatsachen nachzuweisen hat.[553] Die Pflicht des Schuldners beschränkt sich

---

550 Siehe: Rognlien (Norwegen), Mantilla-Mollina (Mexiko), Hjerner (Schweden), Trönnig (Dänemark), Szász (Ungarn); etwas zurückhaltender Krispis (Griechenland); siehe: United Nations Conference Vienna Official Records, S. 295 ff.

551 Das Komitee diskutierte folgenden Vorschlag hinsichtlich der Konformität von Waren (damals Art. 19 CISG; jetzt Art 35 CISG).: *„(3) The Seller has to prove that the goods delivered by him conform the contract. However, if the buyer wants to rely on a lack of conformity which he discovered after the expiration of the period, within which he had to examine the goods under article 22, the buyer has to prove this lack of conformity. The buyer is considered to have discovered the lack of conformity before the expiration of this period if he has given the seller notice of the lack of conformity within a reasonable time after the expiration of this period.“*; siehe: A/32/17, S. 37 ff. Rn. 177 f.; *Ryffel*, Die Schadensersatzhaftung des Verkäufers nach dem Wiener Übereinkommen über internationale Warenkaufverträge vom 11.04.1980, S. 59 f.

552 United Nations Conference Vienna Official Records, S. 295 ff. Rn. 15 ff.

553 Kröll/Mistelis/Viscasillas/*Djordjevic*, Art. 74 CISG, Rn. 15; Eine Aufzählung verschiedener Rechtsordnungen zu finden bei: *Schwenzer/Hachem/Kee*, Global Sales and Contract Law, Rn. 44.319.

auf mögliche Einwendungs- und Einredetatsachen.[554] Diesen Grundsatz nennt man das Regel-Ausnahme-Prinzip.[555] Im Hinblick auf das Beweismaß variieren die Voraussetzungen innerhalb der nationalen Prozessordnungen jedoch zum Teil stark. Manche Rechtsordnungen fordern beispielsweise die Darlegung des Schadenseintritts mit an Sicherheit grenzender Wahrscheinlichkeit, wohingegen andere bereits einen ausreichenden Nachweis genügen lassen.[556] Folglich kann die Frage des anzuwendenden Rechts für die Partien essentiell sein. Im Ergebnis erscheint eine dem geäußerten Willen der Delegierten folgende Auslegung nur schwer vertretbar. Des Weiteren vermag es nicht vollumfänglich zu überzeugen, inwieweit ein Maßstab, der an eine angemessene Sicherheit anknüpft, Rechtssicherheit und Rechtvereinheitlichung fördert, da aufgrund der vagen Formulierung ein weiter Interpretationsspielraum verbleibt.

Folgt man dieser Ansicht, empfiehlt es sich für den Anspruchssteller eines Reputationsschadens, die Erfolgschancen seiner Klage im Vorhinein anhand des geltenden Rechts am Gerichtsort – *lex fori* – abzuwägen und den strategisch besseren zu wählen. Aber auch dem Schädiger bietet sich eine solche Gelegenheit, indem er eine negative Feststellungsklage an dem ihm vorzugswürdigeren Gerichtsort in die Wege leitet (z.B. auf die Feststellung, dass kein Vertragsbruch vorliegt) und somit einen *perpetuatio fori*-Effekt auslöst, wodurch weitergehende (diesbezügliche) Ansprüche des Geschädigten an den aufgerufenen Gerichtsort gebunden werden.

Trotz dieser berechtigten Einwände ist das Prinzip der Angemessenheit („*reasonableness*") abgeleitet aus dem CISG als das vorzugswürdigere Modell zu qualifizieren. Dafür streiten verschiedene Gründe.

Gegen den Einwand aus der Gesetzeshistorie lässt sich vortragen, dass eine strikte Trennung zwischen Prozess- und materiellem Recht hinsichtlich Beweisfragen in keiner Rechtsordnung mehr stringent eingehalten wird.[557] Fragen der objektiven Beweislast wurden im kontinentaleuropäischen Raum schon immer dem materiellen Recht zugeordnet.[558] Sogar im anglo-amerikanischen Rechtskreis lässt sich ein solcher Wandel feststellen.[559] Hinzu kommt der grundsätzliche

---

554 Honsell/*Schönle/Th.Koller*, Art. 74 CISG, Rn. 45.

555 *Müller*, Ausgewählte Fragen der Beweislastverteilung im UN-Kaufrecht im Lichte der aktuellen Rechtsprechung, S. 36 ff.

556 Kröll/Mistelis/Viscasillas/*Djordjevic*, Art. 74 CISG, Rn. 16.

557 *Schwenzer/Hachem/Kee*, Global Sales and Contract Law, Rn. 44.331.

558 *Imberg*, Die Verteilung der Beweislast beim Gefahrenübergang nach UN-Kaufrecht, S. 20.

559 *Imberg*, Die Verteilung der Beweislast beim Gefahrenübergang nach UN-Kaufrecht, S. 21.

Gedanke, dass sich die zu beweisenden Umstände immer aus der materiellen Norm ergeben, sodass eine dogmatisch enge Verknüpfung zwischen der objektiven Beweislast und dem materiellen Recht besteht.[560] Somit entfällt – durch die zeitliche Entwicklung sowie die Dogmatik – die ursprüngliche Prämisse der Delegierten für die Trennung von Prozess- und materiellem Recht. Aber auch der geschilderte historische Hintergrund spricht nicht zwingend gegen eine interne Lösung. Die eindeutigen Aussagen der Delegierten mögen zwar auf den ersten Blick ein unüberwindbares Hindernis für eine anderweitige Interpretation darstellen, können jedoch im Hinblick auf die weitere Entstehungsgeschichte relativiert werden.[561] So findet sich in Art. 79 CISG eine eindeutige Beweislastregelung, die eine strikte Trennung konterkariert und daher als Hauptargument gegen eben jene ins Feld geführt wird[562]:

> *„A party is not liable for a failure to perform any of his obligations if he proves(!) that the failure was due to an impediment beyond his control [...]"*.

Die genannten Bedenken müssen wohl eher als Ausdruck einer vorsichtigen Herangehensweise in Bezug auf Beweisfragen verstanden werden, da gewichtige Bedenken bezüglich einer Kompetenzüberschreitung bestanden. Außerdem lassen sich noch weitere widersprüchliche Aussagen und Wertungen im Rahmen der Konferenz finden, die gegen eine strikte Separierung sprechen.[563] Aus diesen Erkenntnissen resultieren zwei Konsequenzen. Erstens: Eine grundsätzliche Trennung von Beweisfragen und materiellem Recht erscheint per se nicht sinnvoll und auch nicht eindeutig vom Gesetzgeber (Wiener Konferenz) gewollt. Zweitens: Es verbietet sich als Folge daraus, dieses Ergebnis durch einen reinen Verweis auf die Historie auf das Beweismaß zu übertragen.

Zudem spricht gegen eine *lex fori*-Anknüpfung die daraus resultierende Möglichkeit des *forum shoppings*. Anhand eines Beispiels der Brüssel Ia-VO wird dies deutlich. So könnte der Käufer einer mangelbehafteten Ware im unternehmerischen Handelsverkehr zum einen gemäß Art. 4 Abs. 1 Brüssel Ia-VO am Wohnsitz des beklagten Unternehmens (Art. 63 Brüssel Ia-VO) seinen Schadensersatzanspruch geltend machen. Zum anderen aber auch am Ort der

560 *Müller*, Ausgewählte Fragen der Beweislastverteilung im UN-Kaufrecht im Lichte der aktuellen Rechtsprechung, S. 32.

561 Siehe auch: *Imberg*, Die Verteilung der Beweislast beim Gefahrenübergang nach UN-Kaufrecht, S. 28 f.

562 *Kröll*, The Burden of Proof for the Non-Conformity of Goods under Art. 35 CISG, S. 170; *Schlechtriem/Schroeter*, Internationales UN-Kaufrecht, Rn. 643 f.

563 *Henninger*, Die Frage der Beweislast im Rahmen des UN-Kaufrechts, S. 174 ff.

Vertragsleistung – welcher bei Kaufverträgen oftmals der Unternehmenssitz des Klägers sein wird – gemäß Art. 7 Nr. 1 a Brüssel Ia-VO. Folglich entsteht beim Anspruchssteller der Anreiz, seinen Klageort nach dem ihm vorzugswürdigeren Prozessrecht, auszusuchen. Dies bietet sich bei Reputationsschäden insbesondere an, da sie aufgrund ihres Wesens nur schwer nachweisbar sind. Eine Klage ist dann deutlich vielversprechender, wenn das Verfahrensrecht des gewählten Forums die Anforderung an das Beweismaß so niedrig wie möglich hält und dem Richter die Gelegenheit der Schadensbemessung eröffnet. Der Anspruchsgegner kann auf diesen Vorgang nur schwer Einfluss nehmen, was seinem Bedürfnis nach Rechtssicherheit abträglich erscheint. Es verbleibt ihm lediglich die Möglichkeit durch Einleitung einer negativen Feststellungsklage mit dem Ziel dem Anspruchssteller zuvorzukommen. Dies würde wiederum zu einem Rennen zwischen den Vertragsparteien um den ihnen günstigsten Gerichtsort führen. Wie sich zeigt, sind Probleme des *forum shoppings* evident. Zwar entstehen solche Begleiteffekte bei jeder *lex fori*-Anknüpfung. Dies allein macht sie jedoch nicht weniger relevant.

Für eine interne Regelung spricht, dass Art. 7 Abs. 2 CISG die Lösung für offene Rechtsfragen im CISG vorgibt. Sollten die Grundprinzipien des CISG eine zufriedenstellende Antwort auf die prozessuale Frage des Beweismaßes und der Schadensermittlung geben, dann ist ein Rückgriff auf den Auffangtatbestand, welcher eine Lösung nach nationalem Recht vorschlägt, obsolet.[564] Zu Recht verweisen auf Grundlage dessen Autoren, welche eine interne Lösung präferieren, auf den Umstand, dass der Grundsatz der Angemessenheit („*reasonableness*") mehrfach im CISG Anwendung findet und damit als grundlegendes Prinzip anzuerkennen ist. Dabei beschränkt sich dessen Funktion nicht auf den verständigen Dritten („*reasonable Person*"), verankert u.a. in Artt. 8 Abs. 2, 25, 35 Abs. 2 lit. b CISG, sondern auch auf Angemessenheit von Fristen („*reasonable time*"), siehe u.a. Artt. 18 Abs. 2, 33 Abs. 3 CISG oder Verhältnismäßigkeit von Kosten („*reasonable expenses*") wie u.a. in Artt. 37, 87 CISG. Insgesamt lassen sich im Gesetzestext siebenunddreißig ausdrücklich Erwähnung finden.[565] Doch nur, weil das Einheitsrecht dieses Prinzip kennt, kann nicht geschlussfolgert werden, dass es auf jedwede Regelungslücke

564 Interessanterweise schreibt Art. 7 Abs. 2 CISG als Auffangtatbestand keine direkte Lösung nach der *lex fori* vor, sondern eine Anknüpfung über das IPR des aufgerufenen Staates. Damit kann er nicht als dogmatische Grundlage für die Autoren gelten, die eine direkte Anwendung des Prozessrechts des Gerichtsorts vorschlagen.

565 *Kritzer*, Reasonableness Editorial Remarks, abrufbar unter: https://cisgw3.law.pace.edu/cisg/text/reason.html, zuletzt aufgerufen am: 22.08.2018.

übertragen werden kann. Grundsätzlich ist das Prinzip der Angemessenheit kein spezifisches Rechtsinstrument, welches den Zweck hat, Fragen des Beweismaßes zu regeln, anders als beispielsweise die Totalreparation im Rahmen von Art. 74 CISG, welche gerade den Umfang von Schadensersatzansprüchen bestimmt und damit in Bezug auf einzelne Schadensposten herangezogen werden muss. Jedoch bedient sich das Einheitsrecht der Angemessenheit sehr häufig, wenn es ein Werkzeug braucht, um einen objektiven Maßstab festzulegen. Daher ist es durchaus legitim, die Angemessenheit auf Anforderungen an das Beweismaß zu transferieren. Dafür spricht zum einen die Auslegungsmaxime aus Art. 7 Abs. 1 CISG, die eine einheitliche Anwendung des UN-Kaufrechts postuliert, welche durch eine *lex fori*-Anknüpfung deutlich weniger stark gewährleistet wäre. Zum anderen der Gleichlauf mit anderen internationalen Gesetzeswerken wie dem UPICC (Art. 7. 4. 3) und dem PECL (Art. 9:501 (2)).[566] Ferner wäre eine strengere Darlegungslast unangemessen, da sie nur der vertragsbrüchigen Partei zu gut kommen würde.[567]

Für die Reputationsschädigung folgt daraus, dass der Geschädigte unabhängig vom nationalen Prozessrecht des aufgerufenen Staates den Schadenumfang sowie Eintritt immer in der Weise beweisen muss, dass er mit einem „Grad an angemessener Sicherheit" angenommen werden kann. Dann steht es im Ermessen des Gerichts, die Schadenshöhe festzulegen.[568]

Zusätzlich entfällt durch die Festlegung des Beweismaßes durch das CISG die für den Geschädigten (und für den Schädiger) durchaus attraktive Möglichkeit des *forum shoppings*; eine solche Konsequenz darf aus prozesstaktischer Sicht nicht unterschätzt werden.

IV. Richterrechtliche Schadensbemessung

Befreit man den Geschädigten von der Last, den Schaden exakt beziffern zu müssen, so entstehen zwangsläufig Situationen, in denen es einer richterlichen Schadensbemessung bedarf.[569] Im Einklang mit dem Ergebnis hinsichtlich des allgemeinen Beweismaßes wird die Schadensschätzung – als dessen Ausfluss – ebenfalls durch die grundlegenden Prinzipien des CISG zu bestimmen sein.[570] Mangels

566 Mehr dazu in: *Schwartz*, The Recovery of Lost Profits, S. 8.

567 *Piltz*, Internationales Kaufrecht, Rn. 5-541; Zur Anforderung an die Beweislast, siehe: OLG Karlsruhe Urt. 15.02.2016 – 1 U 192/14, IHR 2016, 147 (151).

568 *Piltz*, Internationales Kaufrecht, Rn. 5-541; *Schwenzer/Hachem*, The Scope of the CISG Provisions on Damages, S. 99.

569 *Liebster*, in: FS Schwenzer, S. 1045.

570 Nach den Vertretern der *lex fori* Idee wäre hinsichtlich des richterlichen Ermessens die Rechtordnung des aufgerufenen Gerichts zu Rate ziehen. Führt die Anknüpfung ins

ausdrücklicher Regelung sollen als Anknüpfungspunkt die UPICC dienen.[571] In Art. 7.4.3 Abs. 2 UPICC ist festgehalten:

„*Where the amount of damages cannot be established with a sufficient degree of certainty, the assessment is at the discretion of the court.*"

Das richterliche Ermessen setzt also ein, wenn der Geschädigte den Schaden sowie Umfang hinreichend („*reasonable degree of certainty*") dargelegt hat, es ihm jedoch unmöglich oder unzumutbar ist die Höhe konkret zu quantifizieren. Klar zu differenzieren sind davon Fälle, in denen der Geschädigte zwar einen Schaden nachweisen kann, jedoch nicht genug Beweise zur Ermittlung des Schadensumfang dem Gericht vorlegt. Dann muss der Anspruch abgewiesen werden.[572]

Probleme der Kalkulation sind gerade bei Reputationsschäden evident[573]; *Ziegler*[574] formuliert dies betreffend passend:

„*Ausnahmsweise muß der Schaden dann nicht genau beziffert werden, wenn dies praktisch nicht möglich ist. Wird z.B. durch die Lieferung mangelhafter Ware das Renommee des Käufers geschädigt, so kann dieser Nachteil betragsmäßig kaum erfasst werden. Ein solcher Schaden ist dann durch ein angemessenen finanziellen Ausgleich seitens des Verkäufers auszugleichen. Die Höhe steht im Ermessen des Richters.*".

Offen verbleibt die Frage, wie genau bzw. nach welchem Maßstab die Bemessung vorgenommen werden muss. Dies hängt grundsätzlich vom Schadenstypen ab. Die nachfolgenden Ausführungen beschränken sich auf die Bemessung von Reputationsschäden. Sie beziehen sich aber auch auf viele Probleme, welche bereits im Rahmen der *Lucrum cessans* („*lost profit*") im internationalen Bereich diskutiert werden. Diese beiden Schadensgruppen sind vergleichbar, obwohl der Moment des Eintritts des Reputationsschadens auf einen Zeitpunkt bestimmt werden kann, treten viele seiner Folgen bzw. Einbußen im zukünftigen Wirtschaftsverkehr der Parteien ein.[575] Darunter zu fassen wären, neben den geringeren Verkaufszahlen, beispielsweise Zusatzkosten, die durch schlechtere

---

deutsche Recht so wäre ein Rückgriff auf § 287 ZPO, der eine richterliche Festsetzung gewährt, möglich; zum Meinungsstand beim Beweismaßes, siehe: S. 129 ff.

571 So ähnlich aber bereits festgehalten im: Siehe Sekretariatskommentar zu Art. 74 CISG (damals noch Art. 70 CISG), Rn. 4, abrufbar unter: http://www.cisg.law.pace.edu/cisg/text/secomm/secomm-74.html, zuletzt aufgerufen am: 22.08.2018.

572 *Eiselen*, Proving the Quantum of Damages, S. 379 f.; *Liebster*, in: FS Schwenzer, S. 1045.

573 *Burrows*, Remedies for Torts and Breach of Contract, S. 319.

574 *Ziegler*, Leistungsstörungsrecht nach dem UN-Kaufrecht, S. 209.

575 Siehe dazu: AM/PM Franchise Association v. Atlantic Richfield, 526 A.2d 915 (Pa. 1990), S. 110 ff.

Verhandlungsposition mit potentiellen Vertragspartnern oder im Rahmen der Arbeiternehmerakquise entstehen.

Der Wortlaut des CISG nennt keine spezifische Berechnungsmethode zur Schadensermittlung.[576] Das Resultat bzw. die Höhe des zu ersetzenden Schadens muss die Differenz zwischen dem Wert der Reputation vor Eintritt des schädigenden Ereignisses und dem danach darstellen.[577]

1. Indizienermittlung

Einige Autoren und Gerichte raten, zur Kalkulation verschiedene Indizien heranzuziehen, um so zu einer mathematisch realistischen Summe zu gelangen.[578]

Schwenzer beispielweise schlägt vor, sich bei der Höhe an der Größe des Unternehmens, des Marktes, dem Wert einer Marke und den für die Wiederherstellung des Rufes notwendige Kosten zu orientieren.[579] Ebenfalls berücksichtigt werden sollte aber auch der bereits investierte Arbeitsaufwand. Im Advisory Council wird vorgeschlagen, zur Berechnung Expertenmeinungen, die finanziellen und wirtschaftlichen Umstände sowie Marktanalysen heranzuziehen.[580] Festmachen könne man den Wert an der Frage, welchen Betrag ein anderes Unternehmen für die Reputation zahlen würde bspw. in Form von Lizensierung- oder Franchiseverträgen.[581]

Diese Lösungsansätze nennen essentielle Faktoren zur Berechnung, jedoch sind sie keine wirkliche Rechenmethode, sondern dienen als Anknüpfungspunkte für eine grobe Schätzung. Dadurch bergen sie die Gefahr, stark divergierende Ergebnisse zu produzieren, je nachdem, welche der Parameter vom Gericht gewählt bzw. welchen mehr Bedeutung zugesprochen werden.[582] Vorteilhaft ist, dass tatsächlich versucht wird, den Schaden genau zu bemessen.

---

576 *Gotanda*, CISG Advisory Council Opinion No. 6, Rn. 3.12.

577 Marvin Lumber and Cedar Company; Marvin Windows of Tennessee, Inc. v. PPG Industries, INC [2005] Nos. 02-2833, 02-2869: „*the measure of Marvin's damage is the difference between such good will before and after its experience with wood rot.*"; *Burrows*, Remedies for Torts and Breach of Contract, S. 319; *Piltz*, Internationales Kaufrecht, Rn. 5-535.

578 So auch im Bereich „lost profit": Sapphire International Petroleums Ltd. v. National Iranian Oil Company [1963].

579 *Liebster*, in: FS Schwenzer, S. 1045; Schlechtriem/Schwenzer/*Schwenzer*, Art. 74 CISG Rn. 18 u. 34.

580 *Gotanda*, CISG Advisory Council Opinion No. 6, Rn. 2.9.

581 *Fombrun*/*Van Riel*, Fame&Fortune, S. 27 ff.; *Saidov*, Damage to business Reputation and Goodwill under the Vienna Sales Convention, S. 410.

582 So auch zu (futures losses): *Schwartz*, The Recovery of Lost Profits, S. 12.

2. *Kostenfixierung*

Ein möglicher Ansatz wäre es, ausschließlich die Kosten als Maßstab zu nehmen, welche der Geschädigte notwendigerweise aufnehmen musste, um die Reputation wiederherzustellen. So handhabte es das finnische Gericht der ersten Instanz im Jahre 1997.[583] Diese Möglichkeit besteht weitergedacht nicht nur dann, wenn die Partei tatsächlich Mittel zur Wiederherstellung verwendet haben, sondern auch als abstrakte Berechnungsformell. Diese Methode mag auf den ersten Blick sehr verständlich erscheinen, da gerade deutsche Rechtsanwender mit ihr vertraut sind. Die Grundidee sei nämlich, sei eine Ware beschädigt könne als Schadensersatz die Summe verlangt werden, welche notwendig sei, um den vertragsgemäßen Zustand herzustellen. Der große Vorteil dieser Methode liegt darin, dass eine sehr gute Beweisführung möglich ist, weil der Verlust an den Kosten von konkreten Maßnahmen dargelegt werden kann. Insgesamt vermag bei Reputationsschäden eine solche Herangehensweise jedoch nicht zu überzeugen. Nicht nur ist es schwer vorstellbar, die Reputation durch Kampagnen etc. in den Ursprungszustand zurückzuversetzen. Wenn überhaupt wird der Marktwert der Reputation wiederhergestellt. Vielmehr liegt darin dann ein Zirkelschluss, da die Frage, welche Kosten notwendig sind, um eine vom Marktwert vergleichbare Reputation wiederherzustellen, nur beantwortet werden kann, wenn das Gericht festlegt, wieviel die Reputation vor dem schädigenden Ereignis wert war und danach. Hat man eine zufriedenstellende Antwort auf diese Frage, dann ist der eigentliche Schaden an der Reputation bereits beziffert und ein Rückverweis auf die notwendigen Kosten erscheint obsolet. Außerdem würden die finanziellen Einbußen unberücksichtigt bleiben, die während der Wiederherstellungsphase eintreten.[584]

3. *Einkommen-Ansatz*

Eine andere Berechnungsmethode basiert darauf den Reputationsschaden anhand des Rückgangs der Verkaufszahlen zu bemessen.[585] Dies soll in Fällen gelten, in denen der Rückgang der Verkaufszahlen nicht darauf beruht, dass der

583 Tampere Court of First Instance [Finland] Urt. v. 17.01.1997, 95/11193, abrufbar unter: http://www.cisg.law.pace.edu/cisg/wais/db/cases2/970117f5.html, zuletzt aufgerufen am: 22.08.2018.

584 *Saidov*, Damage to business Reputation and Goodwill under the Vienna Sales Convention, S. 409 f.

585 *Gotanda*, CISG Advisory Council Opinion No. 6, Rn. 2.9.

Verkäufer die Ware aufgrund seines Zwischenlieferanten nicht anbieten kann, sondern seine Waren trotz Leistungsmöglichkeit seinerseits nicht mehr gekauft werden aufgrund der Rufschädigung. Bei einer solchen Methode, welche durchaus plausibel erscheint, ist die Gefahr einer potentiellen Doppelreparation immanent.[586] Bedient sich ein Gericht einer solchen Methode muss klar zwischen konkret entgangenen Gewinn und dem Reputationsschaden getrennt werden, um eine Überkompensation des Geschädigten zu vermeiden. Außerdem sollte das Gericht die weiteren Faktoren – abseits geringerer Verkaufszahlen – einer Reputationsschädigung bei seiner Gesamtbewertung nicht außer Acht lassen. Probleme hat diese Rechnungsvariante ferner in den Konstellationen, in welchen das Unternehmen keine vorherigen Einkünfte hatte, die als Maßstab herangezogen werden können.

4. *Pauschalsummen*

Andere wiederum verneinen bereits die Möglichkeit, so einen Schaden in irgendeiner Form genau beziffern zu können[587] und schlagen daher vor, Pauschalsummen zu gewähren, die aber vorsichtig gewählt werden sollen.[588] Innerhalb dieser Ansicht wird auch vertreten, eine Obergrenze zu implementieren.[589] Durch solche Pauschalsummen sei der Rechtsicherheit geholfen, da zumindest zum Teil einheitliche und vorhersehbare Entscheidungen getroffen werden. Diese Methode muss sich jedoch zwei Kritikpunkte entgegenhalten lassen. Erstens, dass sie nicht im Einklang mit der Totalreparation steht, da sie sich davon distanziert, den tatsächlichen Schaden zu berechnen, hingegen sollen symbolische Summen einen adäquaten Ausgleich darstellen. Zweitens können unbillige Ergebnisse entstehen, wenn beispielsweise der tatsächliche Schaden die Pauschalsumme überschreitet.

---

586 Solche Bedenken wurden geäußert vom LG Darmstadt Urt. v. 09.05.2000, 10 O 72/00, abrufbar unter: http://cisgw3.law.pace.edu/cisg/text/000509g1german.html, zuletzt aufgerufen am: 22.08.2018; Schlechtriem/Schwenzer/*Schwenzer*, Art. 74 CISG, Rn. 34.

587 Koufos v. Czarnikow [1969] 1 A.C. 350, 425 (H.L. 1969): „*[...] the assesment of damages is not an exact science.*".

588 Siehe dazu: *Burrows*, Remedies for Torts and Breach of Contract, S. 319 f; *Saidov*, Damage to business Reputation and Goodwill under the Vienna Sales Convention, S. 404.

589 *Saidov*, Damage to business Reputation and Goodwill under the Vienna Sales Convention, S. 405 f.

5. *Pendeltheorie* („baseball arbitration")

Ein weiterer interessanter Ansatz, welcher insbesondere zur Ermittlung von entgangenen Gewinnen im Bereich des Schiedsrecht zur Anwendung kommt, soll nicht unerwähnt bleiben. Diese Methode wird international als „baseball arbitration" (im deutschen wohl: Pendeltheorie) bezeichnet.[590] Sie kann nur Anwendung finden, wenn sich beide Parteien oder das Tribunal über den Schadenseintritt (entgangener Gewinn oder Reputationsschaden) einig sind, aber hinsichtlich der genauen Summe streiten. Dann gibt es zwei Modelle: Beim sogenannten „day baseball" schlagen beide Parteien dem Tribunal eine von ihnen kalkulierte Summe vor. Das Tribunal wählt dann unverändert die Summe, welche sie für realistischer einschätzt. Beim „night baseball" schlagen die beiden Parteien ebenfalls eine Summe vor. Diese wird jedoch vom Schiedsrichter nicht eingesehen, sondern er schätzt ebenfalls eigenständig die Schadenshöhe. Dann wird unverändert die Summe der Partei gewählt, welche näher an der Schätzung des Schiedsrichters liegt. Der Vorteil beider Methoden ist, dass sie die Parteien zwingt, den Schaden so realistisch wie möglich einzuschätzen, da sonst möglicherweise der Vorschlag der anderen Partei bevorzugt wird. Dogmatisch verbleiben Zweifel, da das Modell eigentlich näher an einem Vergleich ist als an einem Urteil, welches auf einem Ermessen beruht. Dennoch lässt sich eine gewisse Effektivität nicht abstreiten.

6. *Gewinnabschöpfung* („disgorgement of profits")

Zurzeit entwickelt sich insbesondere in der Literatur eine starke Front, die zur Förderung von Rechtsicherheit eine Form der Gewinnabschöpfung in das CISG implementieren möchte.[591] Unter Gewinnabschöpfung („*disgorgement of profits*") versteht man die Herausgabe des Gewinns des Schuldners an den Gläubiger, welchen er durch den Vertragsbruch erzielt hat. Die Notwendigkeit solche „Schadensposten" zu gewähren bestehe, um den Grundsatz der Vertragstreue und guten Glauben zu schützen. Wenn nämlich ein Vertragspartner die Abschöpfung nicht fürchten müsse, könne er zu jederzeit, trotz vertraglicher Bindung, nach einem lukrativeren Geschäft suchen und ggf. die Schäden seines ersten Vertragspartners bezahlen. Sobald also der Mehrgewinn des neuen

---

590 *Gotanda*, Recovering Lost Profits in International Disputes, S. 108 ff.

591 Befürworter zu unterschiedlichen Graden: *Schmidt-Ahrendts*, Disgorgement of Profits under the CISG, S. 89 ff.; *Schwenzer/Hachem*, The Scope of the CISG Provisions on Damages, S. 100 ff.

Geschäfts den möglichen Schadensersatz, der an den Vertragspartner zu entrichten ist, übersteigt, ist der Anreiz zum Vertragsbruch gegeben („*efficient breach*"). Rechtssicherheit würde also erst eintreten, wenn alle Güter ausgetauscht sind. Die „efficient breach"-Doktrin fördert die Idee der freien Marktwirtschaft und ist daher gerade im US-amerikanischen Raum anerkannt. Den gezielten Vertragsbruch zu erlauben, würde das Ziel des CISG, den Binnenmarkt fördern zu wollen, jedoch konterkarieren.[592]

Prinzipiell ist dieses Modell keine direkte Methode der Schadensberechnung, sondern wie der Begriff „Abschöpfung" suggeriert, die direkte Transferierung der erhaltenen Summe. Die Totalreparation spricht jedoch eindeutig gegen eine Inkludierung der Gewinnabschöpfung in das CISG.[593] Ausgeglichen werden sollen nur die tatsächlichen Verluste des Gläubigers (siehe Wortlaut Art. 74 CISG „*Damages for breach of contract by one party consist of a sum equal to the loss, including loss of profit, suffered by the other party as a consequence of the breach*"), der Gewinn des Schuldners kann aber nicht direkt als ein solcher verstanden werden. Daher vertreten viele zurecht, dass sich eine Gewinnabschöpfung nicht mit den Prinzipien der Norm vereinbaren lasse.[594] Dennoch sollte dann laut einigen Autoren der Gewinn zumindest in der Schadensberechnung berücksichtigt werden.[595] Ergo dient der Gewinn als Maßstab für den entstandenen Verlust, wenn der Schaden nicht genau quantifizierbar ist.[596] Kritisch an diesem Ansatz ist, dass er streng genommen versucht, den dogmatischen Konflikt mit den Prinzipien des CISG zu umgehen, indem nicht direkt die Summe übertragen wird sondern sie nur als Berechnungsmaßstab dienen soll. Zweifelhaft erscheint, inwieweit der Gewinn einer Partei, der insbesondere auch auf seinem Verhandlungsgeschickt beruht, als tatsächlicher Verlust der anderen Partei

592 Präambel des CISG: „[...]take into account the different social, economic and legal systems would contribute to the removal of legal barriers in international trade and promote the development of international trade [...]".

593 SJZ/*Honsell*, Die Vertragsverletzung des Verkäufers nach dem Wiener Kaufrecht, 1992 S. 361; MüKoBGB/*Huber*, Art. 74, CISG Rn. 16; Staudinger/*Magnus*, Art. 74 CISG, Rn. 18; MüKoHGB/*Mankowski*, Art. 74 CISG, Rn. 9; *Schlechtriem/Schroeter*, Internationales UN-Kaufrecht, Rn. 738b f; Honsell/*Schönle/Th.Koller*, Art. 74 CISG, Rn. 5; Witz/Salger/Lorenz/*Witz*, Art. 74 CISG, Rn. 14.

594 *Brölsch*, Schadensersatz und CISG, S. 43 f.; MüKoHGB/*Mankowski*, Art. 74 CISG, Rn. 9.; Staudinger/*Magnus*, Art. 74 CISG, Rn. 18.

595 Schlechtriem/Schwenzer/*Schwenzer*, Art. 74 CISG, Rn. 8, 43; a.A.: MüKoHGB/*Mankowski*, Art. 74 CISG, Rn. 42.

596 Schlechtriem/Schwenzer/*Schwenzer*, Art. 74 CISG, Rn. 8, 43

betrachtet werden kann. Wenn überhaupt wird der Anwendungsbereich für solche Fälle sehr gering sein.

7. Ergebnis

Der Grund dafür, warum es keinen wirklichen Lösungsansatz gibt, liegt in der Natur des Reputationsschadens, welcher nur schwer quantifizierbar ist, da sich der Prozess, der den Schaden auslöst, in der Wahrnehmung der Rezipienten abspielt. Damit ist auch der Zeitpunkt der Berechnung von großer Relevanz. Wie genau dieser Prozess in Zahlen zu fassen ist, stellt die wohl größte Hürde für den Reputationsschaden dar. Daher werden alle genannten Lösungsmethoden von Richtern in unterschiedlichster Ausformung praktiziert, um Reputationsschäden zu berechnen.[597] Der wohl häufigste - weil praktikabelste - Weg, der von Richtern gewählt wird, ist die Gewährung von Pauschalsummen.[598]

Eine einheitliche Methode im Bereich des CISG gibt es jedoch nicht. Vorzugswürdiger sind die, welche tatsächlich versuchen, den Schaden wirtschaftlich zu quantifizieren, da sie dogmatisch mit der Differenzhypothese vereinbar sind. Löst man sich von der Dogmatik, so überzeugen auch die anderen Ideen, welche ihren Ursprung zum Teil im Schiedsrecht haben.

Im Ergebnis gilt es festzuhalten, dass die Gewährung richterlicher Schadensbemessung die Tolerierung von z.T. ungenauen Einzelfallentscheidungen fördert, da dem Richter wohl noch (!) keine exakte Rechenmethode an die Hand gegeben werden kann.[599] In Zukunft muss die Judikative darauf vertrauen, dass der Wirtschaftsverkehr deutlicher den Wert von Reputationen beziffern kann oder zumindest dem Richter eine einheitliche Methode zur Berechnung zu Verfügung gestellt wird. Obgleich es unwahrscheinlich scheint, dass es jemals eine mathematisch exakte Berechnungsmethode gibt, so hat der Trend für immaterielle Güter einen Markt zu schaffen, anhand dessen sich der Wert einzelner Güter zumindest grob ermitteln lässt, bereits in den letzten Jahrzehnten stark zugenommen und wird sich in Zukunft noch weiter fortsetzen.[600] Bis dahin gilt

---

597 *Schwartz*, The Recovery of Lost Profits, S. 12.

598 *Saidov*, Damage to business Reputation and Goodwill under the Vienna Sales Convention, S. 406.

599 Kritisch zu variierenden Urteilen: McCarey v. Associated Newspaper Ltd, [1965] 2 QB 86.

600 Siehe dazu: AM/PM Franchise Association v. Atlantic Richfield, 526 A.2d 915 (Pa. 1990), S. 127 f.: „We are now in an era in which computers, economic forecasting, sophisticated marketing studies and demographic studies are widely used and accepted.".

es abzuwägen, ob man eine Einzelfallabwägung mit möglicherweise auf nationaler Ebene variierenden Urteilen zulässt und damit zu einem gewissen Grad Rechtsunsicherheit schafft oder alternativ den Reputationsschaden in Gänze versagt. Das Ergebnis einer Abwägung beider Handhabungsmöglichkeiten kann aber nur sein, dass Ersteres das kleinere Übel im Vergleich zu der kompletten Schutzlosigkeit des Opfers darstellt.[601] Der Schadenstyp und die Probleme seiner Quantifizierbarkeit dürfen dem Schädiger nicht zum Vorteil gereichen, indem er von jeglicher Haftung befreit wird. So bereits entschieden vom Supreme Court Texas 1938[602]:

> „*A party who breaks his contract cannot escape liability because it is impossible to state or prove a perfect measure of damages.*“.

Abschließend soll noch hinzugefügt werden, dass solche Probleme im internationalen Bereich nicht neu sind, sondern bereits im Rahmen von entgangenen Gewinn („*lost Profit*“) oder verloren Geschäftsmöglichkeiten („*loss of Chance*“) seit Jahrzehnten diskutiert werden.

D. Fazit

Ausgangspunkt des Kapitels § 4 C. war es, der Frage nachzugehen, ob und inwieweit sich der vom Großteil der Literatur und Rechtsprechung aufgeworfene Verweis auf die Totalreparation als Grundlage für die Gewährung von Reputationsschäden durch das Einheitsrecht (Art. 74 CISG) verifizieren lässt. Die zugrundeliegende Idee hinter dieser Annahme ist, dass durch die Totalreparation als Prinzip des Schadensersatzrechts alle finanziellen Einbüßen gedeckt seien;[603] folglich auch der Reputationsschaden. Im Ergebnis ist den Autoren Recht zu geben. Das unkritische Vertrauen in einen solchen Schluss erscheint jedoch fragwürdig. Wie sich gezeigt hat, gibt es keine Rechtsordnung, welche eine schrankenlose Totalreparation in ihr Schadensersatzrecht implementiert hat, weil dies zu einer uferlosen Haftung des Schädigers führt.[604] Daher wird auf nationaler Ebene die Ersatzpflicht durch die Kodifizierung von Durchbrechungsmechanismen limitiert. Diese Begrenzungen treten sowohl auf Tatbestandsebene, als auch auf Rechtsfolgenseite auf.[605] Dementsprechend war es

---

601 So auch: *Liebster*, in: FS Schwenzer, S. 1045.
602 Southwest Battery Corp. v. Owen, 114 S.W.2d 1097 (Tex. 1938).
603 Siehe: S. 61.
604 Siehe: S. 64 ff.
605 Siehe: S. 65 ff.

unumgänglich, zu analysieren, wie die Totalreparation im CISG konkret ausgestaltet ist, um eine Antwort darauf zu finden, ob Reputationsschäden möglicherweise durch Beschränkungen aus dem Anwendungsbereich von Art. 74 CISG ausgeschlossen sind.[606] An dieser Stelle zeigt sich gerade in Hinblick auf den Schadensbegriff und die Frage der Vorhersehbarkeit, die essentielle Voraussetzungen für eine Ersatzfähigkeit sind, noch kein Konsens bezüglich der genauen Handhabung besteht.[607] So gibt es Autoren, die Reputationsschäden für grundsätzlich nicht ersatzfähig halten, weil ein Schädiger einen solchen Schaden beim üblichen Geschäftsvertrag nicht einkalkulieren könne. Trotz kritischer Stimmen erscheint die Ausgestaltung des Art. 74 CISG summa summarum für die Ersatzfähigkeit von Reputationsschäden zu sprechen.

Dieses Ergebnis lässt sich insbesondere unter Berufung auf die Gesetzeshistorie des CISG verifizieren.[608] Sie zeigt, dass bereits das EKG als Vorgängermodell dies ähnlich handhabte. Des Weiteren unterstreichen auch Rechtsvergleiche, dass ein solches Ergebnis sowohl mit internationalen als auch nationalen Kodifikationen im Einklang steht, welche ebenfalls auf der Totalreparation beruhen;[609] wobei das Common Law, das Vorbildfunktion bei der Gesetzesentstehung des CISG hatte, früher Reputationsschäden verwehrte, da viele Rechtsgelehrte darin keinen nach Vertragsrecht ersatzfähigen Schadensposten sahen. Jedoch wurden diese Bedenken im Laufe der Zeit aufgelöst, da die Erkenntnis eintrat, dass die Gewährung von Reputationsschäden als finanzielle Schadenseinbuße nur das Ergebnis der strikten Anwendung der Totalreparation ist.

Im Nachgang zu der Ausgangsfrage galt es, sich neben der Dogmatik nun der Rechtstatsächlichkeit zu widmen. Daher wurden Entscheidungen zusammenzutragen, in denen ein Reputationsschaden Gegenstand war.[610] Dies wurde nicht zum Selbstzweck getan. Vielmehr trafen die gewählten Urteile essentielle Aussagen hinsichtlich dieser Thematik; u.a. zeigen einige Urteile welches Ausmaß ein solcher Schaden auf die Höhe der Ersatzsumme haben kann.

Bei der Recherche der Urteile fiel auf, dass die meisten Ansprüche am Nachweis des Schadenseintritts scheiterten. Somit ist für ein Opfer eines Reputationsschadens essentiell, zu wissen, wie genau die Beweislast und das Beweismaß im CISG geregelt sind. Die Beweise für alle objektiven Tatbestandsvoraussetzungen

606 Siehe: S. 74 ff.
607 Siehe: S. 75 ff., 84 ff.
608 Siehe: S. 94 ff.
609 Siehe: S. 94ff., 97ff.
610 Siehe: S. 112 ff.

mit Ausnahme der Vorhersehbarkeit hat der Geschädigte vorzubringen. Hinsichtlich des Beweismaßes gibt es zwei Möglichkeiten: Zum einen eine *lex fori*-Anknüpfung zum anderen eine inhärente Lösung im CISG.[611] Folgte man der ersten Variante, ergäben sich sowohl aus Schädiger als auch geschädigten Sicht prozesstaktische Möglichkeiten (*forum shopping*), da international die Anforderungen an das Beweismaß teilweise stark variieren.

Als letztes musste noch geklärt werden, wie ein Reputationsschaden quantifizierbar ist.[612] Das CISG hilft dem Geschädigten insoweit, als es ihn von der Last befreit, den Schaden exakt beziffern zu müssen. Es reiche aus, wenn dieser dem Gericht genug Beweise für eine Berechnung vorlegt. Dann hat der Richter ein Ermessen, die Schadenshöhe festzulegen. Dabei wird er aber nicht von der Pflicht befreit, diesen so genau wie möglich zu bestimmen. Problematisch ist, dass es international dafür keine überzeugende Methode gibt.[613] Das gleiche Thema wird seit Jahrzehnten im Rahmen des entgangenen Gewinns diskutiert. Damit sehen sich die Richter bzw. die Rechtsanwender des CISG mit der Frage konfrontiert, ob sie entweder dogmatisch bedenkliche Summen schätzen, mit der Konsequenz einer Einzelfallrechtsprechung, die abträglich für die Rechtssicherheit im internationalen Handelsverkehr ist oder den Reputationsschaden gänzlich zu versagen. In Hinblick auf die Schutzwürdigkeit des Geschädigten kann letzteres aber eigentlich nicht toleriert werden.[614]

Im Rahmen der Analyse dieses Kapitels ließ sich trotz genereller Anerkennung von Reputationsschäden eine konservative Haltung gegenüber der tatsächlichen Gewährung beobachten.

Diese Vorsicht manifestiert sich auf unterschiedliche Arten. Auf Rechtsprechungsebene wird der Anspruch an den Nachweis des Schadenseintritts streng gehandhabt, um den Anwendungskreis zu limitieren. In der Wissenschaft wird die Ersatzfähigkeit oft an „besondere Umstände" geknüpft.[615] Diese „Umstände" variieren, je nachdem auf welche Anspruchsvoraussetzung der Fokus gelegt wird. Durch diese etwas vagen Maßstäbe wird dem Rechtsanwender die Möglichkeit gegeben, eine Einzelfallentscheidung zu treffen. Es scheint, als sollten bei

---

611 Siehe: S. 129 ff.

612 Siehe: S. 137 ff.

613 Siehe: S. 137 ff.

614 Siehe: *Liebster*, in: FS Schwenzer, S. 1031 ff.

615 MüKoBGB/*Huber*, Art. 74, CISG Rn. 39; *Hutter*, Die Haftung des Verkäufers, S. 179; Honsell/*Schönle/Th.Koller*, Art. 74 CISG, Rn. 7.

solchen Entscheidungen durchaus Billigkeitserwägungen mit einfließen, obwohl Art. 74 CISG kein Einfallstor dafür bietet.

Die Gründe für diese vorsichtige Haltung sind bekannt und in vier Aspekte einzuteilen: Erstens liege es an der Natur der Reputation als intangibles Gut, welches für viele nicht fassbar sei. Aufgrund dieser Immaterialität sei der Schaden nur schwer zu qualifizieren und quantifizieren, sodass man sich durch Spekulation zu weit von der Totalreparation entferne. Zweitens wird der Ersatzgegenstand falsch qualifiziert. Es zeigt sich, dass viele den Reputationsschaden mit einer Form von Schmerzensgeld oder entgangenen Gewinn verwechseln und daher eine Doppel-Kompensation annehmen. Der dritte Problempunkt ist das Präzedenzargument („*floodgate argument*").[616] Einige befürchten, dass sobald solche Schadensposten gewährt werde, Gerichte sich stets mit verschiedensten Ansprüchen von Reputationsschädigung konfrontiert sehen werden. Dies führe zum vierten Einwand und wonach dem Geschädigten damit die Möglichkeit gegeben sei eigene Marktrisiken auf den Vertragspartner zu überwälzen.[617] Dies sind nur einige Bedenken, welche im Rahmen der Reputationsschädigung diskutiert werden. Daher erscheint es fraglich, inwieweit Autoren zu kritisiert sind, die eine vorsichtige Einzelfallentscheidung vorschlagen, welche auch auf Billigkeitserwägung beruhen soll, um genau diesen Bedenken entgegenzuwirken.

Dennoch gilt als Gesamtergebnis dieses Kapitels festzuhalten, dass eine dogmatisch korrekte Anwendung des UN-Kaufrechts zu einer Ersatzfähigkeit führt. Diese Auslegung ist nicht nur wissenschaftlich begrüßenswert, sondern sie berücksichtigt den Einfluss der Reputation auf den finanziellen Erfolg von Unternehmen. Die Außerachtlassung solcher Schadensposten durch das CISG wäre nicht zeitgemäß und könnte zu einer Aushöhlung des Einheitsrechts führen. Die Notwendigkeit haben das CISG und seine Anwender seit langem erkannt, folgen dieser Idee jedoch noch nicht konsequent aufgrund der – durchaus berechtigten – genannten Bedenken.

---

616 Auch genannt in: *Saidov,* Damage to business Reputation and Goodwill under the Vienna Sales Convention, S. 395.

617 MüKoHGB/*Mankowski,* Art. 74 CISG, Rn. 42.

§ 4 Reputationsschäden im BGB

Bis zu diesem Punkt beschränkte sich die Analyse der Reputationsschäden primär auf das CISG. Innerhalb dieses Regelwerks wurden die diskutierten Probleme sowie deren Lösungsansätze dargestellt und evaluiert. Inwieweit sich jene auf andere Rechtsordnungen übertragen lassen, verbleibt offen und wird u.a. Gegenstand weitergehender Diskussionen.[618] Nachfolgend soll der Fokus auf das deutsche Recht gelegt werden. Das Hauptaugenmerk wird auf dem Kaufrecht liegen, welches den geeignetsten Vergleichsmaßstab zum CISG als Instrument des internationalen Warenkaufs bietet.[619] Um den gesamten Rechtsschutz des nationalen Rechts bewerten zu können und seiner internen Systematik gerecht zu werden, bedarf es zusätzlichen Ausführungen zu möglichen einschlägigen Ansprüchen außerhalb des Kaufrechts. Dennoch wird die strukturelle Herangehensweise an das Problem – soweit es möglich ist – parallel zum UN-Kaufrecht verlaufen. Aufgrund spärlicher Literatur im Zusammenhang mit derartigen Schadenstypen im deutschen Raum, werden im Rahmen der Auswertung insbesondere eigene Lösungsansätze entwickelt.[620]

A. Das Schadensersatzrecht des BGB im Rahmen des Kaufrechts

Vom Regelungsbereich sowie der Systematik unterscheiden sich das Schadensrecht des UN-Kaufrechts und das des deutschen Kaufrechts. So umfasst das Einheitsrecht trotz vertraglicher Beziehung zwischen den Parteien gemäß Art. 5 CISG beispielsweise keine Ansprüche aufgrund von Körperverletzung und Tod. Die Haftung in solchen Fällen richtet sich nach dem durch das Kollisionsrecht anwendbaren nationalen Recht.[621] Der Grund für diese Entscheidung war, dass

---

618 Siehe unten: S. 204 ff.

619 Siehe: S. 46.

620 So auch festgestellt von: *Meyer*, Korruption im Vertrag, S. 335; Nationale Texte die Unternehmensreputation oder ähnliche Konzepte umfassender zum Gegenstand haben: *Meyer*, Korruption im Vertrag, S. 335; *Klöhn/Schmolke*, NZG 2015, S. 689; *Wollny*, DStR 2013, 2132.

621 MüKoHGB/*Mankowski*, Art. 5 CISG, Rn. 1.

eine Überschneidung zwischen dem Übereinkommen und nationaler Produkthaftungsregelungen vermieden werden sollte.[622]

Auf systematischer Ebene sind aus Käufersicht sowohl Gemeinsamkeiten als auch Unterschiede festzustellen. Im UN-Kaufrecht stellt Art. 45 Abs. 1 CISG[623] das Einfallstor in das Gewährleistungsrecht dar. Vorausgesetzt wird lediglich, dass der Käufer eine Pflicht aus dem Vertrag oder Übereinkommen verletzt.[624] Für den Schadensersatz ist dies er sogar die einzige Anspruchsgrundlage und Voraussetzung.[625] Im deutschen Kaufrecht gibt es mit § 437 BGB eine vergleichbare Norm. Das Gewährleistungsrecht eröffnet sich dem Käufer, wenn ihm die Sache nicht frei von Sach- oder Rechtsmängeln verschafft wurde, Beurteilungsmaßstab bilden die §§ 434, 435 (i.V.m. 436) BGB.[626] Jedoch ist § 437 BGB ausschließlich rechtsgrundverweisend, somit ist jedwede Form der rechtlichen Abhilfe an weitere Bedingungen geknüpft.[627] Die Ansprüche auf Schadenersatz sind beispielsweise im allgemeinen Leistungsstörungsrecht in den §§ 280 ff. sowie 311 a Abs. 2 BGB geregelt.

Im Bereich der Haftungsausfüllung lassen sich inhaltlich wenige Unterschiede festmachen. Die §§ 249 ff. BGB[628] treffen keine spezifischeren bzw. detaillierteren Aussagen über den Schadensbegriff oder die Schadensermittlung als Artt. 74-77 CISG.[629] Zwar ist das deutsche Recht umfangreicher kodifiziert, jedoch konkretisieren die Normen primär Fälle, in denen von dem Grundsatz der Naturalrestitution abgerückt werden kann bzw. muss.[630]

---

622 Kritisch zur Umsetzung der Trennung: Schlechtriem/Schwenzer/*Ferrari*, Art. 5 CISG, Rn. 2; MüKoHGB/*Mankowski*, Art. 5 CISG, Rn. 2 ff.; Kröll/Mistelis/Viscasillas/*Ribeiro*, Art. 5 CISG, Rn. 4.

623 Das Äquivalent für den Verkäufer ist in Art. 61 Abs. 1 CISG geregelt.

624 Siehe: S. 51 f.

625 MüKoHGB/*Mankowski*, Art. 74 CISG, Rn. 5; Bianca/Bonell/*Will*, Art. 45 CISG, Rn. 2.1.1.

626 *Looschelders*, Schuldrecht Besonderer Teil, Rn. 33.

627 *Looschelders*, Schuldrecht Besonderer Teil, Rn. 33; *Reinicke/Tiedtke*, Kaufrecht, Rn. 396.

628 Ergänzt werden sie im deliktischen Bereich durch die §§ 842 ff BGB.

629 Palandt/*Grüneberg*, Vorb v § 249 BGB, Rn. 1.

630 Mehr zum Thema Naturalrestitution, siehe unten: S. 158.

I. Voraussetzungen für einen Schadensersatz im BGB – Haftungsbegründender Tatbestand –

Durch die Separierung der haftungsbegründenden Tatbestände wäre eine detaillierte Einführung jeder Norm – wie sie im Rahmen des CISG vorgenommen wurde – mit samt ihrer Wirkungsvoraussetzungen nicht zielführend. Theoretisch ist in mehreren Varianten des § 437 Nr. 3 BGB die Inanspruchnahme des Schuldners auf Grundlage einer Reputationsschädigung denkbar. Aber auch abseits des Konstrukts von § 437 Nr. 3 BGB kann ein solcher Schaden nach allgemeinen Leistungsstörungsrecht ersatzfähig sein, da auch eine Nichtlieferung oder Nebenpflichtverletzung eine solche Einbuße zur Folge haben kann. So z.B., wenn die fehlende Ware oder mangelhafte Auskunft über die Eigenschaften eben jener zu Weiterverarbeitungsproblemen auf Käuferseite führen, die in einer Rufschädigung resultieren. Nichtsdestotrotz soll nachfolgend als Basis für alle weitergehenden Überlegungen eine kurze Vorstellung der §§ 437 S. 3, 280 Abs. 1 BGB aus Käufersicht ausreichen, da der spätere Fokus auf der Rechtsfolgenseite liegt.

1. *Kaufvertrag*

Zunächst setzt § 437 BGB einen Kaufvertrag zwischen den Parteien voraus, dessen Hauptpflichten sich aus § 433 BGB ergeben.[631] Ein solcher Vertrag liegt vor, wenn der Verkäufer sich verpflichtet, dem Käufer Eigentum und Besitz an einer Sache[632] zu übertragen, für die ein Entgelt vereinbart wurde und allen Beteiligten klar ist, wer welche Pflicht inne hat.[633] Der Begriff der „Sache" wird in § 90 BGB legal definiert.[634]

2. *Pflichtverletzung in Form eines Verstoßes gegen § 433 Abs. 1 S. 2 BGB*

Die Einstandspflicht ergibt sich aus dem Umstand, dass der Verkäufer dem Käufer die Sache gemäß § 433 Abs. 1 S. 2 BGB nicht im vereinbarten Zustand verschafft hat. Das ist der Fall, wenn der Kaufgegenstand einen Sach- oder

---

631 BeckOK BGB/*Faust*, § 433 BGB, Rn. 12; MüKoBGB/*Westermann*, § 433 BGB, Rn. 1.

632 Ein Kaufvertrag kann gemäß § 453 Abs. 1 BGB auch Rechte zum Gegenstand haben.

633 *Brox*/*Walker*, Besonderes Schuldrecht, § 1, Rn. 2; MüKoBGB/*Westermann*, § 433 BGB, Rn. 1.

634 Palandt/*Ellenberger*, § 90 BGB, Rn. 1.

Rechtsmangel gemäß §§ 434, 435 BGB aufweist.[635] Eine Abgrenzung zwischen den Alternativen ist grundsätzlich nicht notwendig, da sie die gleiche Rechtsfolge, und zwar die Anwendbarkeit von § 437 BGB, auslösen.[636]

Ein Rechtsmangel liegt gemäß § 435 BGB vor, wenn Dritte in Bezug auf die Sache oder weitergehende als die im Kaufvertrag übernommenen Rechte gegen den Käufer geltend machen können.

Wann das Kaufobjekt sachmangelfrei ist bestimmt sich gemäß § 434 Abs. 1 BGB zunächst anhand des subjektiven Fehlerbegriffs.[637] Es ist frei von Sachmängeln, wenn es die aus dem Kaufvertrag vereinbarte Beschaffenheit aufweist.[638] Zur Beschaffenheit zählen alle Faktoren, die der Sache anhaften wie z.B. Neuheit, Größe, Gewicht, Alter oder Herstellungsmaterial, aber zusätzlich auch alle Beziehungen der Sache zur Umwelt, die nach der Verkehrsanschauung wertbildend sind.[639]Als vereinbart gilt sie, wenn sie im Vor- oder Nachhinein im Vertrag festgelegt wurde.[640] Dies kann ausdrücklich oder konkludent stillschweigend erfolgen.[641] Mangelt es an einer konkreten Individualvereinbarung, wird gemäß § 434 Abs. 1 S. 2 Nr. 1 BGB darauf abgestellt, ob beim Kauf eine bestimmte Art von Verwendung vorausgesetzt wurde.[642] Unter der Verwendung ist insbesondere die Nutzungsmöglichkeit des Gegenstands zu verstehen.[643] Die subjektive Anknüpfung an den Fehlerbegriff wirkt kumulativ, das heißt, nur wenn sowohl

---

635 *Looschelders*, Schuldrecht Besonderer Teil, Rn. 29 ff.; *Reinicke/Tiedtke*, Kaufrecht, Rn. 295; Palandt/*Weidenkaff*, § 434 BGB, Rn. 4.

636 *Reinicke/Tiedtke*, Kaufrecht, Rn. 391; Palandt/*Weidenkaff*, § 437 BGB, Rn. 1.

637 *Brox/Walker*, Besonderes Schuldrecht, § 4, Rn. 9; *Looschelders*, Schuldrecht Besonderer Teil, Rn. 35.; *Reinicke/Tiedtke*, Kaufrecht, Rn. 299 ff.; Palandt/*Weidenkaff*, § 434 BGB, Rn. 1.

638 Jauerning/*Berger*, § 434 BGB, Rn. 1.

639 BGH Urt. v. 15.06.2016 – VIII ZR 134/15, NJW 2016, 2874; Palandt/*Weidenkaff*, § 437 BGB, Rn. 11; Ob die Notwendigkeit besteht, dass die Beziehung an ein physisches Merkmal der Sache knüpft, verneinend siehe: *Looschelders*, Schuldrecht Besonderer Teil, Rn. 38; *Reinicke/Tiedtke*, Kaufrecht, Rn. 306 ff.; A.A: BeckOK BGB/*Faust*, § 434 BGB, Rn. 22.

640 Palandt/*Weidenkaff*, § 437 BGB, Rn. 15.

641 BGH Urt. v. 15.04.2015 – VIII ZR 80/14, NJW 2015, 1669; BGH Urt. v. 19.12.2012 – VIII ZR 96/12, NJW 2013, 1074; *Reinicke/Tiedtke*, Kaufrecht, Rn. 315; Palandt/*Weidenkaff*, § 437 BGB, Rn. 17.

642 MüKoBGB/*Westermann*, § 434 BGB, Rn. 18.

643 Jauerning/*Berger*, § 434 BGB, Rn. 1; BeckOK BGB/*Faust*, § 434 BGB, Rn. 51; *Reinicke/Tiedtke*, Kaufrecht, Rn. 319.

Beschaffenheit als auch der Verwendungszweck vorliegen, kann die Sache als mangelfrei qualifiziert werden.[644]

Sekundär greift gemäß §§ 434 Abs. 1 Nr. 2 BGB der objektive Fehlerbegriff[645], der an die Eignung zur gewöhnlichen Verwendung und an die zu erwartende Beschaffenheit anknüpft.[646] Die gewöhnliche Verwendung und übliche Beschaffenheit beurteilt sich anhand der Verkehrsanschauung.[647] Als Maßstab ist die Erwartung eines vernünftig denkenden Durchschnittskäufers anzusetzen.[648] Produkte gleicher oder ähnlicher Gattung dienen als Vergleichsobjekte.[649] Ergänzt wird die übliche Beschaffenheit gemäß § 434 Abs. 1 S. 3 BGB durch öffentliche Aussagen des Verkäufers oder eines Gehilfen z.B. in Form von Werbung bezüglich konkreter Produkteigenschaften. Unabhängig von Beeinträchtigungen an der zu übereignenden Sache selber sind auch Montagefehler (§ 434 Abs. 2 BGB), Fehllieferungen (§ 434 Abs. 3 Alt. 1 BGB) und zu wenig Lieferungen (434 Abs. 3 Alt. 2 BGB) als Sachmangel zu qualifizieren.

Wie sich zeigt unterscheidet das deutsche Recht ziemlich detailliert die verschiedenen Formen von Mängeln, die eine Gewährleistungspflicht beim Verkäufer auslösen können. Für den Schadenersatz kann es dahinstehen, welche konkrete Art vorliegt, da sie keinen Einfluss auf die weiteren Anspruchsvoraussetzungen hat.

3. *Vorliegen des Mangels bei Gefahrübergang*

Die im Vorhinein beschriebenen Mängel führen lediglich zu einer Ersatzpflicht des Veräußerers nach dem Regime des § 437 BGB, wenn sie gemäß §§ 446, 447 BGB bereits bei Gefahrübergang vorlagen. Folglich ist grundsätzlich der Moment der Übergabe der Sache an den Käufer maßgeblich.[650] Ein Mangel in der Zeit zwischen dem Kaufvertragsabschluss und der Übergabe ist aus

---

644 BeckOK BGB/*Faust*, § 434 BGB, Rn. 53.

645 A.A.: *Looschelders* sieht darin keinen objektiven Fehlerbegriff, sondern eine Anknüpfung an den hypothetischen Parteiwillen, siehe: *Looschelders*, Schuldrecht Besonderer Teil, Rn. 48.

646 *Brox/Walker*, Besonderes Schuldrecht, § 4, Rn. 13.

647 *Reinicke/Tiedtke*, Kaufrecht, Rn. 327.

648 Palandt/*Weidenkaff*, § 434 BGB, Rn. 30.

649 BeckOK BGB/*Faust*, § 434 BGB, Rn. 58 f.; Palandt/*Weidenkaff*, § 434 BGB, Rn. 29.

650 Jauerning/*Berger*, § 437 BGB, Rn. 2; *Looschelders*, Schuldrecht Besonderer Teil, Rn. 55; MüKoBGB/*Westermann*, § 437 BGB, Rn. 6; Eine andere Ansicht stellt auf den Moment des § 363 BGB ab. Also auf die Annahme der Ware als Erfüllung durch den Käufer, siehe: BeckOK BGB/*Faust*, § 437 BGB, Rn. 6.

gewährleistungsrechtlicher Sicht irrelevant und beeinflusst lediglich den Erfüllungsanspruch des Käufers.[651].

4. *Zusätzliche Voraussetzung des jeweiligen Rechtsbehelfs*

Zusammengefasst ist das Gewährleistungsrecht über § 437 BGB eröffnet, sobald ein Kaufvertrag zwischen den Parteien vorliegt, jedoch die veräußerte Sache bei Gefahrübergang nicht frei von Sach- oder Rechtsmängeln ist. Die weiteren Voraussetzungen richten sich nach dem vom Käufer gewählten Rechtsbehelf. Vorrang hat jedoch grundsätzlich die Nacherfüllung als Möglichkeit des Verkäufers zur zweiten Andienung, soweit sie möglich ist und hinsichtlich des Schadens Abhilfe leistet.[652]

a.) Setzen einer Nacherfüllungsfrist

Folglich hat der Gläubiger – anders als bei §§ 437 Nr. 3, 280 I BGB –z.B. bei §§ 437 Nr. 3, 281 Abs. 1 S. 1, 280 Abs. 1 u. 3 BGB dem Schuldner eine angemessene Frist zur Nacherfüllung zu setzen. Erst mit erfolglosem Ablauf der Frist oder der Entbehrlichkeit jener nach den §§ 281 Abs. 2 o. 440 BGB sind Schadensersatzansprüche denkbar. Die Fristsetzung bedarf einer bestimmten/ernsthaften Aufforderung zur Leistung.[653] Die Zeitspanne muss nicht kalendarisch oder in Tagen festgelegt werden, es reicht aus, dem Schuldner eine realistische Chance zur zweiten Andienung einzuräumen.[654] Der Käufer ist nicht verpflichtet rechtliche Konsequenzen oder die endgültige Leistungsverweigerung in Aussicht zu stellen.[655]

b.) Vertretenmüssen (§§ 276 ff. BGB)

Aus § 280 Abs. 1 S. 2 BGB ergibt sich, dass Schäden nur zu ersetzen sind, insoweit der Schuldner die Pflichtverletzung bzw. den Mangel zu vertreten hat. Aus der Negativ-Formulierung dieser Norm („*dies gilt nicht, wenn*") ergibt sich, eine widerlegbare Vermutung, dass der Schuldner die Pflichtverletzung zu vertreten hat.[656] Grundsätzlich bezieht sich das Vertreten müssen nur auf die

---

651 *Looschelders*, Schuldrecht Besonderer Teil, Rn. 55; MüKoBGB/*Westermann*, § 437 BGB, Rn. 6.

652 Beim Schadensersatz neben der Leistung gemäß § 437 Abs. 280 Abs. 1 BGB.

653 BGH Urt. v. 13.07.2016 – VIII ZR 49/15, NJW 2016, 3654; MüKoBGB/*Ernst*, § 281 BGB, Rn. 33.

654 BGH Urt. v. 12.08.2009 – VIII ZR 254/08, NJW 2009, 3153.

655 MüKoBGB/*Ernst*, § 281 BGB, Rn. 38 f.

656 *Looschelders*, Schuldrecht Allgemeiner Teil, Rn. 520.

Pflichtverletzung. Im Rahmen des § 281 BGB kann ferner an die fehlende Nacherfüllung angeknüpft werden.[657] Es reicht aus, wenn die Varianten alternativ und nicht kumulativ vorliegen.

c.) Kausaler Schaden

Die mängelbehaftete Lieferung muss kausal einen Schaden verursacht haben.[658] Die Kausalität richtet sich ebenso wie im UN-Kaufrecht[659] nach der *conditio sine qua non*-Formel.[660] Dementsprechend ist jede Handlung kausal, die nicht hinweggedacht werden kann, ohne dass der Erfolg entfiele.[661] Aufgrund der zu weitreichenden Wirkung wird als Korrektiv die Adäquanztheorie[662] und die Lehre vom Schutzzweck der Norm hinzugezogen[663], um eine uferlose Einstandspflicht des Schädigers zu vermeiden.[664]

5. Ausschlussgründe

Beschränkt werden können die Rechte des Gläubigers durch individuelle Vereinbarungen oder gesetzliche Ausschlussgründe. Die zwei für das Kaufrecht relevantesten sind in § 442 BGB und § 377 HGB geregelt. So kann der Käufer gemäß § 442 Abs. 1 BGB sich nicht auf einen Mangel berufen, welchen er zum Zeitpunkt des Vertragsschlusses kannte oder hätte kennen müssen.[665] Sollte das Geschäft für beide Teile ein Handelsgeschäft sein, hat er die Ware gemäß § 377 HGB bei Ablieferung zu untersuchen und mögliche Schäden unverzüglich anzuzeigen, ansonsten gilt sie als genehmigt. Die Genehmigung führt zum Verlust sämtlicher Gewährleistungsrechte des Käufers.[666]

---

657 BGH Urt. v. 29.4.2015 – VIII ZR 104/14, NJW 2015, 2244; BGH Urt. v. 17.10.2012 – VIII ZR 226/11, NJW 2013, 220; *Looschelders*, Schuldrecht Besonderer Teil, Rn. 124; *Reinicke/Tiedtke*, Kaufrecht, Rn. 537 ff.; Z.T. wird vertreten, dass allein auf die Verletzung der Nacherfüllungspflicht abgestellt werden soll: *Lorenz*, NJW 2002, S. 2503.

658 *Looschelders*, Schuldrecht Allgemeiner Teil, Rn. 971.

659 Siehe: S. 53.

660 BGH Urt. v. 11.5.1951 – I ZR 106/50, NJW 1951, 711.

661 *Medicus/Lorenz*, Schuldrecht I Allgemeiner Teil, § 55, Rn. 636 ff.

662 BGH Urt. v. 07.01.1988 – IX ZR 7/87, NJW 1988, 1262 (1263) BGH Urt. v. 14.03.1985 – IX ZR 26/84, NJW 1329 (1331).

663 *Looschelders*, Schuldrecht Allgemeiner Teil, Rn. 988 ff.; *Medicus/Lorenz*, Schuldrecht I Allgemeiner Teil, § 55, Rn. 639 f.

664 Zum Verhältnis dieser beiden Lehren siehe unten: S. 169 ff.

665 Wobei § 442 Abs. 1 S. 2 BGB eine Rückausnahme regelt.

666 MüKoHGB/*Grunewald*, § 377 HGB, Rn. 97.

II. Grundsätze der Schadensbemessung gemäß §§ 249 ff. BGB – Haftungsausfüllender Tatbestand –

Liegen die Voraussetzungen eines Schadensersatzanspruches vor, bemessen sich Inhalt und Höhe nach den §§ 249 ff. BGB.[667] Trotz der Aufteilung in verschiedene Normen bilden die Paragraphen ein kohärentes System. Wie das CISG verfolgt das deutsche Schadensrecht das Ziel des Ausgleichs in Form der Totalreparation.[668] Jedoch unterscheidet sich die Restitutionsform, da das BGB vorranging die Natural-Herstellung vorschreibt.

1. *Ausgleichsfunktion in Form der Totalreparation*

Nach dem deutschen Schadensrecht hat der Schädiger den gesamten Schaden zu ersetzen, den er zurechenbar verursacht hat.[669] Dabei soll der Geschädigte nach der Gewährung des Anspruchs nicht besser oder schlechter gestellt sein, als er ohne das Ereignis stünde (Bereicherungsverbot).[670] Pönale Elemente sind dem Schadensrecht grundsätzlich fremd.[671]Jedoch haben z.T. Elemente der Prävention und Genugtuung Einzug erhalten.[672] Dennoch deckt sich das deutsche Grundverständnis dieses Prinzips grundsätzlich mit dem des CISG, wobei die Frage von direkten (echten und unechten) und indirekten Durchbrechungen noch offen bleibt.

2. *Naturalrestitution*

Anders als das CISG[673], das den Geldersatz als Kompensationsform vorschreibt, wird in den §§ 249-251 BGB ein duales Restitutionsprinzip verfolgt.[674] Regelmäßig soll im Lichte der Ausgleichsfunktion durch den Schuldner der tatsächliche Zustand in Natur wiederhergestellt werden, der ohne das schädigende Ereignis

---

667 Staudinger/*Schiemann*, Vorbem. zu §§ 249-254, Rn. 1.

668 Palandt/*Grüneberg*, Vorb v § 249 BGB, Rn. 2 ff.; *Looschelders*, Schuldrecht Allgemeiner Teil, Rn. 955 ff.; Jauerning/*Teichmann*, Vorb. §§ 249-253 BGB, Rn. 2.

669 *Looschelders*, Schuldrecht Allgemeiner Teil, Rn. 957; Soergel/*Ekkenga/Kuntz*, Vor § 249 BGB, Rn. 14 f.

670 BGH Urt. v. 07.05.2004 - V ZR 77/03, NJW 2004, 2526 (2528).

671 Palandt/*Grüneberg*, Vorb v § 249 BGB, Rn. 2.

672 BGH Urt. v. 05.12.1995 – VI ZR 332/94, NJW 1996, 984.

673 Siehe: S. 60.

674 BeckOK BGB/*Flume*, § 249 BGB, Rn. 57 ff.; Palandt/*Grüneberg*, § 249 BGB, Rn. 2; MüKoBGB/*Oetker*, § 249 BGB, Rn. 320; *Picker*, Die Naturalrestitution durch den Geschädigten, S. 42 ff.

bestehen wurde (Naturalrestitution).[675] In bestimmten gesetzlich geregelten Fällen, so z.B., wenn die Wiederherstellung nicht möglich ist (§ 251 Abs. 1 BGB), hat der Schuldner alternativ Geldersatz zu leisten.

B. Reputationsschäden im BGB – De lege lata

Das deutsche Schadensrecht hat sich in verschiedenen Urteilen und Beiträgen mit der Reputation einer Person oder eines Unternehmens beschäftigt. So z.B. im Rahmen des allgemeinen Persönlichkeits- (APR)[676] oder Arbeitsrechts[677]. Gegenstand der Diskussionen war aber nicht die Unternehmensreputation als Finanzkapital[678], sondern viel eher zielten die Ausführungen auf die Beantwortung der Fragen ab, ob eine Rufschädigung einen Unterlassungsanspruch begründet oder eine emotionale Kompensation (Schmerzensgeld) nach sich ziehen sollte.[679] Mangels Literatur und Rechtsprechung zu diesem Phänomen wird im weiteren Verlauf eine dogmatische Analyse des deutschen Schadensrecht vorgenommen mit besonderen Augenmerk auf den Umfang der Ersatzplicht (§§ 249 ff. BGB).

I. Rechtliche Einordnung

Anders als im CISG soll sich zunächst in Kürze der Frage gewidmet werden wie die Reputationsbeeinträchtigung vom Schadenstyp im BGB einzuordnen ist. Die § 249 ff. BGB teilen bestimmte Schäden zu speziellen Kategorien zu. So unterscheidet § 249 Abs. 2 BGB zwischen Verletzungen von Personen und Sachschäden. In § 252 wird noch der Schadensposten des entgangenen Gewinns ausdrücklich genannt. Die wohl wichtigste Unterscheidung nimmt jedoch § 253 Abs. 1 BGB vor. Dieser differenziert zwischen Vermögensschäden

675 MüKoBGB/*Oetker*, § 249 BGB, Rn. 320.

676 Geltung für Unternehmen: BGH Urt. v. 19.01.2016 – VI ZR 302/15, NJW 2016, 1584; BGH Urt. v. 03.06.1975 – VI ZR 123/74, NJW 1975, 1882; Palandt/*Sprau*, § 823 BGB, Rn. 91.

677 Rufschädigung als Kündigungsgrund: BAG Urt. v. 10.12.2009 – 2 AZR 543/08, NZA 2010, 698; LAG Berlin Urt. v. 28.08.2002 – 9 SA 659/02, NZA-RR 2003, 362; BeckOGK BGB/*Günther*, § 626 BGB, Rn. 462.

678 Mit wenigen Ausnahmen: *Klöhn/Schmolke*, NZG 2015, S. 689 ff.; *Ziegelmayer*, GRUR 2012, S. 761 f.

679 Unterlassungsanspruch: OLG Köln Urt. 13.10.2016 – 15 U 173/15, MMR 2017, 549; Anspruch auf Geld als Genugtuung: BGH Urt. v. 05.12.1995 – VI ZR 332/94, NJW 1996, 984.

und Nichtvermögenschäden. In seinem S. 2 stellt er klar, dass Verletzungen von Personen auch Nichtvermögensschäden darstellen können. Und obschon in den § 249 ff. BGB im Gesetzeswortlaut nicht die Formulierung „Immaterieller Schaden" auftaucht, ist § 253 mit diesem Titel überschrieben. Daraus lässt sich schließen, dass der Gesetzgeber den Nichtvermögensschaden als immateriellen Schaden qualifiziert.

Im Vorlauf wurde die Reputation oftmals als immaterielles Gut beschrieben. Jedoch darf daher nicht fälschlicherweise geschlossen werden, dass ein Schaden an diesem immateriellen Gut ausschließlich einen immateriellen Schaden i.S.d. §§ 249 ff BGB zur Folge hat. Wie bereits mehrfach dargestellt, kann eine Reputation durchaus einen Marktwert haben und dieser Wert kann beispielweise durch eine vertragliche Pflichtverletzung gemindert werden. In einer solchen Konstellation liegt bei dem Opfer ein Vermögensschaden vor. Daher muss bei der schadensrechtlichen Betrachtung klar zwischen dem „Gut an sich" und dem daraus resultierenden Schaden bei einer Beeinträchtigung unterschieden werden. Ansonsten besteht schnell die Gefahr, den hier zum Gegenstand stehenden Reputationsschaden (ein immaterielles Gut an dem ein finanzieller Schaden entstanden ist), mit einem Schmerzensgeld für eine Rufschädigung zu verwechseln.

II. Rechtliche Herleitung

Ob das BGB den Reputationsschaden umfasst, soll – wie beim CISG – anhand einer Auslegung der relevanten Normen beantwortet werden.

1. Grammatikalische Auslegung

Das vertragliche Schadensersatzrecht richtet sich nach §§ 249 ff.[680] BGB. Die Grundnorm stellt § 249 Abs. 1 BGB dar. Nach deren Wortlaut hat der Schädiger den Zustand herzustellen, der bestehen würde, wenn das zum Ersatz verpflichtende Ereignis nicht eingetreten wäre. In Fällen der Verletzung einer Person oder der Beschädigung einer Sache kann der Betroffene gemäß § 249 Abs. 2 BGB von der Naturalrestitution absehen und Ersatz in Geld verlangen. Wie bereits erläutert, kann bei einer Reputation aufgrund seiner Einzigartigkeit nie der Ursprungszustand hergestellt werden, welcher vor der Schädigung bestand.[681] Außerdem ist sie als intangible Ressource weder als Personen- noch als Sachschaden zu qualifizieren, somit wäre sie nicht vom Regelungsgehalt umfasst.

---

680 *Looschelders*, Schuldrecht Allgemeiner Teil, Rn. 954.
681 Grundsätzlich strittig, ob dies bei Sachen möglichen ist.

Jedoch hat der deutsche Gesetzgeber für solche Schadenstypen § 251 Abs. 1 Alt. 1 BGB entwickelt. In Szenarien, in denen die Herstellung des Ausgangszustands nicht möglich ist, hat der Schuldner den Gläubiger in Geld zu entschädigen. Rein auf den Wortlaut beschränkt, fällt somit die Reputationsschädigung in jeglicher Form unter den Schutzbereich. Ergänzt wird das System aber durch § 253 BGB, der Sonderbestimmungen für immaterielle Schäden trifft. Diese sind grundsätzlich nicht in Geld ersatzfähig, es sei denn eine der Ausnahmenregelungen greift. Der Reputationsverlust ohne Vermögenseinbuße fällt nicht unter diese Sonderfälle, da er weder wortwörtlich im Gesetz als konkreter Fall kodifiziert[682] noch in der Enumeration von § 235 Abs. 2 BGB genannt ist. Ob dann als Minus zur Wiederherstellung des Rufes (wegen Unmöglichkeit) zumindest der Anspruch auf öffentliche Richtigstellung verbleibt, kann rein aus dem Wortlaut nicht geschlossen werden.

Versteht man das System der §§ 249 ff. BGB in einer solchen Weise, dass abseits von reinen immateriellen Schäden immer der Ausgangszustand zumindest in Geld wiederherzustellen ist, so wäre die Schädigung einer Unternehmensreputation – unter der Prämisse das Ereignis führe zu einem Vermögensverlust – ersatzfähig. Dadurch, dass der Wortlaut aber sehr weit gefasst ist, lässt er zumindest keine eindeutigen Rückschlüsse über den gesetzgeberischen Willen zu.

2. *Teleologische Auslegung*

Die isolierte Betrachtung des Wortlauts führt zu keinem klaren Ergebnis. Zielführender erscheint eine Auslegung nach Sinn und Zweck der Normen unter Berücksichtigung ihrer in sich abschließenden Systematik.

a.) Ausgangsüberlegung

Kongruent zu den Ausführungen der teleologischen Auslegung des Art. 74 CISG muss auch bei der Interpretation der §§ 249 ff. BGB die Ausgangsüberlegung sein, dass aufgrund des dem deutschen Schadensersatzrecht inhärenten Prinzips der Totalreparation zunächst alle erdenklichen Schäden ersatzfähig sind.[683] Damit wären sowohl Reputationsschäden als Vermögensschäden, der Gewinn von Reputation als Ziel des Vertrags, aber auch Reputationsbeeinträchtigungen ohne finanziellen Wert vom Gesetz gedeckt. Eine solche These hält wissenschaftlichen

---

682 Angedacht werden könnte zumindest § 824 BGB, wobei dieser keine Regelung hinsichtlich immaterieller Schäden trifft.

683 Siehe: S. 61 ff.

Ansprüchen nicht stand, dies zeigte sich u.a. daran, dass in keinem Rechtsystem eine schrankenlose Form der Totalreparation implementiert wurde.[684] Dementsprechend ist die konkrete Ausgestaltung im deutschen Recht maßgeblich.

b.) Konkrete Ausgestaltung der §§ 249 ff. BGB

Taugliche Hürden für die Ersatzfähigkeit stellen der Schadensbegriff, die Schadenszurechnung, die Kompensationsform sowie mögliche Reduktionsklauseln dar.

aa.) Schadensbegriff bzw. Schadensermittlung

Die Totalreparation postuliert, dass alle Schäden des Gläubigers zu ersetzen sind.[685] Jedoch spezifiziert sie weder den Schadensbegriff noch die Ermittlungsmethode. Die Wahl der beiden hat aber weitreichende Konsequenzen für den Haftungsumfang, da durch sie *a priori* bestimmte Schäden aus dem Haftungspool ausgeschlossen werden (unechte Durchbrechung).[686] Demzufolge wird auf nationaler Ebene durch die Bestimmung der Definition des Schadensbegriffs die Totalreparation vorverlagert eingeschränkt.

Der deutsche Gesetzgeber verzichtete darauf eine ausdrückliche Regelung zu kodifizieren, sodass die Bestimmung seither Gegenstand wissenschaftlicher Diskussionen ist. Eindeutig zielführend waren diese bisher nicht, wie sich an der Meinungsvielfalt bezüglich des Schadensbegriffs erkennen lässt.[687]

Allgemein ließe sich unter einem Schaden jede unfreiwillige Einbuße, die jemand infolge eines Umstands an seinen Lebensgütern erleidet, verstehen.[688] Diese Beschreibung kann zu dem hier verfolgenden wissenschaftlichen Ziel nicht weitreichend beitragen, da sie in keinster Weise qualifiziert wann ein ersatzfähiger Schaden vorliegt.[689] Ein Begriff, der dieses Kriterium nicht erfüllt, verliert gewissermaßen seine juristische Relevanz.[690] Jener sollte immer an eine Feststellungs- sowie Rechenmethode gebunden sein, die dem Rechtsanwender einen Maßstab an die Hand gibt, welche Interesseneinschränkungen Rechtsfolgen auslösen. Dementsprechend verschwimmen die Grenzen zwischen diesen

684 Siehe: S. 64 ff.

685 BeckOK BGB/*Flume*, § 249 BGB, Rn. 43 ff.

686 Mehr zu Durchbrechungen der Totalreparation, siehe: S. 66 ff.

687 *Magnus*, Schaden und Ersatz, S. 11 ff.

688 *Larenz*, Lehrbuch des Schuldrechts I, S. 426.

689 Mehr zum Verhältnis zwischen dem natürlichen Schadensbegriff und dem rechtlichen in: *Larenz*, Lehrbuch des Schuldrechts I, S. 426 f.

690 *Mertens*, Der Begriff des Vermögensschaden im Bürgerlichen Recht, S. 13 f.

drei Konzepten bzw. vereinen sich unter der Begriffsbestimmung. Das Gesetz hilft insoweit weiter, dass es gemäß § 253 Abs. 1 BGB hinsichtlich materieller und immaterieller Schäden unterscheidet und die Ersatzpflicht in Geld abseits gesetzlicher Ausnahmen auf Vermögenseinbußen beschränkt. Somit ist – wie *Magnus* bereits 1987 richtigerweise festgestellt hat – die Suche nach einem Schadensbegriff viel eher die Suche nach einem Vermögensschadensbegriff.[691]

(1) Natürlicher Schadensbegriff und Differenzhypothese

Um festzustellen, wann ein Vermögensschaden vorliegt, wurde anfangs auf die Interessenlehre von *Mommsen* zurückgegriffen:

> *„Unter dem Interesse in seiner technischen Bedeutung verstehen wir nämlich die Differenz zwischen dem Betrage des Vermögens einer Person, wie derselbe in einem gegebenen Zeitpunkte ist, und dem Betrag, welchen dieses Vermögen ohne die Dazwischenkunft eines bestimmten schädigenden Ereignisses in dem zur Frage stehenden Zeitpunkt haben würde".*[692]

Ein Schaden lasse sich anhand einer rein mathematischen Rechnung zweier Vermögenssituationen ermitteln und zwar indem die bestehende Güterlage mit jener verglichen wird, die bestehen würde, wenn das schädigende Ereignis ausgeblieben wäre.[693] Die Differenz daraus sei als Schaden zu qualifizieren. Unberücksichtigt bleiben sollten etwa das Affektionsinteresse und andere wertende oder moralische Gesichtspunkte.[694] Im Zentrum stehe nicht das beschädigte Gut, sondern immer die Gesamtvermögenslage als Ganzes. Diese Methode war für einen langen Zeitraum ständige Rechtsprechung.[695] Streng genommen ist sie lediglich ein Rechenmodell, dennoch wurde sie zusätzlich als Feststellungswerkzeug wahrgenommen und ihr der natürliche Schadensbegriff (bzw. faktische Schadensbegriff) zugrunde gelegt.[696] Um zu bestimmen, welche Güter einen wirtschaftlichen Wert haben und damit den Ausgangspunkt einer Bilanzierung

---

691 *Magnus*, Schaden und Ersatz, S. 9; So ähnlich auch in: Palandt/*Grüneberg*, Vorb v § 249 BGB, Rn. 9 ff.; Eine kritische Betrachtung dieser Herangehensweise, weil sie die Naturalrestitution gänzlich vernachlässige zu finden in: *Zeuner*, AcP 1964, S. 382 ff.

692 *Mommsen*, die Lehre von dem Interesse, S. 3.

693 Staudinger/*Schiemann*, Vorbem. zu §§ 249-254, Rn. 25.

694 *Mommsen*, die Lehre von dem Interesse, S. 133.

695 Mit Nachweisen in: *Lange/Schiemann*, Schadensersatz, S. 27; Außerdem in: *Larenz*, Lehrbuch des Schuldrechts I, S. 480; *Magnus*, Schaden und Ersatz, S. 9; Staudinger/*Schiemann*, Vorbem. zu §§ 249-254, Rn. 35.

696 *Magnus*, Schaden und Ersatz, S. 10.

anhand der Differenzhypothese bilden, wurde die „Natur“ in Form des Wirtschaftsverkehrs als Beurteilungsmaßstab herangezogen. Hat jener dem Gut einen finanziellen Wert zugesprochen, so konnte er in den Vergleich der Vermögenssituationen aufgenommen werden.[697]

Wie im zweiten Kapitel dargestellt, ist die Unternehmensreputation, obgleich die exakte Quantifizierung noch problematisch erscheint, im Wirtschaftsverkehr ein essentieller Faktor, dem ein hoher Geldwert zugemessen wird, da er den Unternehmenserfolg stark beeinflusst.[698] Eine Beeinträchtigung führt automatisch zu einem Verlust des Unternehmenswerts sowie Mehrkosten und Mindereinnahmen. Sie ist somit eine Beeinträchtigung, die innerhalb einer Bilanzierung wiederzufinden ist. Unter dieser Prämisse wäre der Reputationsschaden – wie im CISG auch vorgenommen – als Vermögenseinbuße im klassischen Sinne der Differenzhypothese zu verstehen, anders als der reine emotionale Schaden, der aus einer Rufschädigung resultieren kann.

Die Differenzhypothese musste sich berechtigterweise im Verlaufe der Zeit jedoch die Kritik gefallen lassen, dass sie keine Allgemeingültigkeit für jegliche Situation beanspruchen kann. Zu unterschiedlich sind die Zusammenhänge des Rechts und bestimmter Lebenssituationen, um sie auf eine Methode zu reduzieren. Die Schwäche der Differenzhypothese tritt insbesondere zu Tage bei Fragen hinsichtlich Drittschäden, hypothetischer Kausalität und Vorteilsausgleichung.[699] So würden wohl die wenigsten verneinen, dass selbst bei einem positiven Saldo nach Anwendung der Differenzhypothese ein Schaden beim Opfer anzunehmen ist, wenn der Überschuss im Vermögen auf Spenden beruht, welche dem Opfer aufgrund des schädigenden Ereignisses zukamen.[700]

(2) Andere rechtliche Auffassungen

Da die starre Anwendung der Differenzhypothese u.a. diese Probleme nicht erfassen konnte, kam es zur Entwicklung neuer Konzeptionen.[701] Einige bedienen sich des natürlichen Schadensbegriffs als Fundament ihrer neuen Idee,

---

697 Dieser ist nicht von *Mommsen* begründet worden und geht eher auf die Arbeiten von *Fischer* zurück, siehe: *Lange/Schiemann*, Schadensersatz, S. 27; *Mertens*, Der Begriff des Vermögensschaden im Bürgerlichen Recht, S. 24 ff.

698 Siehe: S. 28 ff.

699 Staudinger/*Schiemann*, Vorbemerkung §§ 249-254 BGB, Rn. 41.

700 Andere Beispiele zu finden in: *Zeuner*, in: GS Dietz, S. 99 ff.

701 Vertieft dargestellt in: *Lange/Schiemann*, Schadensersatz, S. 29 ff.; *Magnus*, Schaden und Ersatz, S. 11 ff.

nehmen jedoch Modifikationen vor.[702] Andere wiederum versuchen gänzlich neue Ansätze zu entwickeln.[703] Für den hier gewählten Untersuchungsgegenstand werden die Begriffsbestimmungen besonders interessant sein, die entweder den Reputationsschaden bzw. Konzepte ähnlicher Form explizit zum Gegenstand haben oder das Verständnis welche Güter zum Vermögen gezählt werden, grundlegend anders konturieren.

In die erste Kategorie lässt sich beispielsweise der dreigliedrige Schadensbegriff von *Stoll* einordnen.[704] Neben materiellen und immateriellen Beeinträchtigungen gebe es noch eine dritte Gattung, und zwar Schäden an subjektiv wirtschaftlichen Werten. Interessanterweise qualifiziert er explizit den Ruf einer Person als einen solchen.[705] Dies ergebe sich nicht aus der Differenzhypothese, sondern lasse sich durch eine erweiterte Auslegung des § 842 BGB begründen. Dieser Paragraph habe nicht eine Klarstellungsfunktion in Bezug auf § 249 ff. BGB, sondern erweitere den Haftungsumfang.

Schmidt geht sogar noch einen Schritt weiter, indem er die Ersatzpflicht auf Lebensgüter erweitert, die ihrem Wesen nach immaterielle Werte darstellen, wie z.B. Theater- Konzertbesuchen, wenn sie einen standardisierten Genuss oder Vorteil darstellen und nicht primär auf einem Affektionsinteresse beruhen.[706] Die Vertreter dieser Ansicht sprechen vom Kommerzialisierungsgedanken im Schadensrecht und erweitern damit den Haftungsumfang grundlegend.[707] Dieser Konzeption wird teils vorgeworfen zu undifferenziert zu sein, da es mittlerweile für so ziemlich alle Rechtsgüter einen Markt gebe.[708] Ein solcher Bewertungsmaßstab verwässere die Grenze zwischen materiellen und immateriellen Gütern und führe zu einem unüberschaubaren Haftungsrisiko beim Schädiger.

Auch *Lange* bedient sich der Differenzhypothese als Grundlage der Schadensbetrachtung, dennoch sei eine gewisse wertende Beurteilung notwendig. Eine

---

702 Esser/*Schmidt*, Schuldrecht Band I AT, S. 482 ff.; *Stoll*, Begriff und Grenzen des Vermögensschadens, S. 18 f.

703 *Neuner*, AcP 1931, S. 290 ff.; Bezüglich des Mindestschaden so auch: *Larenz*, Lehrbuch des Schuldrechts I, S. 483.

704 *Stoll*, Begriff und Grenzen des Vermögensschadens, S. 18 f.

705 *Stoll*, Begriff und Grenzen des Vermögensschadens, S. 19.

706 Esser/*Schmidt*, Schuldrecht Band I AT, S. 482 ff.

707 So auch: Soergel/*Ekkenga*/*Kuntz*, Vor § 249 BGB, Rn. 74 f.; *Mertens*, Der Begriff des Vermögensschaden im Bürgerlichen Recht, S. 154 ff.; MüKoBGB/*Oetker*, § 249 BGB, Rn. 41 ff.

708 Palandt/*Grüneberg*, Vorb v § 249 BGB, Rn. 11; *Larenz*, Lehrbuch des Schuldrechts I, S. 485.

Abweichung vom natürlichen Schadensbegriff sollte jedoch nur in Fällen möglich sein, in denen die Rechtsordnung es durch in ihr niedergelegte Grundätze legitimiert.[709] Auch er qualifiziert ohne weitere Erläuterung, die Diskreditierung des geschäftlichen Ansehens als Vermögensschaden.[710]

Eine stärkere Abkehr von der Differenzhypothese lässt sich bei *Neuner* feststellen, da er zu großen Teilen von der subjektiven Schadensbetrachtung abweicht und die Anwendung der Differenzhypothese auf mittelbare Schäden begrenzt, wohingegen unmittelbare Schäden isoliert betrachtet werden sollen und der Schaden an ihnen grundsätzlich als Mindestschaden ersatzfähig sei, unabhängig von externen Faktoren.[711] Für diesen Ansatz führt er die rechtsverfolgende Funktion des Schadensersatzanspruchs ins Feld. Probleme des Drittschadens und des Vorteilsausgleich seien damit zu lösen. U.a. auf Grundlage dieser Überlegung hat sich der normative Schadensbegriff entwickelt.[712] Zunächst sprach man wohl von einem eigenständigen Schadensbegriff, durch den rechtliche Wertungen einen Vermögensschaden dort bejahen können, an denen der natürliche Schadensbegriff scheitert. Diese nach zivilrechtlichen Regelungszweck orientierte Bemessungsform wurde in unterschiedlichsten Formen sogar vom BGH aufgenommen.[713] Doch bereits früh zeigte sich, dass kein wirklich neuer Schadensbegriff geschaffen wurde, der den Haftungsumfang neu konturiert, sondern eher ein der Differenzhypothese nachgelagertes Korrektivinstrument.

(3) Vorherrschende Ansicht in Literatur und Rechtsprechung

Dementsprechend hat sich trotz der vielen Variationen der Differenzhypothese und neuer Ansätze in Rechtsprechung und Literatur die von *Mommsen* aufgestellte Regel als Grundlage der Rechnung durchgesetzt.[714] Sie soll Ausgangspunkt jeglicher schadensrechtlicher Überlegung sein, jedoch bedürfe das aus ihr resultierende Ergebnis einer normativen Kontrolle (dualistischer Schadensbegriff).[715] Die Hybridform

---

709 *Lange/Schiemann*, Schadensersatz, S. 38 ff.

710 *Lange/Schiemann*, Schadensersatz, S. 51.

711 *Neuner*, AcP 1931, S. 290 ff.; Bezüglich des Mindestschaden so auch: *Larenz*, Lehrbuch des Schuldrechts I, S. 483.

712 Bezüglich des Regresses: *Selb*, Schadensbegriff und Regreßmethoden, S. 1 ff.

713 BGH Urt. v. 09.07.1968 – GSZ 2/67, NJW 1968, 1823 (1824).

714 BGH Urt. v. 21.12.2005 – VI ZR 306/03, NJW-RR 2005, 611 (612); BGH Urt, 26.09.1997 – V ZR 29/96, DNotZ 1998, 349 (353); BGH Urt. v. 30.11.1979 – V ZR 214/77, NJW 1980, 775 (776); Soergel/*Ekkenga/Kuntz*, Vor § 249 BGB, Rn. 44; Palandt/*Grüneberg*, Vorb v. § 249 BGB, Rn. 14.

715 Soergel/*Ekkenga/Kuntz*, Vor § 249 BGB, Rn. 44; Palandt/*Grüneberg*, Vorb v § 249 BGB, Rn. 14.

zwischen natürlichem und normativem Schadensbegriff wird teilweise als Abkehr vom Kommerzialisierungsgedanken verstanden, andere wiederum qualifizieren es als reines Kontrollwerkzeug des aus dem natürlichen Schadensbegriff entspringenden Ergebnisses.[716]

Übertragen auf den Reputationsschaden kann daher auf die Ausführungen im Rahmen der Differenzhypothese verwiesen werden, jedoch gilt es ferner zu prüfen, ob normative Überlegungen das Ergebnis (Ersatzfähigkeit von Reputationsschäden) nach der Bilanzierung beeinflussen könnten. Die Situationen, in denen eine normative Anpassung zumindest angedacht wurde, waren bereits Gegenstand und Grundlage vorher entwickelter Schadensbegriffe. Dazu zählen z.B. die Vorteilsaugleichung[717], die überholende Kausalität[718], die Drittschadensliquidation[719] aber auch konkretere Schadenssituationen wie der merkantile Minderwert[720], der sogenannte „Hausfrauenschaden“[721], die abstrakte Arbeitskraft[722], Nutzungsbeeinträchtigungen[723] oder die Belastung von Vermögenslosen mit Schulden[724].

(4) Einordnung des Reputationsschadens

Damit lässt sich unter Begutachtung aller genannten Schadensbegriffe[725], die weit davon entfernt sind abschießend zu sein, und deren Untersuchungsgegenstände (normative Anpassungen) eine Gemeinsamkeit feststellen, und zwar beschäftigen sie sich mit Fallkonstellationen, in denen aus verschiedensten Gründen die Differenzhypothese zu keinem zufriedenstellenden Ergebnis führt. Die Unzufriedenheit begründet sich aber primär aus dem Umstand,

716 Als Abkehr qualifiziert beispielweise von: Palandt/*Grüneberg*, Vorb v § 249 BGB, Rn. 11 f.; Nebeneinanderstehend in: Soergel/*Ekkenga*/*Kuntz*, Vor § 249 BGB, Rn. 44; MüKoBGB/*Oetker*, § 249 BGB, Rn. 41 ff.

717 BGH Urt. v. 17.06.1953 – IV ZR113/52, NJW 1953, 1346.

718 BGH Urt. v. 18.11.1960 – V ZR 140/59, NJW 1961, 553.

719 BGH Urt. v. 10.05.1984 – ZR 52/82, NJW 1985, 2411; BGH Urt. v. 10.07.1963 – VIII ZR 204/61, NJW 1963, 2071.

720 BGH Urt. v. 29.04.1958 – VI ZR 82/57, NJW 1958, 1085.

721 BGH Urt. v. 25.09.1962 – VI ZR 244/61, NJW 1962, 2248.

722 BGH Urt. v. 05.05.1970 – VI ZR 212/68, NJW 1970, 1411.

723 BGH Beschluss v. 09.07.1986 – GSZ 1/86. AP BGB § 249 Nr. 26; BGH Urt. v. 30.11.1979 – V ZR 214/77, NJW 1980, 775.

724 BGH Urt. v. 29.06.1972 – II ZR 123/71, NJW 1972, 1856.

725 Zu nennen wäre insbesondere noch: *Magnus*, Schaden und Ersatz, S. 396 ff.; *Mertens*, Der Begriff des Vermögensschaden im Bürgerlichen Recht, S. 165 ff.; *Zeuner*, in: GS Dietz, S. 99 ff.; *Zeuner*, AcP 1964, S. 380 ff.

dass Rechtsgutsbeeinträchtigungen, obgleich ihre Ersatzfähigkeit z.T. unumstritten ist, aufgrund der Rechenmethode nicht als Vermögensschaden identifiziert werden können. Spiegelbildliche Probleme sind weniger Gegenstand der hiesigen Diskussion. Angestrebt wird also nur eine Auflockerung der strengen Differenzhypothese zugunsten des Geschädigten, nicht aber eine grundlegende Änderung bzw. Eindämmung des Verständnisses des Vermögensschadens.[726] Die Folge ist eine Ausweitung des Vermögensbegriffs. Richtungsweisend in diesem Zusammenhang waren insbesondere die Frustrationslehre und der Kommerzialisierungsgedanke.[727]

Führt man sich an dieser Stelle nochmal vor Augen, dass der Reputationsschaden einen Minderwert eines Unternehmens zur Folge hat, der sich vergleichbar mit einem Lackschaden an einem Automobil bilanzieren lässt, dann ist er als in Geld ausdrückbare Verkörperung des Gesamtvermögens zu verstehen. Es finden sich keine Ansichten, die solche fundamentalen Schäden gänzlich aus der Schadensberechnung ausklammern. Dass andere Faktoren dieses Ergebnis im Nachhinein ändern können, ändert nichts an dem Umstand, dass eine grundsätzliche Ersatzpflicht zunächst besteht.

Eine weitreichende Analyse anderer Schadensbegriffe wird somit obsolet, wenn bereits die konservativste Betrachtungsweise eine Ersatzfähigkeit begründet, ohne dass die Heranziehung des Kommerzialisierungsgedankens notwendig erscheint. Folglich haben sich in der Entwicklung des Schadensbegriffs keine Ansichten durchgesetzt, die dem hier vertretenen Verständnis der Unternehmensreputation aus der Schadensberechnung *per se* ausschließen.

bb.) Schadenszurechnung

Einhergehend mit dem Schadensbegriff folgt die Frage der Zurechnung. Grundsätzlich soll der Schuldner nur für Schäden aufkommen, die er verursacht hat. Mindestvoraussetzung ist also, dass sein Verhalten kausal für die Beeinträchtigung ist. Damit stellt die Kausalität Grund und Grenze der zivilrechtlichen Haftung dar.[728] Kausal ist jede Handlung, die nicht hinweggedacht werden kann, ohne dass der Erfolg entfiele (*conditio sine qua non*-Formel).[729] Dieses Verfahren erweist sich als praktikabel für die Zurechnung von unmittelbaren Schäden, jedoch nicht bei mittelbaren, da die Einstandspflicht durch zu weitgehendende

726 Esser/*Schmidt*, Schuldrecht Band I AT, S. 480.
727 *Lange/Schiemann*, Schadensersatz, S. 54.
728 Palandt/*Grüneberg*, Vorb v § 249 BGB, Rn. 24
729 *Medicus/Lorenz*, Schuldrecht I Allgemeiner Teil, § 55, Rn. 636 ff.

Kausalitätsketten uferlos werden kann. Dementsprechend besteht die Notwendigkeit für weitere haftungsbeschränkende Kriterien.

(1) Adäquanztheorie

Daher wurde als zweites Zurechnungswerkzeug die Adäquanztheorie geschaffen.[730] Sie wird in unterschiedlichsten Ausprägungen vertreten. So seien schadensrechtlich die Ursachen irrelevant, die unter höchst ungewöhnlichen, selbst für einen optimalen Betrachter unvorhersehbaren Umstände geeignet sind, den Schaden herbeizuführen.[731] Andere formulieren sie prägnanter und schließen die Zurechnung aus, soweit der Schadenseintritt außerhalb jeder Lebenserfahrung liegt.[732] Und obschon die Adäquanzlehre auf einer abstrakten Wahrscheinlichkeitsrechnung beruht, ist sie anders als die Äquivalenztheorie kein empirisches Konzept[733], da sie keinen rein wissenschaftlichen Ansatz verfolgt, sondern wertend nach Billigkeitsgründen ermittelt, inwieweit der Urheber einer Handlung für die daraus resultierenden Folgen einstehen muss.[734] Es kommt weder auf die Voraussicht des Schädigers noch auf die einer vergleichbaren Person in derselben Situation an.[735] Maßstab ist immer die nachträgliche Prognose eines optimalen Betrachters, mit Kenntnis über die Umstände zum Zeitpunkt des schädigenden Ereignisses (*ex-ante*).[736] Bei vorsätzlichen Handlungen sei – anders als z.T. im CISG vertreten – immer die Zurechnung zu bejahen.[737]

Da der Adäquanztest in der Rechtshistorie nur äußerst selten zu einer Ablehnung des Schadensersatzanspruchs geführt hat, wurde insbesondere von der Literatur ein weiteres Korrektiv der *conditio-sine-qua-non*-Formel geschaffen, und zwar die Lehre des Schutzzwecks der Norm.[738]

---

730 BGH Urt. v. 11.01.2005 – X ZR 163/02, NJW 2005, 1420.

731 BGH Urt. v. 15.06.1952 – IV ZR 131/51. NJW 1952, 1009.

732 BGH Urt. v. 07.03.2001 – X ZR 160/99, NJW RR 2001, 887.

733 *Looschelders*, Schuldrecht Allgemeiner Teil, Rn. 983.

734 BGH Urt. v. 23.10.1951 – I ZR 31/51, BeckRS 1951, 31400385.

735 MüKoBGB/*Oetker*, § 249 BGB, Rn. 111.

736 Palandt/*Grüneberg*, Vorb v § 249 BGB, Rn. 27.

737 BGH Urt. v. 27.01.1981 – VI ZR 204/79, NJW 1981, 983; A.A: MüKoBGB/*Oetker*, § 249 BGB, Rn. 113.

738 Soergel/*Ekkenga*/*Kuntz*, Vor § 249 BGB, Rn. 130.

(2) Schutzzweck der Norm

Nach der Lehre vom Schutzzweck der Norm ist ein Schaden ersatzfähig, wenn er von der Art und Entstehungsweise unter den Schutzzweck der Norm bzw. der vertraglichen Verpflichtung fällt.[739] Die entstandenen Nachteile müssen aus dem Bereich der Gefahr entspringen, zu deren Abwendung die verletzte Norm erlassen oder die verletzte vertragliche Verbindung übernommen worden ist.[740] Die Ratio hinter dieser Lehre ist, dass jede Schutznorm dafür entwickelt wurde, nur vor bestimmte Formen von Schäden zu schützen.[741]

Es ist strittig, inwieweit dieses Modell und die Adäquanztheorie nebeneinander existieren können. Einige führen ins Feld, dass durch den Schutzweck der Norm kein Anwendungsraum für die adäquate Zurechnung verbleibt, da sie eine abschließende Bewertung trifft.[742] Andere wiederum sehen sie koexistieren und betrachten die adäquate Betrachtung als Ausgangspunkt, welche durch den Schutzzweck ergänzt wird.[743]

Zweifellos kann die Adäquanzlehre nicht als alleiniges Korrektiv genutzt werden, um das Kausalitätsergebnis zu überprüfen. Dafür war sie von Beginn an auch nicht gedacht.[744] Es gibt einfach zu viele Tatbestände, die unabhängig von menschlichen Verhalten oder in Form einer Gefährdungshaftung eine Ersatzpflicht begründen.[745] Zum Teil kann die Adäquanzlehre aber auch konträr dazu führen, dass ein Schaden dem Schädiger nicht zugerechnet wird, der ihm aus Wertungsgründen aber zugerechnet werden sollte. Gerade deswegen wird im Vertragsrecht die Relevanz der Schutzzwecklehre deutlich. So kann sich beispielweise kein Sicherheitsbeamter dadurch exkulpieren, dass der Schadenseintritt angesichts sonstiger Vorsichtsmaßnahmen äußerst unwahrscheinlich war, da die Überwachung das Kernelement der Verpflichtung darstellt.[746] In solchen Fällen muss eine Zurechnung stattfinden.

---

739 BGH Urt. v. 30.01.1990 – XI ZR 63/89, NJW 1990, 2057; BGH Urt. v. 22.04.1958 – VI ZR 65/57, NJW 1958, 1041.

740 Palandt/*Grüneberg*, Vorb v § 249 BGB, Rn. 29.

741 MüKoBGB/*Oetker*, § 249 BGB, Rn. 120.

742 *Bernert*, Die Leerformel von der „Adaequanz“ S. 442; *Kötz/Wagner*, Deliktsrecht, Rn.193; So wohl auch *Looschelders*, der den Adäquanztest als unselbstständiges Kriterium bei der Feststellung des Schutzzweckes der Norm qualifiziert: *Looschelders*, Schuldrecht Allgemeiner Teil, Rn. 987.

743 BGH Urt. v. 11.11.1999 – III ZR 98/99, NJW 2000, 947; Soergel/*Ekkenga/Kuntz*, Vor § 249 BGB, Rn. 133; *Lange/Schiemann*, Schadensersatz, S. 92 f.; *Medicus/Lorenz*, Schuldrecht I Allgemeiner Teil, § 55, Rn. 640; MüKoBGB/*Oetker*, § 249 BGB, Rn. 119.

744 Soergel/*Ekkenga/Kuntz*, Vor § 249 BGB, Rn. 131.

745 *Lange/Schiemann*, Schadensersatz, S. 94 ff.

746 Beispiel entnommen aus: MüKoBGB/*Oetker*, § 249 BGB, Rn. 119.

Trotz solcher Einzelfälle sollte im Ergebnis die Adäquanztheorie nicht gänzlich aufgegeben werden. Aufgrund ihrer Grundlage als Wahrscheinlichkeitsrechnung bietet sie dem Rechtsanwender ein taugliches Werkzeug zur Bewertung einer Vielzahl von Fällen, anders als die Schutzzwecklehre, die eher eine Fall-Gruppen orientierte Lösung postuliert.[747] Die Verfechter einer ausschließenden Lösung müssen sich die Kritik gefallen lassen, dass sie inzident in ihrer Schutzzweckprüfung auch immer eine Wahrscheinlichkeitsrechnung anstellen, je unwahrscheinlicher nämlich der Schadenseintritt ist, umso eher ist er auch nicht vom Schutzbereich der Norm umfasst. Vergleichbar mit dem Ergebnis hinsichtlich des Schadensbegriffs sollte die Adäquanzlehre als Ausgangspunkt der Bewertung genutzt und das aus ihr resultierende Ergebnis ggf. durch eine Schutzzweckprüfung kontrolliert werden.[748]

(3) Einordnung des Reputationsschadens

Fraglich ist damit, ob in einer B2B-Vertragssituation bei Schlecht- oder Nichtlieferung ein Reputationsschaden nicht außerhalb jeglicher Lebenserfahrung liegt und vom Schutzzweck der verletzten vertraglichen Verpflichtung umfasst ist. Mangels einschlägiger Rechtsprechung hinsichtlich solcher Schäden kann nur auf die grundlegende Tendenz des BGH im Rahmen anderer Fälle rekurriert werden.

Die Adäquanztheorie erinnert ihrem Wesen nach an die Vorhersehbarkeitsregel im CISG, da beide gewissermaßen eine Beurteilung anhand von Wahrscheinlichkeit treffen.[749] Die Limitierung im Völkervertrag beschränkt die Ersatzpflicht des Schuldners gemäß Art. 74 S. 2 CISG auf Schäden, die bei Vertragsschluss für ihn vorhersehbar waren.[750] Das deutsche Begrenzungswerkzeug schließt Schäden aus, die außerhalb jeglicher Lebenserfahrungen liegen. Vom reinen Wortlaut wäre eine vergleichbare restriktive Wirkung anzunehmen. Betrachtet man die nationalen Fälle, in denen keine Zurechnung von der Rechtsprechung angenommen wurde, kann diese Annahme jedoch nicht verifiziert werden.

So entschied der BGH beispielsweise, dass der Tod eines Unfallverletzten durch einen Eingriff, der während einer unfallbedingten Operation zur Beseitigung eines nicht unfallbedingten Leidens vollzogen wird, keine adäquate Folge

---

747 Staudinger/*Schiemann*, § 249, Rn. 20.

748 So auch: Palandt/*Grüneberg*, Vorb v § 249 BGB, Rn. 28; Staudinger/*Schiemann*, § 249, Rn. 22.

749 Siehe: S. 53 ff.: Je wahrscheinlicher der Eintritt eines bestimmten Umstandes ist, umso eher wird er bei Vertragsschluss vorhersehbar sein.

750 *Piltz*, Internationales Kaufrecht, Rn. 5-543.

sei.[751] Weniger Jahre später verneinte er die Zurechnung einer Gehirnblutung, die durch Beleidigung und einer leichten Tätlichkeit entstanden ist, da selbst ein optimaler Beobachter mit einem derartigen Verlauf nicht hätte rechnen können.[752] Bejaht hat er sie wiederum in einem Fall, in dem der Käufer einer mangelhaften Sache diese an einen Dritten weiterverkaufte, dieser jedoch die Zahlung anderer Rechnungen aufgrund der Nachbesserungskosten zurückhielt und in der Zwischenzeit Konkurs (Insolvenz) erlitt. Der Verlust des Zahlungsanspruchs auf Käuferseite sei dem ursprünglichen Verkäufer zuzurechnen.[753] Augenscheinlich wird die Zurechnung nur bei absolute Ausnahmeerscheinungen verneint. Dementsprechend ist der Anwendungsbereich der Adäquanzlehre weitaus kleiner als der ihres Pendants im CISG. Als Regel lässt sich festhalten, dass alles, was nicht adäquat ist, immer als nicht vorhersehbar eingestuft werden kann, jedoch sind nicht alle Umstände, die unvorhersehbar sind zugleich nicht adäquat.

Grundsätzlich ist ein Reputationsschaden innerhalb einer B2B Beziehung als adäquate Schadensfolge zu betrachten. Für einen Unternehmer kann ein solcher Umstand so gut wie nie außerhalb jeglicher Lebenserfahrung liegen, da er weiß, dass sein Vertragspartner wiederum Interessen anderer befriedigen muss. Ein anderes Ergebnis wäre in Zeiten von Globalisierung und Produktgleichheit nicht mehr zeitgemäß. Gerade an dem weiter oben angeführten Beispiel des Verkaufs einer mangelhaften Sache wird deutlich, dass an dieser Stelle Fragen des eigenen Geschäftsrisikos oder des Vertragszwecks, die im CISG als Argumente gegen eine Vorhersehbarkeit angeführt werden, noch keine Relevanz besitzen. Natürlich bedarf es einer Einzelfallbetrachtung, die alle Umstände des Falles berücksichtigt. Einigen sich die Parteien auf eine Lieferung von einigen wenigen Produkten, ließe sich wohl keine Zurechnung begründen, da bei einem Leistungsausfall des Verkäufers dieser nicht erwarten konnte, dass beim Käufer immense Reputationsschäden entstehen. In realistischen Szenarien einer Reputationsschädigung wird die Frage der Adäquanz aufgrund ihrer marginal restriktiven Wirkung eher eine untergeordnete Rolle spielen.[754]

---

751 BGH Urt. v. 02.07.1957 – VI ZR 205/56, BeckRS 1957, 102958; Vergleichbar auch bei Behandlungsfehlern: OLG Hamm, Urt. v. 08.09.2005 – 6 U 185/04, NJW-RR 2006, 1395.

752 BGH Urt. v. 03.02.1976 – VI ZR 235/74, NJW 1976, 1143.

753 BGH Urt. v. 30.01.1980 – VIII ZR 237/78, NJW 274.

754 Soergel/*Ekkenga*/*Kuntz*, Vor § 249 BGB, Rn. 130.

Durchaus mehr Relevanz für den Reputationsschaden hat die Schutzzwecklehre. Da als Prämisse von einer vertraglichen Beziehung ausgegangen wird, ist entscheidend, inwieweit bei einem Vertrag zwischen zwei Unternehmen die Reputation vom Schutzzweck der vertragliche Verpflichtungen umfasst ist. Das wohl stärkste Argument gegen eine Ersatzfähigkeit wäre, dass die Reputationsschädigung jederzeit ein immanentes Marktrisiko darstellt, das der Käufer nicht einfach auf den Verkäufer überwälzen darf.[755] Grundsätzlich wolle sich letzterer dieser weitgehenden Haftung nicht aussetzen lassen, sodass die Reputation auch nicht vom Schutzzweck erfasst sei.

Der Schutzzweck eines Vertrags muss jedoch anhand der Vertragsauslegung gemäß §§ 133, 157 BGB bestimmt werden. Daher bedarf es immer einer Einzelfallbetrachtung. Sollte der Schaden aufgrund einer mangelhaften Lieferung des Verkäufers entstanden sein, wäre die verletzte vertragliche Pflicht die aus § 433 I S. 2 BGB. Es gilt also zu betrachten inwieweit diese Pflicht im konkreten Fall vor Reputationsschäden schützen sollte. Jegliche Diskussion hinsichtlich der Zurechnung erübrigt sich, wenn der Käufer während der Vertragsverhandlungen – unwidersprochen vom Verkäufer – auf die Möglichkeit von Reputationsschäden bei Schlechtlieferung hinweist, da dann ihr Schutz in den Vertragszweck aufgenommen wurde. Jedoch erscheint auch grundsätzlich ein Verweis nicht notwendig. An dieser Stelle gilt es auf die Ausführungen bezüglich der Vorhersehbarkeit im CISG zu verweisen.[756] Zwar ist die Frage der Vorhersehbarkeit nicht identisch mit der des Vertragszweckes, jedoch lässt sie sich auf der Grundlage ähnlicher Überlegungen beantworten. In einem B2B-Verhältnis muss der Verkäufer eine Ware wissen, dass sein Käufer das Kaufobjekt weiterveräußert, verarbeitet oder zur Produktion eigener Waren nutzt. Daher weiß er auch, dass sein Fehlverhalten zu einem Leistungsausfall beim Vertragspartner führen und mit entgangenen Gewinnen und möglichen Reputationsschäden einhergehen kann. Dies ergibt sich insbesondere aus zwei Gründen. Zum einen aus seiner Stellung als Unternehmer, durch die elementare Marktrisiken bekannt sein müssten. Zum anderen aufgrund der zeitlichen Entwicklung, in der die Bedeutung der Reputation für den Unternehmenswert immens zugenommen, aber auch ihre Stabilität durch die Globalisierung in Form des Internets gelitten hat. Dass der Schutz vor solchen Vermögenschäden Eingang in den Vertrag findet, wenn beide Parteien Unternehmer sind, scheint sehr wahrscheinlich. Hier von einer zu weitgehenden oder unüberschaubaren Haftung zu sprechen erscheint

755 Bedenken, siehe: MüKOHGB/Mankowski, Art. 74 CISG, Rn. 42.
756 Siehe: S. 84 ff.

nicht plausibel und könnte ansonsten genauso für entgangene Gewinne – die oft mit dem Reputationsschaden einhergehen – vorgebracht werden.

Natürlich kann die Betrachtung im Einzelfall die generelle Wertung verwerfen. Neben dem Vertrag und den ihm vorangegangenen Verhandlungen sollten vier maßgebliche Indikatoren zur Beurteilung herangezogen werden, und zwar die Marktlage, der grundsätzliche Vertragszweck sowie Quantität und Qualität der Ware. Jeder der Faktoren für sich genommen, aber auch ihr Zusammenspiel kann sowohl die Aufnahme der Reputation in den Vertragszweck begründen als auch versagen. Der Schutzzweck ist gänzlich anders zu bewerten, wenn eine der Parteien eine Privatperson ist. In solchen Fällen müsste man im Regelfall den Schutzzweckzusammenhang verneinen. Im Ergebnis ist die Schutzzwecklehre eine taugliche Hürde, die Reputationsschäden einschränken kann, jedoch in einem Regel-Ausnahmeverhältnis zugunsten der Ersatzfähigkeit.

Ferner gilt es zu bedenken, dass die Reputationsbeeinträchtigung nicht nur durch sachmangelbehaftete Lieferung eintreten kann. Die Rufschädigung durch andere Handlungen wie z.B. Äußerungen in der Öffentlichkeit über den Vertragspartner, könnte auch eine Nebenpflichtverletzung gemäß § 241 Abs. 2 BGB darstellen. Denn nach § 241 Abs. 2 BGB haben die Vertragsparteien bei Abwicklung auf die Rechte, Rechtsgüter und Interessen der anderen Parteien Rücksicht zu nehmen. Welche Interessen dazu zählen, bestimmt sich nach dem Vertragszweck, der Verkehrssitte und den Anforderungen des redlichen Geschäftsverkehrs.[757] Wenn nicht anderes bestimmt ist, geht man davon aus, dass die Parteien Schutzpflichten während der Vertragsabwicklung gegenüber Körper, Leben, Eigentum und sonstigen Rechtsgütern inne haben.[758] Zu den anerkannten Rechtsgütern zählen im Rahmen der Schutzpflichten alle, die das Integritätsinteresse (status quo) des Vertragspartners betreffen.[759] Im bekannten *Kirchurteil* hat der BGH die Kreditwürdigkeit und damit einen Teilbereich der Reputation bereits unter § 241 Abs. 2 BGB subsumiert.[760] Dieses Urteil wird im Nachgang noch detaillierter dargestellt. Daraus lässt sich aber ableiten, dass eine Rufbeeinträchtigung eine Nebenpflichtverletzung darstellen kann und die Reputation als vermögenswertes Gut eines Unternehmens gezählt wird. Somit kann ihre Beeinträchtigung im Einzelfall eine einfache Integritätsschädigung (Vermögensschaden) darstellen.

---

757 Palandt/*Grüneberg*, § 241 BGB, Rn. 7.

758 Palandt/*Grüneberg*, § 241 BGB, Rn. 7.

759 MüKoBGB/*Bachmann*, § 241 BGB, Rn. 54.

760 Siehe: S. 194 f.; BGH Urt. v. 24.01.2006 – XI ZR 384/03, NJW 2006, 830.

cc.) Kompensationsform

Ebenfalls auf den Umfang der Totalreparation kann die Kompensationsart Einfluss nehmen.[761] Im BGB richtet sie sich nach dem Grundsatz der Naturalrestitution (Herstellungsprinzip) verankert in § 249 Abs. 1 BGB.[762] Nach diesem hat der Schuldner vorrangig den tatsächlichen Zustand herzustellen, welcher ohne das schädigende Ereignis bestehen wurde. Zusätzlich postuliert bzw. ermöglicht das Gesetz in bestimmten Fällen wie z.B. in den §§ 249 Abs. 2, 250 oder 251 BGB Geldersatz als alternative Heilungsmöglichkeit. Daher ist die Kompensationsform als dualistisches und nicht als monistisches System zu verstehen und jeder Schadenposten ist in zweierlei Hinsicht zu betrachten.[763]

Nach dem hier vertretenen Verständnis entfällt die Möglichkeit der Naturalrestitution bei einem Reputationsschaden, da eine Heilung unmöglich ist. Die Reputation ist aufgrund ihres Wesens als kumulatives Bild aller Rezipienten vom Unternehmen immer einzigartig und bei Verletzung nicht wieder in den Ausgangszustand zurückversetzbar.[764] Natürlich würde beispielsweise eine öffentliche Schuldübernahme des Schädigers oder die Einleitung neuer Werbekampagnen dem verletzten Unternehmen helfen, jedoch kann eine solche Handlung niemals garantieren, die Beeinträchtigung in Gänze aufzuheben.[765] Dies liegt, abseits des Problems alle Rezipienten per Kommunikation zu erreichen, daran, dass ein Skandal immer mehr Aufmerksamkeit erregt als seine Richtigstellung. Einen negativen Eindruck zu korrigieren ist sehr schwer und bedarf meistens eines Zeitprozesses, um verlorenes Vertrauen zurück zu gewinnen, selbst wenn man bewiesenermaßen nicht der Verantwortliche war.

Aus diesem Umstand resultiert notwendigerweise die Anwendbarkeit des § 251 Abs. 1 BGB. Der Schuldner hat den Gläubiger den Reputationsschaden in Geld und in Höhe der objektiven Vermögenseinbuße (Wertinteresse) zu ersetzen. Damit wäre in dieser Hinsicht ein Gleichlauf zwischen den Regelungen des BGB und des CISG zu konstatieren.

---

761 Siehe: S. 72 f.

762 BeckOK BGB/*Flume*, § 249 BGB, Rn. 57 ff.; Palandt/*Grüneberg*, § 249 BGB, Rn. 2.; *Looschelders*, Schuldrecht Allgemeiner Teil, Rn. 1031; *Medicus/Lorenz*, Schuldrecht I Allgemeiner Teil, § 54, Rn. 626 ff.; MüKoBGB/*Oetker*, § 249 BGB, Rn. 320; *Picker*, Die Naturalrestitution durch den Geschädigten, S. 42 ff.

763 *Picker*, Die Naturalrestitution durch den Geschädigten, S. 42 ff.

764 Siehe: S. 16 f.

765 Unabhängig davon, dass eine konkrete Herstellung unmöglich ist.

Folgte man der Ansicht, dass eine Reparatur möglich ist, könnte die Höhe des zu ersetzenden Schadens anhand der Kosten für reputationswiederherstellende Maßnahmen (Werbekampagnen, mediale Richtigstellung etc.) bemessen werden. Die Einfallstür für eine solche Rechnung eröffnet sich dann nur aus § 250 BGB[766] mit erfolglosem Setzen einer Frist zur Herstellung, da die Reputation mangels Körperlichkeit nicht als Sache gemäß § 90 BGB und damit nicht unter die Ausnahmeregelung von § 249 Abs. 2 S. 1 BGB subsumiert werden kann.[767] Im Rahmen des § 250 BGB wird mittlerweile einhellig angenommen, dass bei Vorliegen der Voraussetzungen der Geschädigte sein Erhaltungsinteresse und nicht nur das Wertinteresse geltend machen kann, sodass der endgültige Anspruch möglicherweise höher ausfällt als der tatsächliche eingetretene Vermögensschaden.[768] Überschreiten im Einzelfall die Reparaturkosten den objektiven Minderwert, wäre dann eine Besserstellung des Geschädigten als bei Anwendung von Art. 74 CISG zu verzeichnen. Gemäß § 251 Abs. 2 S. 1 BGB jedoch nur, solange die Aufwendungen zur Herstellung des ursprünglichen Zustands nicht als unverhältnismäßig (Wirtschaftlichkeitsgebot) zu erachten sind.[769] Dann hat der Schädiger wiederum nur in Höhe des Wertinteresses Ersatz zu leisten. Einen anerkannten Richtwert für die Unverhältnismäßigkeit gibt es nicht. Im Rahmen der KFZ Grundsatzentscheidungen hat der BGH aufgrund besonderen Integritätsinteresses die Grenze bei 130% des Wiederbeschaffungswerts festgesetzt.[770] Obschon sich dieser Richtwert nicht verallgemeinerungsfähig ist und in keinster Weise eine Einzelfallentscheidung unter Berücksichtigung der Parteiinteressen ersetzen kann, dient er als eine der wenigen Orientierungshilfen.

Summa summarum lässt sich ein Gleichlauf zwischen CISG und BGB bezüglich der Kompensationsform bei Reputationsschäden feststellen, da die Höhe sich immer nach dem objektiven Vermögensschaden richtet. Es sei denn, man vertritt die Ansicht, dass die Reputation ein vertretbares bzw. wiederherstellbares Gut sei, dann könnte nach dem System der §§ 249 ff. BGB in gewissen

766 In der Praxis spielt diese Norm kaum eine Rolle, da der Schuldner im Regelfall auf Wunsch einvernehmlich Geldersatz leistet, siehe: Palandt/*Grüneberg*, § 250 BGB, Rn. 1.

767 Ebenfalls abwegig erscheint die Qualifizierung der Unternehmensreputation als personenbezogenes Gut i.S.d. § 249 Abs. 2 S. 1 BGB.

768 Palandt/*Grüneberg*, § 250 BGB, Rn. 3; *Medicus/Lorenz*, Schuldrecht I Allgemeiner Teil, § 54, Rn. 633; Staudinger/*Schiemann*, § 250, Rn. 2 ff.

769 BGH Urt. v. 22.09.2009 – VI ZR 312/08, NJW 2009, 3714.

770 BGH Urt. v. 15.10.1991 – VI ZR 314/90, NJW 1992, 305; BGH Urt. v. 29.04.2003 - VI ZR 393/02, NJW 2003, 2085; BGH Urt. v. 03.03.2009 - VI ZR 100/08, NJW 2009, 1340.

Konstellationen der Geschädigte eine Summe geltend machen, die über der finanziellen Einbuße liegt.

dd.) Reduktionsklauseln

Die letzte Hürde für die Ersatzfähigkeit von Reputationsschäden könnten kodifizierte Reduktionsklauseln darstellen. Reduktionsklauseln sind Regelungen, die nicht im Vorhinein den Schadensersatz als solchen begrenzen, sondern eine Schadensumverteilung vornehmen, nachdem der Umfang rechtlich festgestellt wurde.[771] Das deutsche Recht kennt sowohl besondere als auch allgemeine Reduktionsklauseln.[772]

Die wohl bekanntesten besonderen sind in § 10 Abs. 1 ProdHaftG und § 12 Abs. 1 StVG kodifiziert. Sie limitieren den Schadensersatzumfang des Schuldners, wenn der zu ersetzende Betrag eine bestimmte Summe überschreitet. Bei § 10 Abs. 1 ProdHaftG liegt die Grenze bei 85 Millionen Euro, für alle Personenschäden, die auf dasselbe oder gleiche Produkt zurückzuführen sind. Im StVG hängt der Wert von der Fallkonstellation ab. Vergleichbare Normen, die Einfluss auf die Ersatzfähigkeit von Reputationsschäden haben könnten, lassen sich im BGB allerdings nicht finden.

Dann gilt es noch die allgemeinen Reduktionklauseln zu betrachten. Der soeben vorgestellte § 251 Abs. 2 S. 1 BGB kann als eine natürliche Grenze der Naturalrestitution verstanden werden, jedoch nicht als klassische allgemeine Reduktionsklausel, da das Ermessen des Richters sich nur darauf bezieht, die Unverhältnismäßigkeit zwischen Wiederherstellungsprozess und Wertersatz festzustellen.[773] Die Rechtsfolge und damit der Schadenspool (Beschränkung auf Wertersatz) wird gesetzlich vorgeschrieben. An sich kennt das deutsche Gesetz keine allgemeine Reduktionklauseln, jedoch gibt es noch welche, die lediglich in Literatur und Rechtsprechung z.T. anerkannt sind.[774] So zum Beispiel

---

771 Siehe: S. 66 ff.

772 Zur Unterscheidung siehe: S. 69 f.

773 Staudinger/*Schiemann*, § 251, Rn. 16 ff.

774 *Gisawi*, Der Grundsatz der Totalreparation, S. 1; § 829 BGB könnte als Reduktionklausel verstanden werden, jedoch begründet er zunächst eine Ersatzpflicht des Minderjährigen in Fällen, in denen durch die §§ 827, 828 BGB keine bestand. Dann wiederum ermöglicht er dem Richter eine Ermessenentscheidung über die Verteilung bzw. Senkung der nun ersatzfähigen Schäden zu treffen. Dieses Element ist ein typisches für allgemeine Reduktionklauseln. Für eine umgekehrte Analogie dieser Norm zu Gunsten des Minderjährigen spricht sich aus: *Looschelders*, Schuldrecht Allgemeiner Teil, Rn. 957.

hinsichtlich der Arbeitnehmerhaftung bei betrieblich veranlasster Tätigkeit. So entschied das BAG, es sei eine unverhältnismäßige Beeinträchtigung des Arbeitsnehmers, wenn betrieblich bedingte Schadensrisiken – unabhängig davon ob die Arbeit gefahrgeeignet ist – eine Ersatzpflicht begründen, welche zu einer unzumutbaren Belastung führen oder gar die wirtschaftliche Existenz des Arbeitnehmers bedrohen kann.[775] Dann sei der Schadensersatzanspruch aufgrund des verfassungsrechtlichen Übermaßverbots zu senken. Aber auch außerhalb des Arbeitsverhältnisses werden zum Teil in der Literatur Beschränkungen gefordert, so beispielsweise, wenn der Geschädigte nicht auf den Ersatz angewiesen ist und der Anspruch für den Schädiger ruinös wäre.[776] Der Arbeitnehmerfall kann für weitergehende Überlegungen interessant sein, ob z.B. auch durch Angestellte oder Vorstandsmitglieder ein Reputationsschaden ausgelöst werden kann und inwieweit die Personen dafür einstehen müssen.[777] Im Rahmen der Unternehmerhaftung wäre das Übermaßverbot eine plausibler Einwand des Schädigers gegen eine zu weitreichende Haftung, der jedoch aus zwei Gründen abzulehnen ist. Zum einen ist diese Ausnahme der Totalreparation, obgleich sie durch den verfassungsrechtlichen Grundsatz einen dogmatischen Ansatzpunkt bietet, nur schwer vertretbar, da sie in das rein objektive Schadenersatzsystem subjektive Werte implementiert (sozialer Gerechtigkeitsgedanke) und damit den Vermögenslosen besser stellt als den Vermögenden und dies zu Lasten des Geschädigten.[778] Zum anderen, selbst wenn diese fundamentalen Rechtsbedenken bei Seite gelegt werden, besteht im Regelfall ein anderer Grad von Schutzbedürfnis zwischen einer Privatperson – für die diese Ausnahme geschaffen ist – und einem Unternehmen, sodass mangels Vergleichbarkeit eine Übertragbarkeit der Idee ausscheidet. Außerdem ist durch die Möglichkeit der Restschuldbefreiung selbst bei Privatpersonen ein Minimum an Lebensstandard gesichert. Reduktionsklauseln beschränken somit nicht die grundsätzliche Ersatzfähigkeit von Reputationsschäden.

---

775 BAG Beschluss v. 12.06.1992 – GS 1/89, JZ 1993, 908; BAG Urt. v. 27.09.1994 – GS 1/ 89 BeckRS 1994, 41176.

776 *Canaris*, Verstöße gegen das verfassungsrechtliche Übermaßverbot im Recht der Geschäftsfähigkeit und im Schadensersatzrecht, S. 1001 ff.

777 Zur Haftung von Vorstandsmitgliedern: *Klöhn/Schmolke*, NZG 2015, S. 689 ff.

778 Soergel/*Ekkenga/Kuntz*, Vor § 249 BGB, Rn. 38 ff.; *Medicus/Lorenz*, Schuldrecht I Allgemeiner Teil, § 54, Rn. 624 ff.

c.) Ergebnis

Anhand der Gestaltung und des allgemeinen Verständnisses der Totalreparation im BGB ist zu erkennen, dass der Ersatzfähigkeit von Reputationsschäden abseits allgemeiner Fragen wie Vertretenmüssen (§ 276 BGB) oder Mitverschulden (§ 254 BGB) keine tauglichen Hürden entgegenstehen. Lediglich bei einer sehr konservativen und wohl nicht mehr zeitgemäßen Betrachtung hinsichtlich der Schutzzweckprüfung ließe sich der Anwendungsbereich signifikant einengen. Im Rahmen der Darstellung zeigten sich einige Schnittstellen zwischen dem Schadensrecht des BGB und CISG wie z.B. der Anwendbarkeit der Differenzhypothese, die das gewonnene Ergebnis weiterhin untermauern.

3. Systematische Auslegung

Systematisch werden die §§ 249 ff. BGB durch die §§ 842-845 BGB für Personenschäden und die §§ 848-851 BGB für Entziehung bzw. Beschädigung von Sachen ergänzt. Jene stellen spezielle Regelungen der Haftung bei unerlaubten Handlungen dar.[779] Die §§ 843 ff. BGB haben keine Relevanz für die Frage der Unternehmensreputation, da ihr Anwendungsbereich sich entweder auf Fälle der Tötung, Körperverletzung, Gesundheitsschädigung oder auf körperlichen Sachen beschränkt. Lediglich § 842 BGB könnte als Interpretationshilfe dienen, da er eine Ersatzpflicht vorschreibt, sofern die unerlaubte Handlung des Schädigers Nachteile für den Erwerb oder das Fortkommen des Verletzten herbeiführt. Unter einen solch vagen Wortlaut ließe sich der Reputationsschaden zumindest personenbezogen subsumieren, was wiederum Rückschlüsse auf die Unternehmensreputation zulassen würde. Jedoch wird mittlerweile einhellig angenommen, dass § 842 BGB nicht die Funktion hat die Haftung für deliktische Ansprüche zu erweitern, sondern lediglich den Umfang konkretisiert.[780] Damit hat er einen rein klarstellenden Charakter hinsichtlich der allgemeinen Regelungen.[781] Detailliertere Aussagen über die Handhabung von Reputationsschäden trifft er somit nicht. Viel eher beruht seine eigenständige Existenz auf der fehlerhaften Wahrnehmung des damaligen Gesetzgebers, die Haftung für Personenschäden werde sich primär aus dem Delikts- und nicht Vertragsrechts begründen.[782]

---

779 HK-BGB/*Ansgar Staudinger*, § 842 BGB, Rn. 1

780 MüKoBGB/*Wagner*, § 842 BGB, Rn. 2; BeckOK BGB/*Spindler*, § 842 BGB, Rn. 1.

781 BGH Urt. v. 18.11.1957 – III ZR 117/56, NJW 1958, 341.

782 MüKoBGB/*Wagner*, § 842 BGB, Rn. 4.

Im Ergebnis bietet eine systematische Auslegung der §§ 249 ff. BGB zur Beantwortung der aufgeworfenen Frage keinen Mehrwert.

4. *Rechtsvergleichende Auslegung*

Rechtsvergleichend kann zunächst auf das CISG und das Common Law verwiesen werden, die ebenfalls die Totalreparation als Grundsatz implementiert haben und mittlerweile Reputationsschäden als ersatzfähig anerkennen.[783] Interessante Regelungen lassen sich aber auch in kulturell familiären Kodifikationen wie in Österreich und der Schweiz finden. Es wird sich nicht mit Rechtsordnungen auseinandergesetzt, sondern nur betrachtet, inwieweit sie innerhalb ihres Schadensersatzsystems Reputationsschäden ausdrücklich behandeln. So hat der österreichische Gesetzgeber in § 1330 ABGB folgende Regelung implementiert:

> *„(1) Wenn jemandem durch Ehrenbeleidigung ein wirklicher Schade oder Entgang des Gewinnes verursacht worden ist, so ist er berechtigt, den Ersatz zu fordern.*
> *(2) Dies gilt auch, wenn jemand Tatsachen verbreitet, die den Kredit, den Erwerb oder das Fortkommen eines anderen gefährden und deren Unwahrheit er kannte oder kennen mußte. In diesem Falle kann auch der Widerruf und die Veröffentlichung desselben verlangt werden. Für eine nicht öffentlich vorgebrachte Mitteilung, deren Unwahrheit der Mitteilende nicht kennt, haftet er nicht, wenn er oder der Empfänger der Mitteilung an ihr ein berechtigtes Interesse hatte.".*

In der Schweiz gibt es den Art. 49 OR:

> *„(1) Wer in seiner Persönlichkeit wiederrechtlich verletzt wird, hat Anspruch auf Leistung einer Geldsumme als Genugtuung, sofern die Schwere der Verletzung es rechtfertigen und diese nicht anders wiedergutgemacht worden ist.*
> *(2) Anstatt oder neben dieser Leistung kann der Richter auf eine andere Art der Genugtuung erkennen.".*

Es fällt auf, beide Normen nutzen unterschiedliche Begriffe, obschon sie ähnliche Konzepte adressieren. Jedoch ist eine klare Abweichung im Schutzzweck zwischen ihnen auszumachen. Art. 49 OR ist eine Form des Schmerzensgeldes für die erlittene Beleidigung. Er umfasst damit nur immaterielle Schäden.[784] Damit unterscheidet er sich in seinem Zielvorhaben von § 1330 ABGB. Dieser schützt nämlich ausschließlich das Vermögen des Geschädigten.[785]

---

783 Siehe: Für das CISG S. 61 ff. und für das Common Law S. 99 ff.

784 *Guhl*, Das Schweizerische Obligationenrecht, S. 80 ff.

785 Rummel/*Reischauer*, § 1330, Rn. 3.

Innerhalb des § 1330 ABGB gilt es zwischen den Absätzen zu differenzieren. Der erste Absatz erlaubt dem Gläubiger tatsächliche Schäden oder entgangene Gewinne aufgrund von Ehrverletzung geltend zu machen. Schutzgegenstand ist nicht die Reputation, sondern die Personenwürde.[786] Interessanter ist daher § 1330 Abs. 2 ABGB, der den wirtschaftlichen Ruf zum Gegenstand hat. Einen solchen Anspruch kann laut dem OGH auch eine juristische Person innehaben.[787] Vorausgesetzt wird, dass der Schädiger eine Tatsache verbreitet, die den Kredit, den Erwerb oder das Fortkommen eines anderen gefährdet. Dann steht dem Geschädigten neben der Geldforderung wegen Vermögensschaden wie im ersten Absatz als weitere Heilungsmöglichkeit der öffentliche Widerruf durch den Schädiger zu.[788] Somit stellt der österreichische Gesetzgeber gewissermaßen die Art des Schutzes des wirtschaftlichen Rufes mit dem der Personenwürde gleich.[789]

An den vorgestellten Anspruchsgrundlagen, die es in vergleichbarer Form in vielen Rechtsordnungen Europas gibt, werden bestimmte rechtliche Aspekte deutlich.[790] Erstens sind sie nach deutschem Rechtsempfinden eher deliktischer und eben nicht vertraglicher Natur. Zweitens treffen sie primär detaillierte Aussagen über Tatbestandsvoraussetzungen und nur grobe über die einschlägigen Rechtsfolgen. So schützt § 1330 Abs. 2 ABGB den wirtschaftlichen Ruf einer Person auch außerhalb vertraglicher Beziehungen in bestimmten Situationen (Verbreitung von gefährdenden Tatsachen durch den Anspruchsgegner), jedoch nur mit der Konsequenz, dass die daraus resultierenden Vermögensschäden ersatzfähig sind. Ob der Rufschaden per se vom Schädiger zu bezahlen ist, wird vom Gesetzgeber nicht ausdrücklich geregelt. Und drittens passen manche Normen vom Schutzgegenstand nicht, da sie zwar in gewisser Form Segmente der Reputation miteinschließen, aber im Kern andere Rechtsgüter schützen wie z.B. die Personenwürde.

Im Hinblick auf das deutsche Schadensersatzrecht lässt sich feststellen, dass auch die Rechtsordnungen umliegender Staaten auf Tatbestandsebene keine weitreichenderen Schutzmechanismen kennen. Der § 1330 ABGB ist vom Inhalt

786 Koziol/Bydlinski/*Danzl*, § 1330, Rn. 2; Rummel/*Reischauer*, § 1330, Rn. 1.

787 Koziol/Bydlinski/*Danzl*, § 1330, Rn. 1.

788 Koziol/Bydlinski/*Danzl*, § 1330, Rn. 7.

789 Rummel/*Reischauer*, § 1330, Rn. 7.

790 So z.B der deutsche § 824 BGB oder in Griechenland in Artt. 57, 59 ZGB: Art. 57 ZGB: „*He who suffers an illegal invasion on his personality is entitled to* [...]“.
Art. 59 ZGB: „also order the person responsible to furnish reparation of the moral harm suffered by the person offended [...]“.

vergleichbar mit der deutschen Regelung des § 824 BGB, wobei ersterer zusätzlich noch ausdrücklich die Rechtsfolge des Widerrufs durch den Schädiger nennt. Auch Art. 49 OR ist konzeptionell nichts anderes als ein Schmerzensgeldanspruch vergleichbar mit dem aus §§ 823 i.V.m. 253 Abs. 2 BGB.

5. *Historische Auslegung*

Damit bleibt die Totalreparation das Kernargument für die Ersatzfähigkeit von Reputationsschäden. Diese Wertung wird durch die Entstehungsgeschichte des BGB weiterhin untermauert, was unter anderem an den Motiven des Gesetzgebers bei Entwurf deutlich wird:

> *„Das Prinzip ist, daß die positive Vermögenseinbuße und der entgangene Gewinn zu ersetzen sind, daß also unter der Schadensersatzplicht durchgehend die Verpflichtung zur Leistung des ganzen Interesse zu verstehen ist. [...] Die Heranziehung moralisierender oder strafrechtlicher Gesichtspunkte, worauf eine Abstufung beruht, muss bei der Bestimmung der civilrechtlichen Folgen, unerlaubten, widerrechtlichen Verhalten durchaus fern gehalten werden. Der Grundsatz des gemeinen Rechts, wonach lediglich der Umfang des verursachten Schaden den Umfang des tu leistenden Schadenersatzes bestimmt ist juristisch haltbar und wird dem Schadensersatzberechtigen allein gerecht.“.*[791]

Es wird deutlich, dass eine strikte Anwendung der Totalreparation in Form der von *Mommsen*[792] aufgestellten Definition des Schadens (Lehre des Interesses/ Differenzhypothese) angestrebt war.[793] Obschon die Reputation nicht ausdrücklich diskutiert wurde, sprechen die Motive für eine Berücksichtigung, da eine sehr weitgehende Haftung des Schädigers zugunsten des Geschädigten kodifiziert werden sollte. Umso weiter der Haftungsumfang gehen sollte, desto mehr – wenn auch vermeintliche fernliegende – Posten sollten ersatzfähig sein. Die Vorteile einer solchen Regelung lagen bereits damals auf der Hand. Durch den reinen Vergleich zweier Güterlagen ohne Berücksichtigung von Billigkeitserwägungen hat man ein sicheres und objektives Werkzeug zur Schadensbestimmung für den Geschädigten.[794] Jedoch sah sich die Entscheidung, eine strikte Form der Totalreparation zu implementieren, von Beginn an vehementer Kritik ausgesetzt. In dieser Arbeit wurden an verschiedenen Stellen Probleme der Differenzhypothese

---

791 *Mugdad*, Materialien, S. 10.

792 Siehe: S. § 4B.II.2.b.)aa.)(1)163.

793 *Gisawi*, Der Grundsatz der Totalreparation, S. 2 ff.; *Mertens*, Der Begriff des Vermögensschaden im Bürgerlichen Recht, S. 21 f.; *Mugdad*, Materialien, S. 11; Staudinger/ *Schiemann*, Vorbemerkung §§ 249-254 BGB, Rn. 25.

794 Daher als Grundprinzip immer noch anerkannt, siehe: S. 167.

diskutiert.[795] Zentraler Gegenstand der damaligen Unzufriedenheit war aber nicht die generelle Tauglichkeit, sondern im Vordergrund standen moralische Bedenken gegen die zu weite Ausdehnung der Schuldnerhaftung. So warf u.a. *Gierke* dem Gesetzentwurf vor, dass materielle Gerechtigkeit nicht durch eine mathematische Rechnung zu gewährleisten sei.[796] *Degenkolb* bezeichnete diesen Entwurf als einäugige Gerechtigkeit, die lediglich auf den Verletzten abstelle und bezeichnet unter Berufung auf die Arbeiten von *Jhering*[797]die Proportionalhaftung als die vorzugswürdigere Lösung.[798] Diese Stimmen führten nicht zu einem Abrücken der getroffenen Entscheidung, jedoch verstummten sie auch nicht nach Inkrafttreten des BGB.[799] Weiterhin stritten viele für die Einführung einer Proportionalhaftung oder zumindest von Reduktionsklauseln aus Billigkeitserwägungen.[800] Im geringen Umfang kam es zu den gewünschten Änderungen. So wird z.B. im Arbeitsrecht die Haftung des Arbeitsnehmers eingeschränkt.[801] Grundsätzlich entschied man sich jedoch – abseits europäischer Vorgaben[802] – bis heute, keine weitreichenden Lockerungen der Totalreparation vorzunehmen, womit der Gesetzentwurf für die historische Auslegung bedeutend einzustufen ist, da der gesetzgeberische Wille über Jahrzehnte unverändert blieb und wohl auch in naher Zukunft so bleiben wird.[803]

Aus geschichtlicher Perspektive wird in Deutschland im internationalen Vergleich am strengsten die Totalreparation eingehalten.[804]Ein weiterer Umstand, der den Einwand, der Ersatz von Reputationsschäden sei unbillig oder als Schadensposten nicht konkret genug, wiederlegt. Jenes insbesondere vor dem Hintergrund, dass andere Kodifikationen mit implementierter Totalreparation diesen Posten seit Jahrzehnten anerkennen.[805]

---

795 Siehe: S. 64, 78 ff., 164 f.

796 *Gierke*, Entwurf, S. 198; Weniger kritisch: *Hartmann*, AcP 1888, S. 60.

797 *Jhering*, Das Schuldmoment im Römischen Privatrecht, S. 54 ff.

798 *Degenkolb*, AcP 1890, S. 79 f.

799 Das BGB trat am 1.1.1900 in Kraft.

800 Detailliert dargestellt in: *Gisawi*, Der Grundsatz der Totalreparation, S. 4 ff; Staudinger/*Schiemann*, Vorbemerkung §§ 249-254 BGB, Rn. 27.

801 Siehe: S. 178 f.

802 So z.B. § 10 Abs. 1 ProdHaftG, der die Umsetzung von europäischen Richtlinien darstellt: BGBl I 1989, S. 2198 und Reformierung BGBl I, 2000, S. 1478.

803 Palandt/*Grüneberg*, Vorb v § 249 BGB, Rn. 8; Staudinger/*Schiemann*, Vorbemerkung §§ 249-254 BGB, Rn. 27 ff.

804 *Magnus*, Schaden und Ersatz, S. 299.

805 Siehe: Für das CISG S. 61 ff. und für das Common Law S. 99 ff.

Aus einem historischen Blickwinkel kann also im Ergebnis kein direktes Argument für die Ersatzfähigkeit von Reputationsschäden gewonnen werden. Berücksichtigt man jedoch die Gedanken bei Gesetzentwurf und die danach folgende Beibehaltung der strengen Anwendung der Totalreparation trotz vehementer Kritik, so sprechen diese Aspekte tendenziell für eine Inklusion von Reputationsschäden in den Schadensumfang der §§ 249 ff. BGB.

6. *Ergebnis*

Anders als im CISG kann durch die Auslegung der §§ 249 ff. BGB kein absoluter Rückschluss auf die Ersatzfähigkeit gezogen werden. Dafür bieten gerade Wortlaut, Historie, Systematik und der angestrebte Rechtsvergleich keine klaren Anhaltspunkte. Ein sehr starkes Argument dafür ist jedoch die Teleologie. Das vorgestellte und weltweit anerkannte Konzept der Reputation als immaterielles Gut mit Vermögenswert kann unter dem Prinzip der Totalreparation und seiner gerade im deutschen Recht streng gewählten Ausgestaltung dogmatisch nur zu einer Ersatzfähigkeit führen. Der Grund liegt darin, dass keine Schranken festzustellen sind, die eine andere Beurteilung zulassen würden. Lediglich die Adäquanz und Schutzzwecklehre bieten Spielraum, Ergebnisse in bestimmten Einzelfällen zu korrigieren. Inwieweit die Inklusion von Reputationsschäden moralisch wünschenswert ist, kann durchaus kritisiert werden, aber nur unter Berücksichtigung des Umstands, dass die Ausgleichsfunktion keine Billigkeitserwähnungen gestattet. Kritiker sollten sich des Weiteren bewusst sein, dass durch die Ablehnung einer Ersatzfähigkeit sehenden Auges Haftungslücken im deutschen Schadensrecht akzeptiert werden. Bei der Gesetzesentwicklung der §§ 249 BGB hat der Gesetzgeber bewusst Einzelfragen des Schadensrechts der Rechtsprechung und Literatur übertragen, um auf die Gegebenheiten der Zeit zu reagieren. Nicht überzeugend erscheint es daher auf die Möglichkeit zur Aushandlung von Individual-Vertragsstrafen zu verweisen und sich gegen eine grundsätzliche Ersatzfähigkeit auszusprechen. Die Außerachtlassung solcher Schadensposten ist nicht nur dogmatisch, sondern auch insbesondere wirtschaftlich bedenklich, ohne abermals auf die Wichtigkeit von Reputation in Zeiten der Globalisierung einzugehen.

Allerdings ist dies eine Diskussion im luftleeren Raum, da es im deutschen Recht so gut wie keine Literatur noch konkrete Rechtsprechung gibt, die sich mit dem Thema des Reputationsschadens – in der Art und dem Umfang wie er hier dargestellt wurde – beschäftigt. Daher sind zur Ermittlung der Ersatzfähigkeiten solcher Posten die Ansichten verschiedener Autoren zu so grundsätzlichen Themen wie z.B. dem Schadensbegriff oder der Adäquanz heranzuziehen. Eine solche Herangehensweise birgt jedoch auch die Gefahr von spekulativen oder falschen Interpretationen, da die Autor nicht ausdrücklich zu der Frage Stellung genommen haben, ob und inwieweit Reputationsschäden unter dem vom ihnen vertretenen Konzepten (sei es zum Schadensbegriff oder zum Schutzzweck der Norm) zu subsumieren sind. Der Grund dafür, dass der Reputationsschaden kaum Beachtung findet, kann nur vermutet werden. Jedoch liegt es nahe, von einer eher ablehnenden Haltung der Autoren gegenüber dieses Schadenstypen auszugehen.

III. Rechtsschutzlückenfüllung durch gesetzliche Schadensersatzansprüche außerhalb des Vertragsrechts

Jedoch könnten die aufgedeckte Haftungslücken zumindest teilweise durch gesetzliche Regelungen geschlossen sein. Selbst dann wäre zwar nicht ein vollumfänglicher Schutz, wie es das Vertragsrecht es einräumt, gewährleistet, da einige dem Geschädigten dienliche Regelungen wie z.B. die Beweislastumkehr beim Vertretenmüssen (§ 280 Abs. 1 S. 2 BGB) oder die Haftung für Erfüllungsgehilfen (§ 278 Abs. 1 S. 2 BGB) entfallen.[806]

1. Deliktische Ansprüche

Eines der stärksten Argumente für die Ersatzfähigkeit von Reputationsschäden nach den Regelungen der § 249 ff. BGB ist der Vermögensschutz. Die Ablehnung der Ersatzfähigkeit führt zwangsläufig zu Rechtsschutzlücken im deutschen Haftungsrecht.

Dem könnte entgegengehalten werden, dass solche potentiellen Haftungslücken durch gesetzliche Regelungen geschlossen werden. In Betracht kämen beispielweise die §§ 823 ff. BGB als ergänzende Schutzmechanismen zum Vertragsrecht.

Auf den ersten Blick erscheint ein solcher Ansatz durchaus berechtigt zu sein. So ist zweifelsfrei im gewissen Maße die Reputation durch die Kodifizierung des § 824 BGB geschützt. Der Gesetzgeber erkannte, dass die Kreditwürdigkeit und damit das öffentliche Ansehen über die Finanzkraft eines Unternehmens ein im Rechts- und Wirtschaftsverkehr wichtiger Faktor ist. Der Reputationsschutz wird durch § 824 insoweit erweitert, dass nicht nur Vertragspartner, sondern auch Dritte sich haftbar machen durch die Äußerungen von Unwahrheiten,

806 BGH Urt. v. 12.05.2009 - XI ZR 586/07, NJW 2009, 2298; Palandt/*Grüneberg*, § 280 BGB, Rn. 34.

welche die Kreditwürdigkeit eines anderen Unternehmens schmälern.[807] Entscheidend ist aber, dass sich der weitergehende Schutz darauf begrenzt. Der Wortlaut der Norm schweigt hinsichtlich des Umfangs und postuliert lediglich, der daraus resultierende Schaden sei zu ersetzen. Daher ist es auch eher zweitranging, ob der Anspruch – auf Tatbestandebene – aus Vertrags- oder Deliktsrecht geltend gemacht wird, da beide auf der Rechtsfolgenseite zu den §§ 249 ff. BGB führen. Der Ersatzfähigkeit von Reputationsschaden unter diesem Regime ist entscheidend.

Potentiell könnten gesetzliche Ansprüche dem Geschädigten helfen soweit sie den Haftungsumfang der §§ 249 ff. BGB für spezielle Fälle erweitern. Erläutert wurden bereits die §§ 842 ff. BGB, die zwar grundsätzlich eine Ergänzung der Haftung darstellen, jedoch keine Relevanz für den Reputationsschaden besitzen.[808]

2. *Wertungsanomalie des § 9 UWG*

Nichtsdestotrotz könnten einschlägige Schutzgesetze außerhalb des BGB interessant sein. Einige wie das UrhG oder das MarkenG schützen zu unterschiedlichen Graden einzelne Segmente der Reputation, ohne sie in Gänze zu erfassen.[809]

Als relevant erweist sich jedoch der § 9 UWG. Dieser regelt die Schadensersatzpflicht desjenigen, der eine nach den §§ 3 o. 7 UWG unzulässige geschäftliche Handlung vornimmt. Der Wortlaut schreibt als Rechtsfolge vor, dass der daraus entstandene Schaden zu ersetzen ist. Mangels spezieller Bestimmungen bezüglich des Haftungsumfangs ist es notwendig auf die allgemeinen Regelungen zurückzugreifen.[810] Damit läge aus den oben genannten Gründen keine Haftungserweiterung vor, die gezeigte Rechtsschutzlücken schließen könnte.

Allerdings wird von Rechtsprechung und Literatur unter dem Begriff der Marktverwirrungsschäden[811] im Rahmen des § 9 UWG der Ansehensverlust

807 Zu den Schutzzwecken, siehe: BGH Urt. v. 24.01.2006 – XI ZR 384/03, NJW 2006, 830.

808 Mehr zu den §§ 842 ff. BGB, siehe: S. 180 f.

809 Marke als Teil der Reputation, siehe: S. 19 ff.

810 MüKoUWG/*Fritzsche*, § 9 UWG, Rn. 64; Fezer/Büscher/Obergfell/*Koos*, § 9 UWG, Rn. 20.

811 Der Marktverwirrungsschaden wird auch oftmals als Diskreditierungsschaden bezeichnet. *Ohly* präferiert die Begriffe Rufschädigung sowie Verwässerung, siehe: *Ohly*, Schadensersatzansprüche wegen Rufschädigung, S. 929 ff.

(z.B. bei Produktnachahmung) unter § 249 Abs. 1 BGB subsumiert.[812] Grundsätzlich ist die Marktverwirrung kein Schadensposten sondern ein Zustand, der auf einer unlauteren Handlung beruht und objektiv geeignet ist geschäftliche Entscheidungen anderer durch Hervorrufung von Fehlvorstellungen zu beeinflussen.[813] Aus diesem Umstand können sogenannte Marktverwirrungsschäden wie der Ansehensverlust als Vermögenseinbuße resultieren.[814] Was aber genau unter einem Ansehensverlust zu verstehen ist, wird nicht im Detail beschrieben. Bei genauerer Betrachtung der Ausführungen lässt sich erkennen, dass die Qualifizierungen eher vage gehalten sind und Autoren es oftmals dabei belassen allgemeine Aussagen zu treffen, wie z.B. der Wertverlust eines Unternehmens der durch die Ansehensbeeinträchtigung entstanden ist, sei zu ersetzen[815] oder es gelte Abhilfe für die schlechtere Geschäftslage[816] bzw. geringere Wertschätzung[817] zu leisten. Zumindest im Ergebnis scheint ein der Reputation ähnliches, wenn auch nicht so weitreichendes Konzept gemeint, da in den meisten Fällen klar zwischen dem entgangenen Gewinn (aus einer Rufschädigung) und dem eigenständigen Ansehensverlust unterschieden und eine kumulative Ersatzfähigkeit in bestimmten Fällen anerkannt wurde.[818]

Trotz etwaiger Ungenauigkeiten gilt es positiv zu verzeichnen, dass zumindest im engen Anwendungsbereich der Marktverwirrung (Hervorrufen von Fehlvorstellungen durch den Schädiger beispielsweise durch Produktnachahmung) im UWG der Ansehensverlust als ersatzfähig betrachtet wird. Dennoch vermag dieses Ergebnis dogmatisch nicht in Gänze zu überzeugen, weil § 9 UWG lediglich Regelungen über den Tatbestand und nicht über die Rechtfolge trifft. Somit

---

812 BGH Urt. v. 04.03.1982 - I ZR 19/80, GRUR 1982, 489; MüKoUWG/*Fritzsche*, § 9 UWG, Rn. 84; Köhler/Bornkamm/Feddersen/*Köhler*, § 9 UWG, Rn. 1.30; Fezer/Büscher/Obergfell/*Koos*, § 9 UWG, Rn. 25; *Leisse/Traub*, Schadensschätzung, S. 7.

813 So in etwa: BGH Urt. v. 22.09.1999 - I ZR 48/97, GRUR 2000, 226; OLG Frankfurt a.M. Urt. v. 15.08.2002 - 6 U 116/01 (nicht rechtskräftig), GRUR-RR 2003, 204; MüKoUWG/*Fritzsche*, § 9 UWG, Rn. 76.

814 BGH Urt. 06.06.1991 - I ZR 234/89, GRUR 1991, 921 (923); BGH Urt. v. 17.05.2001 - I ZR 291/98, GRUR 2001, 841; Köhler/Bornkamm/Feddersen/*Köhler*, § 9 UWG, Rn. 1.30; *Ohly*, Schadensersatzansprüche wegen Rufschädigung, S. 929 ff.

815 MüKoUWG/*Fritzsche*, § 9 UWG, Rn. 77.

816 Harte-Bavendamm/Henning-Bodewig/*Goldmann*, § 9 UWG, Rn. 115.

817 Köhler/Bornkamm/Feddersen/*Köhler*, § 9 UWG, Rn. 1.30.

818 Eindeutige Abgrenzung in: BGH Urt. v. 04.03.1982 - I ZR 19/80, GRUR 1982, 489; MüKoUWG/*Fritzsche*, § 9 UWG, Rn. 84; Keine klare Unterscheidung: BGH Urt. v. 06.06.1991 - I ZR 234/89, GRUR 1991, 921 (923).

kann das Gesetz gegen den unlauteren Wettbewerb zu keinen anderen Haftungspflichten im Rahmen der §§ 249 ff. BGB führen. Das von den Autoren vertretene Ergebnis ließe sich nur durch drei sich gegenseitig ausschließenden Erklärungen legitimieren. Erstens: Reputationsschäden treten im deutschen Recht lediglich im Rahmen des unlauteren Wettbewerbs auf, da sie anderweitig kaum diskutiert werden. Zweitens: Der § 9 UWG erweitert entgegen der herrschenden Ansicht ohne ausdrücklichen Hinweis die allgemeine Haftung der §§ 249 ff. BGB unter den vorausgesetzten Bedingungen. Oder drittens: Einzig im Rahmen des unlauteren Wettbewerbs wurde – anders als bei anderen Haftungstatbeständen – die finanzielle Bedeutung der Reputation für Unternehmen erkannt und folgerichtig dogmatisch unter das Prinzip der Totalreparation subsumiert.

Letztere Folgerung erscheint am wahrscheinlichsten, lässt sich jedoch nicht verifizieren. Ferner bliebe dann die Fragen offen, warum andere Gerichte und Rechtsanwender dies verkennen. Wieso erkennt man innerhalb des Regelwerks des unlauteren Wettbewerbs ein zumindest den Reputationsschaden ähnliches Konzept an, lehnt ihn aber innerhalb der grundsätzlichen Ersatzpflicht ab bzw. ignoriert ihn, obwohl beide Systeme den Haftungsumfang über den allgemeinen Teil bestimmen. Eine Antwort darauf verbleibt offen. Ganz sicher ist aber, dass kein effektiver Rechtsschutz gewährleistet ist, wenn der Reputationsschutz sich auf die engen Anwendungsfälle des unlauteren Wettbewerbs beschränkt.

IV. Rechtstatsächlicher Umgang mit Reputationsschäden: Analyse der bisherigen Urteile

Nach den bisher erzielten Ergebnissen verwundert es nicht, dass sich nur eine geringe Zahl an Urteilen finden lassen, die sich mit der Reputation beschäftigen. Im nachfolgenden werden die wenigen chronologisch dargestellt.

1. BGH v. 06.06.1991

Wie bereits im letzten Kapitel dargestellt wird zumindest im UWG eine Form des Reputationsschaden für ersatzfähig erachtet.[819] Diese Doktrin ist insbesondere auf den bekannten „Sahnesiphon“-Fall zurückzuführen.[820] In diesem machte der Kläger neben einem Unterlassungs- und Auskunftsanspruch noch Schadensersatz geltend. Er trug vor, der Beklagte, ein Wirtschaftsverband für Hersteller von Metallwaren und verwandten Industrien, hätte durch ein Rundschreiben an den

819 Siehe: S. 187 f.

820 BGH Urt. v. 06.06.1991 – I ZR 234/89, GRUR 1991, 921 (923).

bundesweiten Handel eine Marktverwirrung zu Lasten des Klägers ausgelöst. In dem Schreiben warnte der Beklagte davor andere Sahne- und Sodasiphons zu tradieren, die nicht der DIN-Norm 32 61 5 entsprachen mit dem Hinweis, dass in Zukunft diese Norm zur Beurteilung der Sicherheitstechnik von Soda- und Sahnesiphons herangezogen werde. Vorhandene Lagerbestände seien bis zum 01.02.1988 davon nicht berührt. Jener Hinweis habe dazu geführt, dass die Produkte des Klägers, die zwar eine vergleichbare Sicherheit aufwiesen, jedoch nicht vollendest der DIN-Norm entsprachen, weniger gekauft und Aufträge im erheblichen Umfang storniert wurden.

Essentiell an diesem Urteil war die Differenzierung, die der BGH vorgenommen hat. Er unterscheidet zwischen einer möglichen Marktverwirrung und einem Marktverwirrungsschaden. Er stellt klar, dass Ersterer nur ein Zustand ist, der nicht zwangsläufig zu einem Schaden führen muss. Erst wenn die Verwirrung sich in einer Vermögenseinbuße materialisiert, kann von einem ersatzfähigen Marktverwirrungsschaden gesprochen werden. Damit legt er den Geschädigten eine zweifache Beweispflicht auf. Zum einen muss er die Marktverwirrung beweisen und zum anderen den daraus kausal resultierenden Vermögensschaden. Dies deckt sich mit dem Verständnis im CISG, nach dem zwischen Reputationsschäden ohne Vermögenseinbuße und denen mit abgegrenzt wird. Im Ergebnis stellte der BGH mangels substantiierten Klägervortragen keine Schadensersatzpflicht fest, sodass auch weitere Ausführungen hinsichtlich des Reputationsschadens ausblieben.

2. BGH v. 17.11.1992

In einem anderen vor dem BGH verhandelten Fall versandte die Beklagte Großbank am 12.12.1988 ein Rundschreiben mit dem Titel „Ketten-Mafia" an leitende Geschäftsstellen im In- und Ausland.[821] In diesem Schreiben waren 27 Personen sowie 28 Unternehmen gelistet, gegen die angeblich Ermittlungsverfahren wegen Bankrott, Kreditbetrug und Unterschlagung liefen. Darunter befanden sich auch der Kläger in persona sowie sein Unternehmen. Die Liste wurde aufgrund eines Mitarbeiterversehens der Beklagte teilweise öffentlich, sodass die Kläger – Unternehmen samt Einzelperson – sich in ihrer persönlichen und geschäftlichen Ehre durch den Beklagten verletzt fühlten. In diesem Fall wurde hauptsächlich ein Unterlassungsanspruch diskutiert. Interessant war aber eine Passage des BGH über die möglichen Konsequenzen eines Reputationsschaden,

821 BGH Urt. v. 17.11.1992 – ZR 352/91, NJW 1993, 525.

in der er feststellt, dass eine Rufschädigung existenzvernichtende Auswirkungen haben kann, insbesondere wenn die Kreditwürdigkeit im Geschäftsverkehr als gefährdet betrachtet wird. [822] Das heißt zumindest für das Finanzsegment erkennt er die essentielle Bedeutung der Reputation an. Dieser Schutz wird auch anhand von § 824 Abs. 1 BGB deutlich.

Unbeantwortet lässt der BGH die Frage warum eine Beeinträchtigung der Reputation nur ersatzfähig sein sollte, wenn sie durch Behauptung oder Verbreitung unwahrer Aussagen entsteht. Eine ähnliche wirtschaftliche verheerende Wirkung kann auch durch eine Schlechtleistung einer vertraglich geschuldeten Pflicht drohen.

3. *BVerfG v. 18.02.2004*

Das Unternehmen, das als Beschwerdeführer auftrat, wollte gerichtlich einen Schaden am „*Goodwill*" bzw. „*Unternehmensruf*" gegen die Beklagten geltend machen.[823] Der früher im Betrieb arbeitende Beklagte zu 1) hatte nach Ausscheiden ein Buch über die Geschäftsgebaren des Beschwerdeführers publiziert.[824]

Das BVerfG prüfte lediglich, ob und inwieweit Entscheidungen der Fachgerichte Auslegungsfehler erkennen ließen, die auf einer grundsätzlich unrichtigen Auffassung von der Bedeutung eines Grundrechts beruhen. Es kam zu dem Ergebnis, dass keine Grundrechtsverletzung vorlag, da die Äußerungen des Beklagten zu 1) von der Meinungsfreiheit gedeckt seien. Jedoch sprach es in dem Beschluss auch die Frage an unter welchen Voraussetzungen der Schutz des Good-Will oder der des Unternehmensrufs von der Eigentumsgarantie abgeleitet aus Art. 14 Abs. 1 GG umfasst sein kann. Aber es ließ die Frage offen unter Anmerkung, dass das Eigentumsrecht kein absolutes Recht sei und dessen Schranken durch Gesetz bestimmt werden. Zu diese Bestimmungen seien § 1

---

822 Genauer Wortlaut: „Im Rahmen der danach gebotenen Abwägung ist zu Gunsten der Kl. in die Waagschale zu werfen, daß sie durch Vorwürfe, wie sie das Rundschreiben aufweist, in ihrer Ehre und in ihrem geschäftlichen Ansehen empfindlich getroffen werden können. Wegen der Schlüsselfunktion, die die Banken im geschäftlichen Verkehr haben, können kreditschädigende Berichte über ein Unternehmen und seine Geschäftspraxis, insbesondere wenn sie wie hier mit Millionenverlusten der Banken in Verbindung gebracht wird, existenzvernichtende Auswirkungen haben.".

823 BVerfG (1. Kammer des Ersten Senats) Beschl. v. 18.02.2004 – BvR 2121/98, NZG 2004, 616.

824 Der Anspruch richtet sich jedoch nicht nur gegen den Beklagten zu 1), sondern zusätzlich gegen den Verlag, den Geschäftsführer des Verlags sowie den Verfasser des Vorworts.

UWG und § 823 BGB zu zählen, welche von den Gerichten in dem vorliegenden Fall unter Berücksichtigung des Art. 5 Abs. 1 S. 1 u. 2 GG zurecht verneint worden wären.

4. BGH v. 24.01.2006

Eines der wohl weitreichtesten Urteile in Bezug auf Folgeschäden, die durch eine Reputationsschädigung eintreten können, war das „*Kirchurteil*" aus dem Jahr 2006.[825] Der Kläger war eine in der Öffentlichkeit bekannte Persönlichkeit sowie Gründer und Namensträger der seinerzeit im nationalen und internationalen Mediengeschäft tätigen Kirch-Gruppe. Die Kirchgruppe war unter der Schirmgesellschaft Taurusholding GmbH & Co. KG (im nachfolgenden: Taurusholding) in drei Obergesellschaften unterteilt, die jeweils unter sich noch Tochtergesellschaften (u.a. die PrintBeteiligungs GmbH) führten. Der Kläger war Vorsitzender der Geschäftsführung der Taurusholding. Ferner war er Geschäftsführer der PrintBeteiligungs GmbH sowie Führungsperson in einigen der anderen „kleineren" Unternehmen.

Die Beklagte zu 1) war die deutsche Bank. Der Beklagte zu 2) war damals der Vorstandssprecher der Beklagten zu 1) und zugleich Präsident des Bundesverbands Deutscher Banken.

Am 25.05.1998 schlossen die Beklagte zu 1) und die damals anders firmierte Printbeteiligungs GmbH einen Darlehnsvertrag über 1,4 Milliarden DM. Die Rückzahlung des Kredites wurde teilweise im Dezember 2001 fällig. Im Januar 2001 erreichte der Kläger eine Fristverlängerung von drei Monaten für die Rückzahlung. Im Zuge dessen gab der Beklagte zu 2) am 03.02.2001 in seiner Funktion als Vorstandsvorsitzender der deutschen Bank ein Fernsehinterview, in dem er u.a. sagte, dass der Kläger finanzielle Schwierigkeiten habe und der Finanzsektor nicht mehr bereit sei auf unveränderter Basis noch weiter dem Kläger Fremd- oder Eigenmittel zur Verfügung zu stellen.

Der Kläger trug vor, dass durch das Verhalten des Beklagten zu 2) und damit mittelbar die Beklagte zu 1) die Taurausholding, die PrintBeteiligungs GmbH sowie er in Persona eine noch nicht bezifferbare Vermögenseinbuße erlitten habe. Durch das Interview sei die Kirch-Gruppe nicht mehr in der Lage gewesen, zu den vorher bestehenden Konditionen, weiteres Kapital aufzunehmen oder bestehende Kredite zu verlängern. Außerdem sei durch die Äußerungen das

825 BGH Urt. v. 24.01.2006 – XI ZR 384/03, NJW 2006, 830.

Zeitfenster zur Behebung der Liquiditätskrise verkürzt worden. Dies habe dann zur Insolvenz der Obergesellschaft KirchMedia GmbH & Co. KGaA geführt.

Der Kläger machte aus eigenem sowie aus abgetretenen Rechten der Taus-holding und der PrintBeteiligungs GmbH Schadensersatzansprüche gegen die Beklagten geltend. Ersetzt werden sollten alle entstandenen und zukünftigen Schäden, die durch die Äußerung des Beklagten zu 2) entstanden seien.

Der BGH entschied, dass lediglich der PrintBeteiligungs GmbH ein Schadensersatz gegen die Beklagten zustehe. Gegen die zu 1) ergebe sich dieser aus § 280 Abs. 1 BGB wegen Verletzung einer Schutzpflicht (Das Verhalten des Beklagten zu 2) sei der Beklagten zu 1) nach § 31 BGB zuzurechnen). Die deutsche Bank als Darlehnsgeber habe nämlich eine Interessenswahrungs-, Schutz- und Loyalitätspflicht gegenüber seinem Darlehnsnehmer. Diese Pflicht begründe sich aus § 241 Abs. 2 BGB; der postuliere, dass Parteien Rücksicht auf die Rechte, Rechtsgüter und Interessen ihrer Vertragspartner Rücksicht zu nehmen haben; darunter falle auch das Vermögen. Ferner ergebe sich dieser Anspruch auch aus § 823 Abs. 1 wegen Eingriffs in das Recht am eingerichteten und ausgeübten Gewerbebetrieb. Gegen den Beklagten zu 2) bestehe nur ein Anspruch aus § 823 Abs. 1 wegen desselben Rechtsgutseingriffes. Die Ansprüche des Klägers sowie die der Taurusholding wurden abgelehnt. Der Spruchkörper begründete dies damit, dass zwischen diesen Parteien und der deutschen Bank kein Vertragsverhältnis zustande gekommen sei – anders als bei der PrintBeteiligungs GmbH in Form des Darlehnsvertrags –. Deliktische Ansprüche wurden abgelehnt, da der Beklagte zu 2) keinen rechtswidrigen Eingriff vorgenommen habe, indem er seine Meinung zur finanziellen Lage der Kirchgruppe kundtat. Die unterschiedliche Wertung auf der Deliktsebene zwischen den drei Anspruchsstellern ergebe sich ebenfalls daraus, dass durch die vertragliche Beziehung der PrintBeteiligungs GmbH die Rechtswidrigkeit des Rechtsgutseingriffs anders zu bewerten sei. An Ermanglung eines Darlehnsvertrags überwiege das Recht des Beklagten zu 2) seine Meinung zu äußern gegenüber den Rechten der übrigen Anspruchssteller.

Die Höhe des Schadensersatzes bemesse sich anhand der Vermögensvergleich zwischen der derzeit vorliegenden Vermögenslage und der, die jetzt bestehen würde, wenn das Interview nicht erfolgt wäre. Die ermittelte Differenz zwischen der aktuellen und der hypothetischen Situation sei von den Beklagten auszugleichen. Da es sich bei der Klage lediglich um eine Feststellungsklage handelte und die Parteien sich im Nachgang verglichen haben, hat das Gericht keine Stellung zur genauen Höhe und der Zusammensetzung der verschiedenen Schadensposten genommen.

Dennoch sind verschiedene Aspekte auf tatsächlicher und auf rechtlicher Ebene an diesem Verfahren hervorzuheben.

Auf tatsächlicher Ebene wird zum einen deutlich, welch weitreichende Konsequenzen mit der Reputationsschädigung einhergehen können. Einzig aufgrund der Aussage einer Person, wollte kein Geldgeber der Kirchgruppe noch zu wirtschaftlich akzeptablen Konditionen ein Darlehn gewähren. Die Verhandlungsposition der Kirchgruppe hat sich dramatisch verändert. Dies wiederum verdeutlicht, wie wichtig und schützenswert eine gute Reputation für ein Unternehmen ist. Man kann sagen, im Moment des Interviews hat die Kirch-Gruppe als Konzern einen Millionenschaden an der Reputation erlitten. Der sich u.a. in der schlechteren Verhandlungsposition widergespiegelt.

Zum anderen zeigt es wie schnell eine Schädigung eintreten kann. Es bedarf einer Aussage, eines Sachmangels oder einer verspäteten Lieferung, um einem Unternehmen irreparable Schäden an ihrem Ruf zuzufügen.

Auf rechtlicher Ebene kann aus dem Urteil gewonnen werden, dass der BGH das Vermögen mitsamt des Ansehens über § 241 Abs. 2 BGB schützt. In gewisser Weise aber auch über § 823 Abs. 1 BGB beim Eingriff in das eingerichtete und ausgeübte Gewerbe. Subsumiert man nun den Reputationsschaden unter den Vermögensbegriff, so wäre der Schaden an ihr ersatzfähig.

Daraus lässt sich die wohl wichtigste Erkenntnis ableiten, anders als im CISG muss im deutschen Recht zwischen Tatbestands- und Rechtsfolgen Ebene deutlicher unterschieden werden. Im deutschen Recht ist es eigentlich irrelevant auf welche Anspruchsgrundlage der Geschädigte sich stützt, um seine Vermögensminderung auszugleichen. Denkbar wäre es einen Reputationsschaden über §§ 280 ff. BGB, über 823 ff. BGB oder über Schutzrechte wie das UWG geltend zu machen. Die entscheide Frage stellt sich auf der Rechtsfolgenseite. Ermöglichen mir als Geschädigter einer Reputationsverletzung die §§ 249 ff. BGB eine Kompensationsmöglichkeit oder nicht.

5. *AG Celle v. 30.01.2013*

Aufgrund einer falschen Auskunft seines Interproviders bei der Zuordnung von IP-Adressen machte der Kläger einen „*Reputationsschaden*" geltend, weil bei seiner Familie der Eindruck entstanden sei, er hätte (pornographische) dubiose Inhalte heruntergeladen und damit eine Urheberrechtsverletzung begangen.[826] Das Gericht verwehrte den Anspruch aus § 253 Abs. 2 BGB, da keine

826 AG Celle Urt. v. 30.1.2013 - 14 C 1662/12, NJW-RR 2013, 1246.

nachhaltige Rufschädigung eingetreten sei. Dies ist ein klassischer Fall, der eine andere Form von Reputationsbeeinträchtigung zum Gegenstand hat. Vorliegend wurde eine Rufschädigung geltend gemacht, die zu einem emotionalen Schaden geführt haben soll für den der Geschädigte einen Ausgleich in Form von Schmerzensgeld, gemäß § 253 Abs. 2 BGB einforderte. Zwischen dieser Konstellation und der klassischen Doktrin aus dem UN-Kaufrecht bestehen keine Berührungspunkte, da keine finanzielle Einbuße auf der Seite des Geschädigten vorliegt. Dies zeigt, dass der Begriff Reputation im deutschen Rechtssprachgebrauch in verschiedenen Weisen verwendet wird.

6. *Ergebnis*

Die wenigen Urteile im Rahmen des Reputationsschaden verdeutlichen, dass zwar die Bedeutung eines guten Rufs anerkannt ist und wahrscheinlich auch sein wirtschaftlicher Wert, jedoch der rechtliche Umgang noch Schwierigkeiten bereitet, da oft der genaue Ersatzgegenstand falsch qualifiziert wird oder die Gerichte sich schwer tun die Reputation rechtlich zu beurteilen.

Das mediale und wohl auch rechtlich weitreichendste Urteil wurde in der *Sache-Kirch* getroffen. Leider war der BGH im Rahmen der Feststellungklage nicht dazu angehalten sich zur Höhe des Schadensersatzes zu äußern. Es wäre interessant gewesen zu wissen, ob der BGH einen Schaden aufgrund der beschädigten Reputation auf der Grundlage der §§ 249 ff. BGB zugesprochen hätte.

V. Beweisfrage

Der Geschädigte eines Reputationsschadens sieht sich vor jedem Prozess den Fragen der Beweislast und des Beweismaßes konfrontiert. Anders als im CISG sind diese im deutschen Recht wiederum einhellig bestimmt.

Hinsichtlich der Beweislast wird innerhalb der ZPO zwischen der objektiven (materiellen) und subjektiven (formellen) unterschieden.[827] Erstere regelt den Fall, in dem trotz Ausschöpfung aller zulässigen Beweismittel in der Beweisaufnahme ein streitiger Umstand bzw. Lebenssachverhalt nicht mit an Sicherheit grenzender Wahrscheinlichkeit ermittelt werden konnte.[828] In dieser sogenannten *non-liquet*-Situation wird der zur Disposition stehende Umstand zu Lasten der beweispflichtigen Partei ausgelegt.[829]

827 Musielak/Voit/*Foerste*, § 286 ZPO, Rn. 32 f.; HaKo/*Saenger*, § 286 ZPO, Rn. 52 ff.
828 Siehe: S. 123 ff.; Musielak/Voit/*Foerste*, § 286 ZPO, Rn. 32.
829 HaKo/*Saenger*, § 286 ZPO, Rn. 52 ff.

Die subjektive Beweislast bestimmt, welche Partei grundsätzlich beweispflichtig ist und damit die Gefahr der *non-liquet*-Situation trägt. Und obschon eine ausdrückliche gesetzliche Regelung fehlt, trifft die Beweislast in der Regel denjenigen, dessen Prozessbegehr vom Vorliegen der Voraussetzung abhängt.[830] Also sind aus Gläubigersicht die rechtsbegründenden und aus Schuldnerperspektive die dem Anspruch entgegenstehende rechtvernichtenden und rechtshindernden Tatsachen zu beweisen.[831]

Übertragen auf die Heilung eines Reputationsschaden nach Vertragsrecht obliegt dem Geschädigten die Pflicht, sowohl Vertragsschluss sowie Verletzung, den Reputationsschaden, als auch den Kausalzusammenhang zwischen den beiden ergiebig darzustellen. Befreit ist er von der Beweislast bezüglich des Verschuldens, da § 280 Abs. 1 S. 2 BGB eine Beweislastumkehr zu Ungunsten des Schädigers postuliert.[832] Damit besteht hinsichtlich der grundsätzlichen Verteilung der Beweislast ein Gleichlauf zwischen den Regelungen der ZPO und der des CISG.[833]

Das Beweismaß bildet den Maßstab an Überzeugung, der notwendig ist, damit der Beweis einer Tatsache gelingt.[834] Gemäß § 286 Abs. 1 S. 1 ZPO ist dafür im Grundsatz die volle richterliche Überzeugung (Vollbeweis) vonnöten.[835] Damit ist nicht impliziert, dass jene von absoluter und wissenschaftlicher Natur sein muss.[836] Ausreichend ist, wenn nach Ende der Verhandlung das Gericht einen für das praktische Leben brauchbaren Grad an Gewissheit erlangt hat, der Zweifeln Schweigen gebietet.[837] Unzureichend sind jedoch bloße Einschätzungen, die auf einer mathematischen Methode oder einer Wahrscheinlichkeitsberechnung beruhen.[838]

---

830 BGH Urt. v. 17.02.1970 – III ZR 139/67, NJW 1970, 946 (947); HaKo/*Saenger*, § 286 ZPO, Rn. 58.

831 BGH Urt. v. 24.06.1987 – I ZR 127/85, NJW 1988, 640 (642); Musielak/Voit/*Foerste*, § 286 ZPO, Rn. 35.

832 Siehe: S. 155; MüKoBGB/*Ernst*, § 280 BGB, Rn. 33 f.; *Looschelders*, Schuldrecht Allgemeiner Teil, Rn. 520.

833 Nach der hiesigen Meinung regelt das CISG zwar nicht ausdrücklich, aber zumindest indirekt die Frage des Beweismaßes, siehe: S. 123 ff.

834 Musielak/Voit/*Foerste*, § 286 ZPO, Rn. 32; HaKo/*Saenger*, § 286 ZPO, Rn. 12.

835 BGH Urt. v. 17.02.1970 – III ZR 139/67, NJW 1970, 946 (949); HaKo/*Saenger*, § 286 ZPO, Rn. 13.

836 HaKo/*Saenger*, § 286 ZPO, Rn. 13.

837 BGH Urt. v. 04.11.2003 – VI ZR 28/03, NJW 2004, 777 (778).

838 BGH Urt. v. 28.03.1989 – VI ZR 232/88, NJW 1989, 3161 (3162).

Im CISG stellt eine der größten Hürden für den Anspruchssteller eines Reputationsschadens die Pflicht dar, den Schadenseintritt und seine Höhe substantiiert darlegen zu müssen. Ebenso besteht dieses Hindernis auch im deutschen Recht und die Überwindung hängt maßgeblich vom erforderten Beweismaß ab. Allerdings hilft dem Geschädigten § 287 Abs. 1 S. 1 ZPO insoweit, dass er den Maßstab im Haftungsrecht senkt.[839] In solchen Fällen ist es nämlich oftmals schwer, den Schadeneintritt, seine Höhe sowie die haftungsbegründende Kausalität zu bestimmen, sodass diese Norm Einzug ins Prozessrecht gefunden hat.[840] Sie regelt eine Abkehr vom Vollbeweis hin zu einer Darlegungslast, die sich mit damit begnügt, dass der Gläubiger die Schädigung wahrscheinlich macht.[841] Eben jenem verbleibt aber die Pflicht Ausgangs- und Anknüpfungstatsachen für eine Schätzung anzugeben.[842] Den endgültig zu ersetzenden Schaden muss jedoch das Gericht festlegen, wobei es sich nicht mit einer groben Schätzung begnügen darf, wenn eine genauere Bemessung möglich ist.[843] Notfalls darf es auch einen Mindestschaden gewähren, soweit der Geschädigte Ansatzpunkte für eine Schätzung liefert.[844] Wichtig zu erwähnen ist dabei, dass dies nur für die haftungsausfüllende und nicht für die haftungsbegründende Kausalität gilt.[845]

Damit ist das deutsche Prozessrecht hinsichtlich eines der größten Kritikpunkte an Reputationsschäden weltweit (Probleme der Nachweisbarkeit in Bestand und Höhe) sehr geschädigtenfreundlich. Dieser Umstand hat aber nicht zur Folge, dass die Bedenken einiger Rechtsanwender hinsichtlich der grundsätzlichen Quantifizierbarkeit solche Beeinträchtigungen verschwinden.[846]

VI. Richterrechtliche Schadensbemessung

Dementsprechend sehen sich Richter bei der Bewertung von Reputationsschäden einer komplexen Aufgabe gegenüber. Aufgrund dessen sprechen sich einige Autoren dafür aus, nicht zu hohe Anforderungen an die Genauigkeit

---

839 HaKo/*Saenger*, § 287 ZPO, Rn. 13.

840 Musielak/Voit/*Foerste*, § 287 ZPO, Rn. 3.

841 Musielak/Voit/*Foerste*, § 287 ZPO, Rn. 7; HaKo/*Saenger*, § 287 ZPO, Rn. 14.

842 BGH Urt. v. 05.12.1995 – X ZR 121/93, NJW 1996, 775.

843 Musielak/Voit/*Foerste*, § 287 ZPO, Rn. 9.

844 BGH Urt. v. 08.05.2012 – VI ZR 37/11, NJW 2012, 2267 (2268); Eine gänzlich abstrakte Mindestschätzung ist jedoch nicht erlaubt.

845 BGH Urt. v. 29.01.2019 – VI ZR 133/17, BeckRS 2019, 7656; BeckOK ZPO/*Bacher*, § 286 ZPO, Rn. 3.

846 Siehe: S. 123 ff.

der Schätzung zu stellen. *Meyer* fordert beispielweise, dass im Rahmen eines Good-Will Schadens dem Richter ein gewisses Maß an Beurteilungsspielraum beim Ermessen geboten werden muss, da eine genaue Quantifizierung illusorisch sei.[847] Zudem soll noch die Ansicht von *Stoll* Erwähnung finden, welche er im Rahmen seines Schadensbegriff dargestellt hat. Nach ihm ist es im Falle der Schädigung eines wirtschaftlichen Rufs einer Person unumgänglich, den Vermögensverlust nach den jeweiligen Verhältnissen individuell arbiträr zu schätzen.[848] Mögliche Methoden zur Ermittlung eines Reputationsschadens wurden innerhalb der Ausführungen im CISG bereits dargestellt.[849]

Ergänzt werden sie im deutschen Recht durch die dreifache Schadensberechnung.[850] Sie findet Anwendung bei Patent-, Gerbrauchs- und Geschmacksmusterrechten des gewerblichen Rechtsschutzes und den Urheberrechten, aber auch im bestimmten Fällen von lauterkeitsrechtlich geschützten Immaterialgüterrechten und vergleichbaren Leistungspositionen (z.B. § 4 Nr. 3 UWG).[851] Die dreifache Schadensberechnung ist anders als im UWG, wo ihre Anwendung auf Gewohnheitsrecht beruht, z.T. sogar gesetzlich kodifiziert.[852] Entsprechende Regelungen lassen sich in § 14 Abs. 6 MarkenG, § 139 Abs. 2 PatG oder § 97 Abs. 2 S. 1 u. 3 UrhG finden.[853] Begründet sich ein Reputationsschaden oder generell ein Anspruch aus einem der genannten Gesetze und Konstellationen, wird der Geschädigte von der Last befreit, den Schaden gemäß §§ 249 BGB konkret berechnen zu müssen. Er kann zusätzlich alternativ die Bemessung anhand von Lizenzgebühren[854] oder dem Verletzergewinn vornehmen.[855] Der Beweispflichtige kann zwischen den drei Berechnungsgrundlagen wählen. Diese stehen aber in einem Ausschlussverhältnis und stellen keine eigenen, sondern

---

847 *Meyer*, Korruption im Vertrag, S. 335.

848 *Stoll*, Begriff und Grenzen des Vermögensschadens, S. 19.

849 Siehe: S. 137 ff.

850 BGH Urt. v. 08.10.1971 – I ZR 12/70, GRUR 19772, 189 (190); MüKoUWG/*Fritzsche*, § 9 UWG, Rn. 91 ff.

851 Für das Urheberrecht: BGH Urt. v. 08.05.1956 – I ZR 62/54, GRUR 1956, 427 (429); Für alle weiteren siehe: BGH Urt. v. 08.10.1971 – I ZR 12/70, GRUR 19772, 189 (190).

852 MüKoUWG/*Fritzsche*, § 9 UWG, Rn. 92.

853 Sie sind Umsetzungen der Richtlinie 2004/48/EG das Gesetz zur Verbesserug der Durchführung von Rechten des geistigen Eigentums: BGBl. I 1191.

854 Die sogenannte Lizenzanalogie, die ggf. auch fiktiv berechnet werden können, siehe: MüKoUWG/*Fritzsche*, § 9 UWG, Rn. 99.

855 MüKoUWG/*Fritzsche*, § 9 UWG, Rn. 91; Fezer/Büscher/Obergfell/*Koos*, § 9 UWG, Rn. 28 ff.; *Leisse*/*Traub*, Schadensschätzung, S. 1.

eine Hilfe für einen einheitlichen Schadensersatzanspruch auf der Ebene des Beweismaßes dar.[856] Die Ratio hinter der dreifachen Schadensberechnung ist, dass immateriellen Güter und ihnen gleichgeartete Leistungspositionen eine besondere Verletzlichkeit aufweisen und daher besonders schutzwürdig sind.[857] Außerdem lassen sich nur schwer präventive Schutzvorkehrungen treffen und bei Schadenseintritt gelingt oftmals der Nachweis nicht.[858] Umgekehrt soll der Schädiger auch keine Vorteile genießen, die er aus einer unerlaubten Handlung gewonnen hat.[859]

Um diesen Billigkeitserwägungen Rechnung zu tragen, wurde die dreifache Schadensberechnung eingeführt, welche zum einen dem Anspruchssteller erleichtert, die Anforderung an das Beweismaß zu erfüllen, da er als Ausgangs- und Anknüpfungstatsachen für eine Schätzung auf den erzielten Gewinn oder die zu veranschlagenden Lizenzgebühren verweisen kann. Zum anderen wird dem Richter die Last der Ermessenentscheidung abgenommen.

Betrachtet man die alternativen Bezifferungsmethoden genauer, gilt es festzustellen, dass diese bekannt sind und im nationalen als auch internationalen Bereich bereits als Kompensierungsmöglichkeiten vorgeschlagen wurden.[860] Gerade die Berechnung anhand des Verletzergewinns ist nichts anderes als die im CISG vorgestellte Gewinnabschöpfung.

Im Ergebnis besteht für den Richter auch nach deutschen Recht wie im Rahmen des CISG die schwere Aufgabe, den Schaden einer Reputationsbeeinträchtigung durch eine Geldsumme zu bemessen.[861] Zumindest in bestimmten Fallkonstellationen kann er sich handfesteren Regularien bedienen, um grobe Fehleinschätzungen zu vermeiden. Aus prozessualer Sicht erscheint es damit für den Geschädigten dienlich, seinen Anspruch nicht nur aus Vertrag, sondern unter Umständen auch aus Schutzgesetzen geltend zu machen, um von der dreifachen Schadensberechnung zu profitieren.

---

856 BGH Urt. v. 13.03.1962 – I ZR 18/61, NJW 1962, 401, (404); BGH Urt. v. 17.06.1992 – I ZR 107/90, GRUR 1993, 55 (57); MüKoUWG/*Fritzsche*, § 9 UWG, Rn. 94.

857 BGH Urt. v. 08.10.1971 – I ZR 12/70, GRUR 19772, 189 (190).

858 BGH Urt. v. 08.10.1971 – I ZR 12/70, GRUR 19772, 189 (190); BGH Urt. v. 19.01.1973 – I ZR 39/71, NJW 1973, 800 (802).

859 BGH Urt. v. 17.06.1992 – I ZR 107/90, GRUR 1993, 55 (57); Fezer/Büscher/Obergfell/*Koos*, § 9 UWG, Rn. 32.

860 Lizenzgebühr: S. 38 f.; Verletzergewinn: S. 142 f.

861 Vergleich: S. 137 ff.

VII. Zusammenfassung des bisherigen Ergebnisses

Anhand der Auslegung der §§ 249 ff. BGB lässt sich erkennen, dass die korrekte Anwendung nur zu der Ersatzfähigkeit von Reputationsschäden führen kann.[862] Nichtsdestotrotz werden derartige Ansprüche unabhängig davon, ob sie sich aus Vertrags- oder Deliktsrecht begründen nur selten in der Literatur angesprochen oder tatsächlich vor Gerichten geltend gemacht. Allerdings gibt es Ausnahmen. Einige Autoren beschäftigen sich im unterschiedlichen Umfang mit dem Phänomen der Rufschädigung oder des Good-Will Schadens.[863] Außerdem wird im Rahmen des unlauteren Wettbewerbs der Ansehensverlust, welcher aus einer Marktverwirrung resultiert, durchaus unter die § 249 ff. BGB subsumiert. Dass der deutsche Gesetzgeber die Reputation von Menschen und Unternehmen für schützenswert hält, lässt sich an einigen Haftungsnormen festmachen. Er führte z.B. das UWG, MarkenG, § 823 i.V.m. dem Grundgedanken des allgemeinen Persönlichkeitsrechts, sowie dem Schutz des eingerichteten und ausgeübten Gewerbebetriebs ein, um derartige Eingriffe zu vermeiden. Jedoch beschränkt sich der Schutz auf die Tatbestandebene. Im Rahmen der Haftungsausfüllung werden nur Schäden berücksichtigt, die aus der Pflichtverletzung bzw. Verletzungshandlung resultieren. Die Reputationsschädigung per se, welche einen immensen Wert im unternehmerischen Verkehr, aber auch auf dem Arbeitsmarkt haben kann, wird weitestgehend außer Acht gelassen. Die Gründe dafür können mangels einschlägiger Literatur nur vermutet werden.[864]

---

862 Siehe: S. 159 ff.

863 *Meyer*, Korruption im Vertrag, S. 335; *Klöhn/Schmolke*, NZG 2015, S. 689; *Stoll*, Begriff und Grenzen des Vermögensschadens, S. 19.; *Wollny*, DStR 2013, 2132.

864 Zu den Bedenken auf internationaler Ebene, siehe: S. 145 ff.

§ 5 Übertragbarkeit des Grundgedankens vom CISG in das deutsche Schadensersatzrecht und Kodifizierungsvorschläge – De lege ferenda

Zu Beginn der hier dargestellten Ausführungen wurde im Rahmen des Untersuchungsgangs angestrebt, die bereits anerkannte Doktrin des Reputationsschaden aus dem UN-Kaufrecht auf das deutsche Schadensersatzrecht zu übertragen.[865] Der Gedanke, der dahinter stand war, dass zwischen beiden Systemen ein Gleichlauf besteht, da sie den Grundsatz der Totalreparation verfolgen. Wie sich jedoch gezeigt hat, ist eine Rechtsübertragung nicht erforderlich, weil das deutsche Recht bei dogmatisch korrekter Anwendung zum selben Resultat – der Ersatzfähigkeit von Reputationsschäden – kommt.[866] Das CISG kann aber in Addition als Indiz für das gewonne Ergebnis hinzugezogen werden. Folgte man zusätzlich der Ansicht, dass eine Rufbeeinträchtigung durch tatsächliche Handlungen im Sinne des § 249 Abs. 1 BGB heilbar ist, wäre dann durch den Grundsatz der Naturalrestitution neben Geldersatz auch die öffentliche Richtigstellung durch den Schädiger möglich, womit mit mehr Rechtsschutz als im CISG gewährleistet wäre.[867]

Sollte man die Ersatzfähigkeit aus klarstellungsgründen gesetzlich kodifizieren wollen, wäre eine Formulierung entsprechend dem § 252 BGB zu denkbar:

> *„Der zu ersetzende Schaden umfasst auch die vermögensrechtlich relevante Reputationsbeeinträchtigung. Der Reputationsschaden umfasst wirtschaftlich den Minderwert des Unternehmens am Markt, sowie alle Mehrkosten und Mindereinnahmen, die auf der neuen Wahrnehmung beruhen, soweit diese nicht schon Rahmen des entgangenen Gewinns geltend gemacht wurden.“*.

Des Weiteren könnte mangels Reduktionsklauseln im deutschen Recht zumindest zugunsten der Verbraucher eine haftungsbefreiende Sondernorm aufgenommen werden, die den Bedenken hinsichtlich der Adäquanz und der Lehre des Schutzzwecks der Norm Rechnung trägt.[868]

---

865 Siehe: S. 8 ff.

866 Siehe: S. 186.

867 Zusätzlich zu der Möglichkeit nach §§ 823, 1004 BGB analog.

868 Siehe: S. 169 ff.

Dieser Ansatz vermag zunächst wünschenswert erscheinen. Mit dieser Begründung könnte sich jedoch die Kodifizierung jedes denkbaren Schadensposten rechtfertigen lassen. Dies würde wiederum zu einer inhaltlichen Überfrachtung des allgemeinen Schadensersatzrecht führen, die im Kontrast zum gesetzgeberischen Willen bei der Schaffung der §§ 249 ff. steht. Jener hat den Schadensbegriff und die §§ 249 BGB absichtlich allgemein verfasst, damit die Rechtsanwender das Schadensrecht auf die Gegebenheiten der Zeit anpassen bzw. dementsprechend auslegen können.

Dennoch ist aufgrund der bestehenden Passivität gegenüber der Thematik des Reputationsschadens eine gesetzgeberische Initiative durchaus wünschenswert. Die wahrscheinlich effektivste Möglichkeit, die auch den soeben genannten Sorgen Rechnung trägt, wäre, im Rahmen der nächsten Schuldrechtsreform zumindest in der Gesetzesbegründung Stellung zu beziehen. Ähnlich wurde es in der letzten Schuldrechtsmodernisierung gehandhabt.[869] In Rahmen jener erläuterte der Gesetzgeber im Detail die Frage der fiktiven Reparaturkosten bei Sachschäden, indem er die aktuelle Rechtslage schilderte, Probleme aufzeigte und den eigenen Lösungsweg erklärte.

Ähnliches wäre auch hinsichtlich des Reputationsschadens erstrebenswert. Eine Stellungnahme sollte zumindest klar zum Ausdruck bringen, dass aufgrund der Digitalisierung und Produktangleichung die Reputation eines Unternehmens immer mehr an wirtschaftlicher Bedeutung gewonnen hat und dass die Schädigung in finanziellen Einbußen resultieren kann. Ob das in letzter Konsequenz für eine Ersatzfähigkeit genügt oder ob klare Barrieren wie z.B. die Schadenszurechnung oder Probleme der Beweisbarkeit einen potentiellen Anspruchsteller an der Geltendmachung hindern, ist dann den Gerichten überlassen. Nach der hier vertretenen Ansicht kann die Antwort nur positiv zugunsten der Einbeziehung in die § 249 ff. BGB ausfallen.

869 Gesetzesentwurf der Bundesregierung, Drucksache 14/7752, S. 14 f.

§ 6 Arbeitsrechtliche Aspekte

Abseits des Warenverkehrs ist die Reputation auch aus arbeitsrechtlicher Perspektive praxisrelevant, da die Geschäfts- und Rufschädigung durch den Arbeitnehmer unter Umständen eine außerordentliche Kündigung rechtfertigen kann, wenn in Zuge dessen das Interesse des Verletzten erheblich eingeschränkt wird.[870] Der Grund liegt darin, dass durch das Verhalten des Arbeitnehmers zum Teil enorme finanzielle Nachteile entstehen können. Dementsprechend hat ein Angestellter Schutzpflichten bezüglich der Reputation seines Arbeitgebers, die sich entweder aus dem Arbeitsvertrag selber oder aus § 241 Abs. 2 BGB ergeben. Diese Pflichten gelten wechselseitig jedoch auch in der Beziehung Arbeitnehmer und Arbeitgeber. Letzterer ist ebenso verpflichtet die Reputation seiner Angestellten zu schützen. In Anbetracht dieser Schlussfolgerung ließe sich weiter subsumieren, dass eine Rufschädigung neben der Auswirkung auf das Kündigungsrecht ferner zu einer schadensrechtlichen Haftung führen müsste. Daher wäre es interessant, den bereits dargestellten britischen Fall *Malik v. Bank of Credit*[871] aus deutscher Rechtsperspektive zu betrachten.[872] Die Herren Malik und Mahmud waren Angestellte der beklagten Bank of Credit, welche aufgrund eines Korruptionsskandals in die Brüche ging. Und obschon die beiden Mitarbeiter nachweislich unschuldig waren, erschwerten sich aufgrund ihres „Stigmas" als ehemalige Angestellte einer korrupten Bank ihre Chancen auf dem Arbeitsmarkt.

In Anbetracht des derzeitigen nationalen Umgangs mit Reputationsschäden wird man wohl davon ausgehen, dass ein geschädigter Arbeitnehmer in einer ähnlichen Situation wohl kein Schadensersatz gewährt werden würde, weil weder ein entgangener Gewinn darlegbar ist noch Gerichte die Reputationsschädigung per se als eigenständigen Schadenposten anerkennen.[873]

Ein solches Ergebnis wäre jedoch nicht wünschenswert. Ein Arbeitnehmer ist in dieser Hinsicht nicht weniger schutzbedürftig als ein Unternehmen.

---

870 BAG Urt. v. 26.11.2009 – 2 AZR 751/08, NJW 2010, 1398 (1399); so auch: LAG Berlin Urt. v. 28.08.2002 – 9 Sa 659/02, NZA-RR 2003, 362 (364); MüKoBGB/*Henssler*, § 626 BGB, Rn. 169; ErfK/*Niemann*, § 626 BGB, Rn. 99.

871 Malik v. Bank of Credit and Mahmud v. Bank of Credit [1997] 3 WLR 95 (HL).

872 Für die Details des Falles, siehe: S. 108 f.

873 Anders als das House of Lords, dass eine grundsätzliche Ersatzfähigkeit von Reputationsschäden anerkannte.

Dieser Umstand wird anhand einer Gegenüberstellung der juristischen und einer natürlichen Person deutlich. Der Unternehmenswert bildet sich aus tangiblen Ressourcen wie Grundstücken etc. sowie den intangiblen wie Reputation, Know-How und Patente. Vergleichbar ist es beim Arbeitnehmer; auf der einen Seite wird er anhand seiner ihm direkt anhaftenden Merkmale wie der Ausbildung, der Arbeitserfahrung und dem Alter beurteilt. Diese Eigenschaften bzw. Fähigkeiten sind Merkmale, die nicht auf subjektiven Wahrnehmungen beruhen, sondern dem Beweis zugänglich sind. Auf der anderen Seite gibt es aber auch nicht fassbare Qualitäten wie z.B. besonderes Wissen oder den Ruf als zuverlässiger Angestellter. Beide Arten von Qualitätsmerkmalen sind wertbildende Faktoren, die für den Arbeitnehmer bei Verhandlungen mit potentiellen Arbeitgebern von immenser Relevanz sein können. Wie der *Malik v. Bank of Credit* zeigte, nehmen nur wenige Unternehmen bis gar keine Unternehmen Banker unter Vertrag, die den Ruf haben Geld zu veruntreuen oder bestechlich zu sein. Folglich kann beispielsweise eine Reputationsschädigung durch den Arbeitgeber weitreichende Konsequenzen für den weiteren beruflichen Verlauf des Arbeitnehmers haben. Daher besteht auf beiden Seiten eines Arbeitsverhältnisses ein Schutzbedürfnis hinsichtlich des wirtschaftlichen Rufes, das sich auf einen möglichen Schadensersatzanspruch erstrecken sollte.

§ 7 Resümee und Ausblick

In Großbritannien wird die Notwendigkeit des Reputationsschutzes schon seit über 100 Jahren und damit weit vor der Zeit von Globalisierung und Produktangleichung diskutiert.[874] Im internationalen Handel ist sie seit Jahrzehnten Gegenstand von Ausführungen und Debatten.[875] Nichtsdestotrotz lässt sich hier zu Lande bedauerlicherweise eine Passivität gegenüber dieser Problematik konstatieren. Eben jene wurde von *Weitnauer* bereits 1981 moniert und selbst dreißig Jahre später lässt sich keine Besserung erkennen.[876] Dieses Schattendasein bezieht sich national, aber primär auf die Jurisprudenz. Andere Geisteswissenschaften haben schon längst die Bedeutung der Reputation erkannt. Daher besteht ein reges Interesse daran, dieses Phänomen in einer allgemeingültigen Definition festzuhalten. Aufgrund dieser Meinungsvielfalt konnte jedoch noch keine einheitliche Begriffserklärung gefunden werden. Nach der hier vertretenen Auffassung ist Reputation[877]: *Die umfassende Wahrnehmung eines Unternehmens durch die verschiedenen Rezipienten/Interessengruppen/Stakeholder in Form einer Evaluation der vergangenen, gegenwärtigen und zukünftigem Handlungen, welche die Fähigkeit und Bereitschaft zeigt die Erwartungen der Gruppen kontinuierlich zu erfüllen. Sie entsteht primär durch Interaktion mit dem Unternehmen und sekundär durch Kommunikation in Bezug über eben jenes. Sie ist ein Phänomen, das die Anziehungskraft eines Unternehmens im Vergleich zu Marktkonkurrenten beschreibt.*[878] Aus rechtswissenschaftlicher Sicht führt die Komplexität dieses immateriellen Rechtsguts oftmals zu Abgrenzungsschwierigkeiten. So ist die Geltendmachung eines Reputationsschadens nicht vergleichbar mit der im deutschen Recht bekannten Rufschädigung im Rahmen des § 823 Abs. 1 BGB, die einen Schmerzensgeldanspruch begründet; dennoch vermengen viele diese

---

874 Siehe: S. 102 ff.

875 Siehe: S. 94 ff.

876 Bezüglich des Good-Will: *Weitnauer*, Nichtvoraussehbarkeit eines Schadens nach Art. 82 des Einheitlichen Gesetzes über den internationalen Kauf beweglicher Sachen, IPRax 1981, S. 84: „*Einen Fall zum Good Will Schaden im Vertragsrecht konnte nicht gefunden werden. Der Grund liegt wohl darin, dass eine solche Klage für nicht erfolgversprechend gehalten wird.*".

877 Die hier genutzt Definition nimmt für sich nicht in Anspruch allgemeingültig zu sein, jedoch umfasst sie die wichtigsten Elemente einer Reputation.

878 Siehe: S. 10 ff.

Schadensposten.[879] Eine solche Tendenz ließ bzw. lässt sich bisweilen auch international feststellen.[880] Eine weitere Verwechselungsgefahr besteht hinsichtlich des entgangenen Gewinns. Nicht zu beanstanden ist es diesen als Teil des Reputationsschadens zu verstehen, aber dann darf nicht der entgangene Gewinn per se und jener durch Rufschädigung kumulativ ersetzt werden, da sonst eine unbegründete Doppelkompensation eintritt.[881] Unberührt davon bleibt der reine Schaden an der Reputation, der ebenfalls einen klassischen Vermögensschaden darstellt. Unternehmen investieren häufig immense Summen für rufbildende Maßnahmen, um sich im Vergleich zu Marktkonkurrenten besser zu positionieren. Neben dem direkten Einfluss auf die Verkaufszahlen bietet eine gute Reputation noch weitere Vorteile wie eine bessere Verhandlungsposition bei Zulieferern und direkten Marktkonkurrenten. Sie stellt zusätzlich ein Auffangbecken in Krisenzeiten dar und ermöglicht durch den Halo-Effekt, effektiver neuer Märkte zu erschließen.[882] Maßgeblich wird ein einzigartiger Ruf insbesondere als Unterscheidungskriterium im Internethandel, der jegliche Marktbarrieren aufgelöst hat und den Käufern häufig eine unbegrenzte Zahl an verschiedenen Anbietern eröffnet.[883] Diesen Marktvorsprung keinen finanziell Wert beizumessen, erscheint mehr als fraglich. Viele Forschungsgruppen versuchen auf verschiedene Arten jenen zu beziffern, jedoch ist die Reputation als immaterielles Gut nur schwer in eine konkrete Summe zu fassen ohne den Bereich der Spekulation zu betreten.[884] Im dargestellten *Kirchurteil* zahlte die deutsche Bank im Rahmen eines Vergleichs über 775 Millionen Euro an den Geschädigten, um finanziellen Einbußen, die als Folge der Rufschädigung eingetreten sind, zu begleichen. Ob die Parteien dabei die Reputationsschädigung mit einkalkuliert oder beispielsweise mangels fehlender Berechnungsmethode als nicht ersatzfähig eingestuft haben, kann leider nicht festgestellt werden.[885] Aus rechtlicher Sicht machen die Probleme der Quantifizierung die Reputation aber nicht weniger schützenswert.

879 Siehe: S. 194 f.

880 Siehe: S. 110 ff.

881 So aber fälschlicherweise entschieden vom: LG Darmstadt Urt. v. 09.05.2000, 10 O 72/00, abrufbar unter: http://cisgw3.law.pace.edu/cisg/text/000509g1german.html, zuletzt aufgerufen am: 22.08.2018.

882 Siehe: S. 28 ff.

883 Siehe: S. 25.

884 Siehe: S. 35 ff.

885 Siehe: S. 194 f.

Diesem Verständnis zugrunde liegt die Doktrin des Reputationsschadens im internationalen Bereich. Im UN-Kaufrecht wird dieser Schadensposten mittlerweile einhellig für ersatzfähig gehalten, obschon die dogmatische Legitimation mit dem Verweis auf die Totalreparation oftmals vage verbleibt, verifiziert eine Auslegung des Art. 74 CISG dieses Ergebnis. Sie verdeutlicht aber auch, dass der reine Verweis keinen Mehrwert bietet, da nach dem Prinzip der Totalreparation jegliche Einbußen zu ersetzen sind. Welche Posten darunter subsumiert werden können, hängt maßgeblich von den Einschränkungen bzw. der konkreten Ausformung der Totalreparation innerhalb der Gesamtkodifikation ab.

Trotz der generellen Anerkenntnis ist zum Teil eine konservative Haltung gegenüber der Ersatzfähigkeit zu konstatieren. Gerade die gemäß Art. 74 CISG notwendige Vorhersehbarkeit wird oftmals als Grund vorgebracht, um den Wirkungsbereich einzuschränken. Abseits des dogmatischen Ansatzes wehren sich viele Gerichte gegen solche Ansprüche unter Berufung, dass der Vermögensschaden von den Parteien nicht substantiiert dargelegt wurde.

Gründe für diese vorsichtige Art der Rechtsprechung gibt es durchaus. So sei im Falle einer Rufschädigung wegen ihres Naturells als immaterielles Gut oftmals der Schadenseintritt gar nicht festzumachen und wenn doch, sei die Höhe nicht zu bestimmen. Aufgrund dessen könne diese Art von Schäden nicht den Anforderungen an die Totalreparation und dem prozessualen Beweismaß Genüge tun. Ferner sei die Gefährdung der Reputation ein dem Markt inhärentes Risiko, welches sich ein Unternehmen freiwillig aussetze. Diese Gefahr nun ohne ausdrücklichen Hinweis dem Vertragspartner auftragen zu wollen, sei nicht gerechtfertigt und wäre damit nicht vom Schutzzweck eines solchen Vertrags gedeckt.[886] Ebenfalls oft vorgetragen wird das Präzedenzfallargument. Durch die Gewährung von Reputationsschäden befürchtet man eine Klagenflut. Gerade dadurch, dass Reputationsschäden schwer auszumachen sind, solle es für Geschädigte einen Anreiz bieten, bei Klagen zudem einen solchen Posten mit geltend zu machen.[887]

Im deutschen Recht findet der Reputationsschaden abseits einer speziellen Konstellation im unlauteren Wettbewerbsrecht in Rechtsprechung und Literatur kaum Erwähnung. Die Ursache dafür könnten die soeben genannten Bedenken sein. Rein aus dogmatischer Sicht spricht kein Einwand gegen eine Ersatzfähigkeit von Reputationsschäden nach den §§ 249 ff. BGB. Lediglich die Adäquanz

886 MüKoHGB/*Mankowski*, Art. 74 CISG, Rn. 42.

887 Auch genannt in: *Saidov*, Damage to business Reputation and Goodwill under the Vienna Sales Convention, S. 395.

und die Schutzzwecklehre können in einigen Fallkonstellationen ggf. das Ergebnis korrigieren. Vergleicht man einen Anspruchssteller eines derartigen Schadens nach Art. 74 CISG mit dem, der einen nach §§ 280 Abs. 1, 251 Abs. 1 BGB geltend macht, so steht letzterer zumindest hinsichtlich der Beweisfragen und der richterrechtlichen Schadensbemessung nicht schlechter als Ersterer, sodass dies kein Grund wäre, auf die Geltendmachung eines solchen Schadens zu verzichten.

Ein Ausblick in die Zukunft zeigt, dass die Relevanz der Unternehmensreputation durch die digitale Revolution in Form von Social-Media, Bewertungsportale und vergleichbaren Plattformen noch weiter steigt und daher auch der deutsche Gesetzgeber aber auch die Rechtswissenschaft dazu aufgerufen sind, zu dieser Problematik Stellung zu beziehen. Die eben genannten Bedenken sind durchaus nachvollziehbar, doch die Alternative bestünde darin sehenden Auges Rechtsschutzlücken zu hinterlassen, die den Vermögensschutz gewissermaßen ad absurdum führen.

Literaturverzeichnis

Bahirvani, Gaurav / Texeira, Natália / Da Silva, Rui Vinhas: Measuring Corporate Identity: A Case Study Using a Corporate Personality Scale, in: Economia & Empresa, No. 9 (2009), S. 165-185.

Balmer, John M. T. / Brexendorf, Tim Oliver / Kernstock, Joachim: Corporate brand management – A leadership perspective, in: Journal of Brand Management, Vol. 20, Issue 9 (2013), S. 717-722.

Bamberger, Heinz Georg / Roth, Herbert: Beck`scher Online Kommentar BGB, 46 Edition, München 2017. [Zitiert: BeckOK BGB/*Bearbeiter*]

von Bar, Christian: Gemeineuropäisches Deliktsrecht, Band. II, München 1999.

Barich, Howard / Kotler, Philip: A Framework for Marketing Image Management, in: SMR, Vol. 32, No. 2 (1991), S. 94-104.

Bernert, Günther: Die Leerformel von der „Adaequanz„, in: AcP 169 (1969), S. 421-442.

Beß, Jürgen: Die Haftung des Verkäufers für Sachmängel und Falschlieferungen im Einheitlichen Kaufgesetz, Heidelberg 1971.

Bianca, Massimo / Bonell, Michael Joachim: Commentary on the International Sales Law, The 1980 Vienna Sales Convention, Milan 1987. [Zitiert: Bianca/Bonell/*Bearbeiter*]

Brölsch, Martin W.: Schadensersatz und CISG, in: Beiträge zum UN-Kaufrecht, Band. 5, Frankfurt am Main 2007.

Brown, Tom J. / Dacin Peter A.: The Company and the Product: Corporate Associations and Consumer Products Responses, in: Journal of Marketing, Vol. 61, No. 1 (1997), S. 68-84.

Brox, Hans / Walker, Wolf-Dietrich: Besonderes Schuldrecht, Auflage. 42, München 2018.

Brox, Hans / Walker, Wolf-Dietrich: Allgemeines Schuldrecht, Auflage. 42, München 2018.

Brunner, Christoph: UN-Kaufrecht-CISG; Übereinkommen der Vereinten Nationen über Verträge über den internationalen Warenkauf vom 11.April 1980; Unter Berücksichtigung der Schnittstellen zum internen Schweizer Recht, Bern 2004.

Burrows, Andrew: Remedies for Torts and Breach of Contract, Auflage. 3, Oxford 2004.

Canaris, Claus-Wilhelm: Verstöße gegen das verfassungsrechtliche Übermaßverbot im Recht der Geschäftsfähigkeit und im Schadensersatzrecht, in: JZ 1987, S. 993-1004.

Creifelds, Carl / Weber, Klaus: Rechtswörterbuch, Auflage. 22, München 2017.

Cohen, Nili / McKendrick, Ewan: Comparative Remedies for Breach of Contract, Oxford and Portland 2005. [Zitiert: *Autor*, Comparative Remedies for Breach of Contract]

Conrads, Markus: Internationales Kaufrecht, UN-Kaufrecht mit rechtvergleichenden Bezügen, Berlin 2017.

Czerwenka, Beate: Rechtsanwendungsprobleme im internationalen Kaufrecht, in: Schriften zum Wirtschaftsrecht, Band. 60, Berlin 1998.

Dalton, John M. / Croft, Susan: Media Reputation as a Strategic Resource: An Managing Corporate Reputation: A Specially Commissioned Report, London 2003.

Davies, Gary / Chun, Rosa / da Silva, Rui Vinhas / Roper, Stuart: Corporate Reputation and Competitiveness, London 2003. [Zitiert: *Davies*, Corporate Reputation and Competitiveness]

Deephouse, David L: Integration of Mass Communication and Resource-Based Theories, in: JoM, Vol. 26 (2000), S. 1091-1112.

Degenkolb, Heinrich: Der spezistsche Inhalt des Schadensersatzes: Zugleich als kritischer Beitrag zu § 219 des Deutschen Civilgesetzentwurfes in: AcP 1 (1890), S. 1-88.

Dichter: What's In An Image, in: Journal of Consumer Marketing, Vol. 2, No. 1 (1985), S. 77-80.

Dölle, Hans: Kommentar zum Einheitlichen Kaufrecht, Die Haager Kaufrechtsübereinkommen vom 1.Juli.1964, München 1976. [Zitiert: Dölle/*Bearbeiter*]

Dörner, Heinrich / Schulze, Reiner: Handkommentar BGB, Auflage. 9, Baden Baden 2017. [Zitiert: HK-BGB/*Bearbeiter*]

Dunbar, R. L. / Schwalbach, Joachim: Corporate Reputation and Performance in Germany, in: Corporate Reputation Review, Vol. 3 (2000), S. 115-123.

Eberl, Markus: Unternehmensreputation und Kaufverhalten, Methodische Aspekte komplexer Strukturmodelle, München 2006.

Eiselen, Sieg: Proving the Quantum of Damages, in: Journal of Law and Commerce (2005-06) S. 375-283. [*Eiselen*, Proving the Quantum of Damages]

Eisenegger, Mark: Reputation in der Mediengesellschaft, Konstitution – Issues Monitoring – Issues Management, Wiesbaden 2005.

Enonchong, Nelson: Contract Damages for Wrongful Dishonour of a Cheque, in: MLR 2003, Vol. 60, S. 412 ff.

Enonchong, Nelson: Contract Damages for Injury to Reputation, in: MLR 1996, Vol. 59, S. 592 ff.

Enderlein, Fritz / Maskow, Dietrich: International Sales Law, United Nations Convention on Contracts for the Internal Sale of Goods, Convention on the Limitation Period in the International Sale of Goods, New York 1992.

Ernst, Birgit: Das Wiener Übereinkommen von 1980 über Verträge über den internationalen Warenkauf (UN-Kaufrecht) im Recht der Produkthaftung, Abgrenzungsprobleme gegenüber dem „ansonsten anwendbaren“ Recht, in: Berichte aus der Wissenschaft, Aachen 2002.

Esch, Franz-Rudolf / Tomczak, Torsten / Kernstock, Joachm / Lagner, Tobias / Redler, Jörn: Corporate Brand Management, Marken als Anker strategischer Führung von Unternehmen, Auflage. 3, Wiesbaden 2014. [Zitiert: Esch/*Bearbeiter*, Corporate Brand Management]

Esser, Josef / Schmidt, Eike: Schuldrecht, Band I Allgemeiner Teil, Auflage 6, Heidelberg 1984.

Ettenson, Richard / Knowles, Jonathan: Don't Confuse Reputation With Brand, in: MIT SMR, Vol. 49, No. 2 (2008), S.19-21.

Faust, Florian: Die Vorhersehbarkeit des Schadens gemäß Art. 74 Satz 2 UN-Kaufrecht (CISG), in: Studien zum ausländischen und internationalen Privatrecht, Tübingen1996.

Felemegas, John: An International Approach to the Interpretation of the United Nations Convention on Contracts for the International Sale of Goods (1980) as Uniform Sales Law, Cambridge 2013.

Ferrari, Franco: Ferrari/ Kieninger/ Mankowski u.a., Internationales Vertragsrecht, Auflage. 3, München 2018. [Zitiert:Ferrari/Kieninger/Mankowski/*Bearbeiter*]

Ferrari, Franco: Contracts for the International Sale of goods, Den Haag 2011.

Ferrari, Franco: Hadley v Baxendale v Foreseeability under Article 74 CISG, in: Saidov/Cunnington, Contract Damages, Domestic and International Perspectives, Oxford and Portland 2008.

Fezer, Karl-Heinz / Büscher, Wolfgang / Obergfell, Eva Ines: Lauterkeitsrecht, Kommentar zum Gesetz gegen den unlauteren Wettberwerb (UWG), Band. 2, Auflage. 3, München 2016. [Zitiert: Fezer/Büscher/Oberfell/*Bearbeiter*]

Finke, Tilman: Die Minderung der Schadensersatzpflicht in Europa, Zu den Chancen für die Aufnahme einer allgemeinen Reduktionsklausel in ein europäisches Schadensrecht, Göttingen 2006.

Fleischer, Alexander: Die Reputation und Wahrnehmung, Wie Unternehmensreputation entsteht und wie sie sich beeinflussen lässt, Wiesbaden 2015.

Friedmann, Daniel: Economics Aspects of Damages and Specific Performance, in: Saidov/Cunnington, Contract Damages, Domestic and International Perspectives, Oxford and Portland 2008.

Fombrun, J. Charles: Reputation, Realizing Value from the Corporate Image, Boston 1996.

Fombrun, J. Charles / Van Riel, Cees B.M.: Fame&Fortune, How Succesful Companies Build Winning Reputations, Upper Saddle River, 2004.

Fomrbun, J. Charles / Wiedmann, Klaus Peter: Reputation Quotient (RQ), Analyse und Gestaltung der Unternehmensreputation auf der Basis fundierter Erkenntnisse, Hannover 2001.

Fombrun, J. Charles / Barnett Michael L. / Gardberg Naomi A.: Opportunity Platforms and Safety Nets: Corporate Citizenship and Reputational Risk, in: Business and Society Review, Vol. 105 (2000), S. 85-106.

Fombrun, J. Charles / Gardberg Naomi A. / Sever, Joy: The Reputation Quotient^{SM}: A multi-stakeholder measure of corporate reputation, in: The Journal of Brand Management, Vol. 7 (2000), S. 241-255.

Fombrun, J. Charles / Mark Shanley: What's in a Name? Reputation Building and Corporate Strategy, in: The Academy of Management Journal, Vol. 33, No. 2 (1990), S. 233-258.

Galston, Nina M. / Smit, Hans: International Sales, The United Nations Convention on Contracts for the International Sale of Goods, New York 1984. [Zitiert: Galston/Smit/*Bearbeiter*].

Girke, Otto v.: Der Entwurf eines bürgerlichen Gesetzbuchs und das deutsche Recht, Nachdruck von 1889, Auflage. 1, Berlin 2013.

Gisawi, Feras: Der Grundsatz der Totalreparation, Naturrechtliche Wertungen als Grundlage für einen deutschen Sonderweg, Tübingen 2015.

Gsell, Beate / Krüger Wolfgang / Lorenz Stephan, Mayer Jörg: Beck-online. Grosskommentar, ROM I, München 2017; [Zitiert: BeckOGK ROM I-VO/ *Verfasser*]

Beck-online. Grosskommentar, BGB, München 2018. [Zitiert: BeckOGK BGB/ *Verfasser*]

Gotanda, John: CISG Advisory Council Opinion No.6; Calculation of Damages under CISG Article 74.

Gotanda, John: Recovering Lost Profits in International Disputes, in: Georgetown Journal of International Law (2004), S. 61-112. [Zitiert: *Gotanda*, Recovering Lost Profits in International Disputes]

Gotsi, Manto / Wilson M.Alan: Corporate Reputation: Seeking a Defintion, in: Corporate Communications: An International Journal (2001) , S. 24-30.

Gostomyzyk, Thomas: Äußerungsrechtliche Grenzen des Unternehmenspersönlichkeitsrecht - Die Gen - Milch -Entscheidung des BGH, in: NJW (2008), S. 2082 - 2085.

Grunig, James E.: Image and Substance, From Symbolic to Behavioral Relationships, in: Public Relations Review, Vol. 19, No. 2 (1993), S. 121-139.

Guhl, Theo / Merz, Hans / Kummer, Max: Das Schweizerische Obligationenrecht, mit Einschluß des Handels- und Wertpapierrechts, Auflage. 6, Zürich 1972.

Häckerm, Birke: Das englische Common Law - Eine Einführung, in: Juristische Schulung (2014), S. 872-876.

Hall, Richard: The Strategic Analysis of Intangible Resources, in: SMJ, Vol.13 (1992), S. 135-144.

Hannington, Terry: How to Measure and Manage Your Corporate Reputation, Gower 2004.

Harte-Bavendamm, Henning / Henning-Bodewig, Frauke: Gesetz gegen den unlauteren Wettbewerb (UWG), Mit Preisgabenverordnung, Kommentar, Auflage. 4, München 2016.

Hartmann: Der Civilgesetzentwurf, das Aequitätsprincip und die Richterstellung, in: AcP 73 (1888), S. 309-407.

Hautzinger, Henrik: Der Ruf von Branchen, Eine empirische Untersuchung zur Messung, Wechselwirkung und Hadlungsrelevanz der Branchenreputation, Wiesbaden 2009.

Heermann, W. Peter / Schlingloff, Jochen: Münchener Kommentar zum Lauterkeitsrecht, Band 2: §§ 5-20 UWG, Auflage. 2, München 2014. [Zitiert: MükoUWG/*Bearbeiter*]

Heilmann, Jan: Mängelgewährlistung im UN-Kaufrecht, Voraussetzungen und Rechtsfolgen im Vergleich zum internen Kaufrecht und zu den Haager Einheitlichen Kaufgesetzen, in: Schriften zum Internationalen Recht, Band 67, Berlin 1994.

Helm, Sabrina / Liehr-Gobbers, Kerstin / Storck, Christopher: Corporate Reputation: An Introduction to a Complex Construct, in: Reputation Management, Berlin Heidelberg 2011. [Zitiert: Helm/Gobbers/Storck/*Bearbeiter*]

Henninger, Michael: Die Frage der Beweislast im Rahmen des UN-Kaufrechts, zugleich eine rechtvergleichende Grundlagenstudie zur Beweislast, München 1995.

Herber, Rolf: Zum Verhältnis von UN-Kaufrechtübereinkommen und deliktischer Haftung, in: *Schwenzer, Ingeborg; Hager, Günter*; Festschrift für Peter Schlechtriem zum 70. Geburtstag, Tübingen 2003. [Zitiert: Rolf, in: FS Schlechtriem]

Herber, Rolf / Czerwenka, Beate: Internationales Kaufrecht, Kommentar zu dem Übereinkommen der Vereinten Nationen vom 11.April 1980 über Verträge über den internationalen Warenkauf, München 1991.

Herrmann, Simon: Kommunikation bei Krisenausbruch, Wirkung von Krisen-PR und Koorientierung auf die journalistische Wahrnehmung, Wiesbaden 2012.

Hirsch, Christoph: Schuldrecht Allgemeiner Teil, Auflage. 10, Baden-Baden 2017.

Holmes, Oliver Wendell Jr. The Path of the Law, in: Harvard Law Review, Vol. 10 (1897), S. 457 ff.

Honnold, John / Flechtner, Harry M.: Uniform Law for International Sales under the 1980 United Nations Convention, Auflage. 4, Neuwied 2009.

Honsell, Heinrich: Kommentar zum UN-Kaufrecht, Übereinkommen der Vereinten Nationen über Verträge über den Internationalen Warenkauf(CISG), Auflage. 2, Heidelberg 2010. [Zitiert: Honsell/*Bearbeiter*]

Honsell, Heinrich: Die Vertragsverletzung des Verkäufers nach dem Wiener Kaufrecht, in: SJZ 21 (1992), S. 361-365.

Huber, Ulrich: der Unicitral-Entwurf eines Übereinkommens über internationale Warenkaufverträge, in: Rabels Zeitschrift für ausländisches und internationaler Privatrecht (1979) S. 413-526.

Hutter, Max: Die Haftung des Verkäufers für Nichtlieferung bzw. Lieferung vertragswidriger Ware nach dem Wiener UNCITRAL-Übereinkommen über internationale Warenkaufverträge vom 11. April 1980, Regensburg 1988. [Zitiert: *Hutter*, Die Haftung des Verkäufers]

Imberg, Alexander: Die Verteilung der Beweislast beim Gefahrenübergang nach UN-Kaufrecht, Frankfurt am Main 1998.

Jaffey, Peter: Damages and the Protection of Contractual Reliance, in: Saidov/ Cunnington, Contract Damages, Domestic and International Perspectives, Oxford and Portland 2008.

Jansen, Nils: Konturen eines europäischen Schadensrechts, in: JZ (2005) S. 160-173.

Jauerning, Othmar: Bürgerliches Gesetzbuch Kommentar, Auflage. 17, München 2018. [Zitiert: Jauerning/*Bearbeiter*]

Jhering, Rudolph: Das Schuldmoment im Römischen Privatrecht, eine Festschrift von Dr. Rudolph Jheringm, Gießen 1867.

Karollus, Martin: UN-Kaufrecht, Eine systematische Darstellung für Studium und Praxis, Wien 1991.

Kennedy, Sherril H.: Nurturing Corporate Images, total communication or ego trip?, in: European Journal of Marketing, Vol. 11, No. 3 (1997), S. 119-164.

Kirstein, Sandra: Unternehmensreputation, Corporate Social Responsibility als strategische Option für deutsche Automobilhersteller, Wiesbaden 2009.

Klöhn, Lars / Schmolke, Ulrich: Unternehmensreputation (Corporate Reputation), Ökonomische Erkenntnisse und ihre Bedeutung im Gesellschafts- und Kapitalmarktrecht, in: NZG 2015, S. 689 ff.

Köhler, Helmut / Bornkamm, Joachim / Feddersen, Jörn: Gesetz gegen den unlauteren Wettbewerb, Preisgabenverordnung, Unterlassungsklagengesetz, Dienstleistungs-Informationspflichten-Verordnung Auflage. 36, München 2018. [Zitiert: Köhler/Bornkamm/Feddersen/*Bearbeiter*]

Kötz, Hein / Wagner, Gehard: Deliktsrecht, Auflage. 13, München 2017.

Koziol, Helmut / Bydlinski, Peter / Raimund Bollenberger: ABGB, Allgemeines Bürgerliches Gesetzbuch Kommentar, Auflage. 3, Wien 2010. [Zitiert: Koziol/Bydlinski/*Bearbeiter*]

Kramer, Adam: THE LAW OF CONTRACT DAMAGES, Oregon 2014.

Kranz, Norbert: Die Schadensersatzpflicht nach den Haager Einheitlichen Kaufgesetzen und dem Wiener UN-Kaufrecht, Frankfurt am Main 1989.

Kritzer, Albert: Reasonableness Editorial Remarks, Online Veröffentlichung: https://cisgw3.law.pace.edu/cisg/text/reason.html

Kröll, Stefan: The Burden of Proof for the Non-Conforming of Goods under Art. 35 CISG, in: Belgrade Law Review, Year LIX (2011) No. 3, S. 162-180. [Zitiert: *Kröll*, The Burden of Proof for the Non-Conformity of Goods under Art. 35 CISG]

Kröll, Stefan / Mistelis, Loukas / Viscasillas, Pilar Perales: Kröll/Mistelis/Viscasillas, UN-Convention on Contracts for the International Sale of Goods (CISG) Commentary, Auflage. 2, München 2018. [Zitiert: Kröll/Mistelis/Viscasillas/*Bearbeiter*]

Kropholler, Jan: Internationales Einheitsrecht, in: Beiträge zum Ausländischen und Internationalen Privatrecht 39, Tübingen 1975. [Zitiert: *Liebster*, in: FS Schwenzer]

Lange, Hermann / Gottfried Schiemann: Schadenersatz, Handbuch des Schuldrechts 1, Auflage. 3, Tübingen 2003.

Larenz, Karl: Lehrbuch des Schuldrechts, Erster Band Allgemeiner Teil, Auflage. 14, München 1987.

Leisse, Gerd / Traub, Fritz: Schadensschätzung im unlauteren Wettbewerb – T - Beitrag zur Bezifferung des entgangenen Gewinns in: GRUR 1980 S. 1-14. [Zitiert: *Leisse/Traub*, Schadenschätzung]

Liebster, Leumann Pascal: Reputationsschaden im UN- Kaufrecht (CISG), in: *Andrea Büchler, Markus Müller- Chen (Hrsg.)*, Privat Law national – global

- compartive, Festschrift für Ingeborg Schwenzer zum 60. Geburtstag, Bern 2011.

Loewe, Roland: Kaufrechtsübereinkommen – Lückenfüllung durch nichtamtliche Kodifikationen, in: Thume, Karl – Heinz (Hrsg.), Transport - und Vertriebsrecht 2000, Festschrift für Rolf Herber, Neuwied 1999. [Zitiert: *Loewe*, in: FS Kropholler]

Loewe, Roland: Internationales Kaufrecht, in: Manzsche Gesetzesausgabe, Sonderausgabe Nr. 72, Wien 1989.

Lorenz, Stephan: Rücktritt, Minderung und Schadensersatz wegen Sachmängeln im neuen Kaufrecht: Was hast der Verkäufer zu vertreten, in: NJW 2012, S. 2497 ff.

Lookofsky, Joseph: In Dubio Pro Reo Conventione? Some Thoughts about Opt-outs, Computer Programs and Preëmption Under the1980 Vienna Sales Convention (CISG), in: 13 Duke Journal of Comparative and International Law 2003.

Looschelders, Dirk: Schuldrecht Besonderer Teil, Auflage. 13, München 2018.

Looschelders, Dirk: Schuldrecht Allgemeiner Teil, Auflage. 15, München 2017.

Magnus, Ulrich: Das Schadenskonzept des CISG und transportrechtliche Konventionen, in: Thume, Karl – Heinz (Hrsg.), Transport - und Vertriebsrecht 2000, Festschrift für Rolf Herber, Neuwied 1999. [Zitiert: *Magnus*, in: FS Kropholler]

Magnus, Ulrich: Schaden und Ersatz, in: Beiträge zum ausländischen und internationalen Privatrecht, Tübingen 1987.

Martinek, Michael / Semler, Franz-Jörg / Flohr, Eckhard: Handbuch des Vertriebsrechts, Auflage. 4, München 2016.

Maslow, Christina: Der Schutz des immateriellen Erfüllungsinteresses bei Vertragsverletzung durch Schadensersatz, Tübingen 2015.

Mason, Julie Cohen: What Image Do You Project?, in: Management Review, Vol. 82, No. 11 (1993), S. 10-16.

Maultzsch, Felix: Die Grenzen des Erfüllungsanspruchs aus dogmatischer und ökonomischer Sicht, in: AcP 207 (2007), S. 530-563.

McGregor, Harvey: McGregor on Damages, in: The Common Law Library, Edition. 19, London 2014.

Medicus, Dieter / Lorenz, Stephan: Schuldrecht I, Allgemeiner Teil, Auflage. 21, München 2015.

Mertens, Hans-Joachim: Der Begriff des Vermögensschadens im bürgerlichen Recht, Stuttgart 1967.

Mertens, Hans-Joachim / Rehbinder, Eckard: Internationales Kaufrecht, Kommentar zum den Einheitlichen Kaufgesetzen, Frankfurt am Main 1975.

Meyer, Olaf: Korruption im Vertrag, Tübigen 2017.

Mommsen, Friedrich: Lehre vom Interesse, in: Beiträge zum Obligationenrecht von Friedrich Mommsen zweite Abteilung, Braunschweig 1855.

Müller, Tobias Malte: Ausgewählte Fragen der Beweislastverteilung im UN-Kaufrecht im Lichte der aktuellen Rechtsprechung, Frankfurt am Main 2005.

Müller-Glöge, Rudi / Preis, Ulrich / Schmidt, Ingrid: Erfurter Kommentar zum Arbeitsrecht, Band. 51, Auflage. 18 Erfurter Kommentar zum Arbeitsrecht, Band. 51, Auflage. 18, München 2018-[Zitiert: ErfK/*Bearbeiter*]

Mugdad: Die gesammelten Materialien zum Bürgerlichen Gesetzbuch für das Deutsche Reich, Band II Recht der Schuldverhältnisse, Berlin 1899. [Zitiert: *Mugdad*, Materialien]

Musielak, Hans-Joachim / Voit, Wolfgang: Zivilprozessordnung mit Gerichtsverfassungsgesetz, Auflage. 15, München 2018. [Zitiert: Musielak/Voit/*Bearbeiter*]

Neuner, Robert: Interesse und Vermögensschaden, in: AcP 133 (1931), S. 277-314.

Ogus, Anthony: The Economic Basis of Damages for Breach of Contract: Inducement and Expectation, in: Saidov/Cunnington, Contract Damages, Domestic and International Perspectives, Oxford and Portland 2008.

Ohly, Ansgar: Schadensersatzansprüche wegen Rufschädigung und Verwässerung im Marken- und Lauterkeitsrecht, in: GRUR 2007, S. 926-934. [Zitiert: *Ohly*, Schadensersatzansprüche wegen Rufschädigung]

Palandt, Otto: Bürgerliches Gesetzbuch mit Nebengesetzen, Auflage. 77, München 2018. [Zitiert: Palandt/*Bearbeiter*]

Peuster, Witold: Código Civil, Das spanische Zivilgesetzbuch, Spanisch-deutsche Textausgabe, Frankfurt am Main 2002.

Picker, Ulrike: Die Naturalrestitution durch den Geschädigten, Tübingen 2003.

Piltz, Burghard: Praktische Handreichung für die Gestaltung internationaler Kaufverträge, in: NJW 42 (2012), S. 3061-3065.

Piltz, Burghard: Internationales Kaufrecht, das UN- Kaufrecht in praxisorientierter Darstellung, Auflage. 2, München 2008.

Piriyakul, Montree / Wingwon, Boonthawan: Effect of corporate ability and reputation on organization performance and CSR, in: African Journal of Business Management Vol. 7 (2013) (9) S. 738-748.

Reinicke, Dietrich / Tiedtke Klaus: Kaufrecht, Auflage. 8, München 2009.

Roberts, Peter W. / Dowling, Grahame R.: Corporate Reputation and Sustained Superior Financial Performance, in: Strategic Management Journal (2002), Vol. 23, S. 1077-1093.

Rummel, Peter: Kommentar zum Allgemeinen bürgerlichen Gesetzbuch, mit IPR, Ehegesetz, Mietrechtsgesetz, Wohnungseigentumsgesetz, Landpachtgesetz, Konsumentenschutzgesetz, Band. 2, Wien 1984. [Zitiert: Rummel/*Bearbeiter*]

Ryffel, Gritli: Die Schadensersatzhaftung des Verkäufers nach dem Wiener Übereinkommen über internationale Warenkaufverträge vom 11.April 1980, Bern 1992.

Säcker, Franz Jürgern / Rixecker, Roland: Münchener Kommentar zum BGB,

Band 2: Schulrecht Allgemeiner Teil, Auflage. 7, München 2016;

Band 3: Schuldrecht Besonderer Teil I, Auflage. 7, München 2016;

Band 4: Schuldrecht Besonderer Teil II, Auflage. 7, München 2016. [Zitiert: MükoBGB/*Bearbeiter*]

Saenger, Ingo: Zivilprozessordnung Handkommentar, Auflage. 7, Baden Baden 2017. [Zitiert: HaKo/*Bearbeiter*]

Schlechtriem, Peter: Non-Material Damages -- Recovery Under the CISG, in: Pace International Law Review (2007/1), S. 89-102.

Schlechtriem, Peter: Schlechtriem, Commentary on the UN Convention of the International Sale of Goods (CISG), München 1998. [Zitiert: Schlechtriem/*Bearbeiter*]

Schlechtriem, Peter: The Borderland of Tort and Contract -Opening a New Frontier, in: Cornell International Law Journal, 1988.

Schlechtriem, Peter: Bemerkung zur Geschichte des Einheitskaufrecht, in: Einheitliches Kaufrecht und nationales Obligationsrecht, Baden-Baden 1987. [Schlechtriem/*Bearbeiter*, Einheitliches Kaufrecht und nationales Obligationsrecht].

Schlechtriem. Peter / Schroeter, Ulrich: Internationales UN-Kaufrecht, Auflage. 6, Tübingen 2016.

Schlechtriem, Peter / Schwenzer, Ingeborg: Kommentar zum Einheitlichen UN-Kaufrecht, Auflage.6, München 2013. [Zitiert: Schlechtriem/Schwenzer/*Bearbeiter*]

Schmidt, Karsten: Münchener Kommentar zum HGB Handelsgeschäfte, Band.5, Auflage.3, München 2013. [Zitiert: MükoHGB/*Bearbeiter*]

Schmidt-Ahrendts, Nils: Disgorgement of Profits under the CISG, in: Schwenzer/Spagnolo, state of play 3rd annual maa schlechtriem cisg conference, international commerce and arbitration volume 11, Den Haag 2012.

Schütz, Tobias: Die Relevanz von Unternehmensreputation für Anlegerentscheidungen, Frankfurt am Main 2005.

Schulze, Reiner / Dörner, Heinrich: Bürgerliches Gesetzbuch, Handkommentar, Auflage. 9, Baden-Baden 2017. [Zitiert: HK-BGB/*Bearbeiter*]

Schwaiger, Manfred: Components and Parameters of Corporate Reputation - an Empirical Study, in: Schmalenbach Business Review, Vol 56 (2004), S. 46-71.

Schwalbach, Joachim: Reputation und Unternehmenserfolg, Unternehmens- und CEO-Reputation in Deutschland 2011-2013, in: Forschungsberichte zur Unternehmenskommunikation Nr. 5, Leipzig 2013.

Schwartz, Damon: The Recovery of Lost Profits Under Article 74 of the U.N. Convention on the International Sale of Goods, in: Nordic Journal of Commercial Law (2006/1). [Zitiert: *Schwartz*, The Recovery of Lost Profits]

Schwenzer, Ingeborg / Hachem, Pascal / Kee, Christopher: Global Sales and Contract Law, Oxford 2012.

Schwenzer, Ingeborg / Hachem, Pascal: The Scope of the CISG Provisions on Damages, in: Saidov/Cunnington, Contract Damages, Domestic and International Perspectives, Oxford and Portland 2008.

Schwenzer, Ingeborg / Leisinger, Benjamin: Ethical values and international sales contracts, in: Commercial law challenges in the 21st century: Jan Hellner in Memoriam, Stockholm 2007.

Seemann, Ralph: Corporate Reputation Management durch Corporate Communication, Gottingen 2008.

Selb, Walter: Schadensbegriff und Regreßmethoden, eine Studie zur Wandlung der Denkformen des Regresses bei Schuldnermehrheit mit Veränderung des Schadensbegriffs, Heidelberg 1963.

Shanzer, Neil A.:The Loss of Publicity as an Element of Damages for Breach of Contract to Employ an Entertainer, in: Miami Law Review 1973. [Zitiert: Shanzer, Loss of Publicity]

Soergel, Hans Theodor: Kommentar zum Bürgerlichen Gesetzbuch

Band 3/2: Schuldrecht 1/2 §§243-304, Auflage. 13, Stuttgart 2014. [Zitiert: Soergel/*Bearbeiter*]

Staudinger, Julius von: Buch 2: Recht der Schuldverhältnisse, Wiener UN-Kaufrecht (CISG), Neubearbeitung 2013, Berlin 2013;

Buch 2: Recht der Schuldverhältnisse, §§ 249-254, Neubearbeitung 2017, Berlin 2017. [Zitiert: Staudinger/*Bearbeiter*]

Stoll, Hans: Haftungsfolgen im bürgerlichen Recht, Eine Darstellung auf rechtsvergleichender Grundlage, Heidelberg 1993.

Stoll, Hans: Internationalprivatrechtliche Fragen bei landesrechtlicher Ergänzung des einheitlichen Kaufrechts, in: *Heldrich, Andres; Sonnenberger Hans Jürgen*, Festschrift für Murad Ferid zum 80. Geburtstag, Frankfurt am Main 1988. [Zitiert: Stoll, in: FS Ferid]

Stoll, Hans: Einheitliches Kaufrecht und nationales Obliegenheitsrecht, in: Referate und Diskussionen der Fachtagung Einheitliches Kaufrecht am 16./17.2.1987, Baden-Baden 1987.

Stoll, Hans: Begriff und Grenzen des Vermögensschaden, Karlsruhe 1973.

Stoll, Hans: Die Reduktionsklausel im Schadensrecht aus rechtsvergleichender Sicht, in: Rabels Zeitschrift für ausländisches und internationaler Privatrecht, Konrad Zweigert zum 60. Geburtstag (1970), S. 481-503.

Stüdeli, Barbara Köhler: Identität in der öffentlichen Kommunikation, Funktion und Bedeutung für die Reputation ökonomischer Akteure, Wiesbaden 2015.

Sundermann, Stefan: Probleme der autonomen Auslegung des UN-Kaufrechts, in: Studien zum Internationalen und Privat- und Zivilprozessrecht sowie zum UN-Kaufrecht, Hamburg 2010.

Treitel, Guenter: THE LAW OF CONTRACT, 11. Edition, London 2003.

Vogel, Alexander von: Verbraucher-Vertragsrecht und allgemeines Vertragsrecht, in: Schriften zum europäischen und internationalen Privat-, Bank- und Wirtschaftsrecht, Band.6, Berlin 2006.

Vogel, Klaus / Lehner, Moris: Doppelbesteuerungsabkommen, der Bundesrepublik Deutschland auf dem Gebiet der Steuern vom Einkommen und Vermögen, Auflage. 6, München 2015 [Zitiert: DAB/Vogel/Lehner/*Bearbeiter*]

Vogenauer, Stefan: Commentary on the UNIDROIT Principles of International Commercial Contracts (PICC), 2. Edition, Oxford 2015. [Zitiert: Vogenauer/*Bearbeiter*]

Vorwerk, Volkert / Wolf, Christian: Beck`scher Online Kommentar ZPO, 26 Edition, München 2017. [Zitiert: BeckOK ZPO/*Bearbeiter*]

Walker, Kent / Dyck, Bruno: Shortcomings of investior-based ratings of corporate reputation: An exploratory empirical study that shows a variety of stakeholders groups place greater emphasis on corporate ethics than profits, in: Business and Society Review, S. 147-174.

Weigelt Keith / Colin Camerer: Reputation and corporate strategy: A review of recent theory and applications; in: Strategic Management Journal, Vol. 9 (1988), S. 443-454.

Weißensteiner, Christian: Reputation als Risikofaktor in technologieorientierten Unternehmen, Status Quo - Reputationstreiber Bewertungsmodell, Graz 2013.

Weitnauer, Hermann: Nichtvoraussehbarkeit eines Schadens nach Art.82 S.2 des Einheitlichen Gesetzes über den internationalen Kauf beweglicher Sachen, in: IPRAX (1981), S. 83-85.

Will, Michael R.: UN-Kaufrecht und internationale Schiedsgerichtsbarkeit, in: *Falck Andreas*, Rudolf Meyer zum Abschied, Genf 1999. [Zitiert: *Will*, in: FS Meyer]

Wirtz, Sabine: Reputation und Markenwert, in: Journal für korporative Kommunikation, Ausgabe 1 (2005), S. 118-130.

Witz, Wolfgang: Witz/Salger/Lorenz, Internationales Einheitliches Kaufrecht, in: Schriftreihe Recht der Internationalen Wirtschaft Band 55, Heidelberg 2000. [Zitiert: Witz/Salger/Lorenz/*Bearbeiter*]

Wollny, Christoph: Wer den Schaden hat, muss für die Bewertung sorgen – Unternehmensbewertung zur Ermittlung von Schadensersatzansprüchen, in: DStR 2013, 2132. [Zitiert: *Wollny*, DStR 2013]

Wüst, Cornelia / Kreutzer, Ralf T.: Corporate Reputation Management, Wirksame Strategien für den Unternehmenserfolg, Wiesbaden 2012 [Zitiert: Wüst/Kreutzer/*Bearbeiter*].

Ziegelmayer, David: Die Reputation als Rechtsgut, Plädoyer für die Stärkung des sozialen Geltungsanspruch von Unternehmen im Netz, in: GRUR (2012) S. 761-765.

Ziegler, Ulrich: Leistungsstörungsrecht nach dem UN-Kaufrecht, Baden-Baden 1995.

Zeuner, Albrecht: Gedanken zum Schadensproblem, in: Hueck, Götz; Richardi, Reinhard, Gedächtnisschrift für Rolf Dietz, München 1973. [Zitiert: *Zeuner*, in: GS Dietz]

Zeuner, Albrecht: Schadensbegriff und Ersatz für Vermögensschäden, in: AcP 163 (1964), S. 380-400.

Weitere Literatur

Wiener Konferenz: United Nations Conference On Contracts For The International Sale of Goods, Vienna 11 March - 11 April 1980, Official Records (A/CONF.97/19). [Zitiert: United Nations Conference Vienna Official Records]

United Nation Yearbook VIII: United Nations Commission on International Trade Law Year Book, Volume VIII, A/32/17. [Zitiert: A/32/17]

www.ingramcontent.com/pod-product-compliance
Ingram Content Group UK Ltd.
Pitfield, Milton Keynes, MK11 3LW, UK
UKHW021935290926
8980IPUK00016B/1641

9 783631 843864